AF825597

Franziska Meese

Psychische Schädigungen des Tatopfers als Körperverletzung gemäß §§ 223, 229 StGB

utzverlag

Neue Juristische Beiträge

herausgegeben von
Prof. Dr. Klaus-Dieter Drüen (Ludwig-Maximilians-Universität München)
Prof. Dr. Georg Steinberg (Universität Potsdam)
Prof. Dr. Fabian Wittreck (Westfälische Wilhelms-Universität Münster)

Band 138

Zugl.: Diss., Potsdam, Univ., 2021

Bibliografische Information der Deutschen Nationalbibliothek: Die Deutsche Nationalbibliothek verzeichnet diese Publikation in der Deutschen Nationalbibliografie; detaillierte bibliografische Daten sind im Internet über http://dnb.d-nb.de abrufbar.

Das Werk ist urheberrechtlich geschützt. Sämtliche, auch auszugsweise Verwertungen bleiben vorbehalten.

Copyright © utzverlag GmbH · 2020

ISBN 978-3-8316-4945-7 (gebundenes Buch)
ISBN 978-3-8316-7683-5 (E-Book)

Printed in EU
utzverlag GmbH, München
089-277791-00 · www.utzverlag.de

Danksagung

Die vorliegende Arbeit wurde vom Promotionsausschuss der juristischen Fakultät der Universität Potsdam im Jahr 2021 als Dissertation angenommen.

Viele Menschen haben die erfolgreiche Fertigstellung meiner Promotion gefördert und ich bin ihnen allen zu großem Dank verpflichtet. Mein besonderer Dank gilt zuvorderst meinem Doktorvater Herrn Prof. Dr. Steinberg für seine hervorragende Betreuung und konstruktiven Anmerkungen. Ihm, sowie Herrn Prof. Dr. Klaus-Dieter Drüen und Herrn Prof. Dr. Fabian Wittreck danke ich zudem für die Aufnahme in diese Schriftenreihe. Frau Prof. Dr. Albrecht danke ich für die zügige Erstellung des Zweitgutachtens.

Zudem danke ich all denjenigen, die mich während der Zeit der Dissertation unterstützt und durch (kritische) Anmerkungen zum Nachdenken angeregt haben.

Besonderer Dank gebührt meinen Eltern für ihre bedingungslose Unterstützung in jeglicher Hinsicht. Ihnen ist diese Arbeit gewidmet.

Meerbusch, im November 2021
Franziska Meese

Inhaltsverzeichnis

Abkürzungsverzeichnis

Abs.	Absatz
a.F.	alte Fassung
AG	Amtsgericht
AK	AnwaltKommentar
ARSP	Archiv für Rechts- und Sozialphilosophie *(Zeitschrift)*
Art.	Artikel
AT	Allgemeiner Teil
Aufl.	Auflage
BayObLG	Bayerisches Oberstes Landesgericht
BayObLGSt	Entscheidungen des Bayerischen Obersten Landesgerichts in Strafsachen
BB	Betriebs-Berater *(Zeitschrift)*
BbgPsychKG	Brandenburgisches Psychisch-Kranken-Gesetz
Bd.	Band
BeckOK	Beck`scher Online-Kommentar
BeckRS	Beck-Rechtsprechung
Begr.	Begründer
Beschl.	Beschluss
BGB	Bürgerliches Gesetzbuch
BGBl.	Bundesgesetzblatt
BGH	Bundesgerichtshof
BGHR	Bundesgerichtshof Rechtsprechung
BGHSt	Entscheidungen des Bundesgerichtshofes in Strafsachen
BGHZ	Entscheidungen des Bundesgerichtshofes in Zivilrecht
BJagdG	Bundesjagdgesetz
BR-Drs.	Bundesrats-Drucksache
BSGE	Entscheidungen des Bundessozialgerichts
BT	Besonderer Teil
BT-Drs.	Bundestags-Drucksache
BVerfG	Bundesverfassungsgericht
BVerfGE	Entscheidungen des Bundesverfassungsgerichts
bzw.	beziehungsweise
DAK	Deutsche Angestellten-Krankenkasse
DAR	Deutsches Autorecht *(Zeitschrift)*
Ders.	Derselbe
d.h.	das heißt
Diss.	Dissertation
DWW	Deutsche Wohnungswirtschaft *(Zeitschrift)*
EU	Europäische Union
f.	folgende
ff.	fortfolgende
Fn.	Fußnote
FS	Festschrift
GA	Goltdammer's Archiv für Strafrecht (*Zeitschrift*)

GastG	Gaststättengesetz
GG	Grundgesetz für die Bundesrepublik Deutschland
ggf.	gegebenenfalls
Gr.	Gruppe (Mordmerkmale)
Habil.	Habilitation
HebG	Hebammengesetz
h.M.	herrschende Meinung
Hg.	Herausgeber
i.S.d.	im Sinne des
i.S.v.	im Sinne von
i.V.m.	in Verbindung mit
IBRRS	Immobilien- und Baurecht Rechtsprechung
JA	Juristische Arbeitsblätter *(Zeitschrift)*
JMBl. NRW	Justizministerialblatt für das Land Nordrhein-Westfalen
JR	Juristische Rundschau *(Zeitschrift)*
Jura	Juristische Ausbildung *(Zeitschrift)*
JuS	Juristische Schulung *(Zeitschrift)*
JZ	Juristenzeitung *(Zeitschrift)*
KG	Kammergericht
KK	Karlsruher Kommentar
LG	Landgericht
LK	Leipziger Kommentar
LKW	Lastkraftwagen
LPK	Lehr- und Praxiskommentar
MDR	Monatsschrift für Deutsches Recht *(Zeitschrift)*
MüKo	Münchener Kommentar
m.w.N.	mit weiteren Nachweisen
NGefAG	Niedersächsisches Gefahrenabwehrgesetz
NJW	Neue Juristische Wochenschrift *(Zeitschrift)*
NJW-RR	Neue Juristische Wochenschrift – Rechtsprechungsreport
NK	NomosKommentar
Nr.	Nummer
NStZ	Neue Zeitschrift für Strafrecht
NStZ-RR	Neue Zeitschrift für Strafrecht – Rechtsprechungsreport
NZV	Neue Zeitschrift für Verkehrsrecht
OEG	Opferentschädigungsgesetz
OGH	Oberster Gerichtshof für die Britische Zone
OGHSt	Entscheidungen des Obersten Gerichtshofs für die Britische Zone in Strafsachen
OLG	Oberlandesgericht
PKW	Personenkraftwagen
PolVOgH	Polizeiverordnung des Innenministeriums und des Ministeriums für Ländlichen Raum und Verbraucherschutz über das Halten gefährlicher Hunde
RG	Reichsgericht
RGBl.	Reichsgesetzblatt

RGSt	Entscheidungen des Reichsgerichts in Strafsachen
Rn.	Randnummer(n)
RStGB	Reichsstrafgesetzbuch
RW	Rechtswissenschaft *(Zeitschrift)*
S.	Seite/im Rahmen eines Gesetzeszitats: Satz
SächsHebG	Sächsisches Hebammengesetz
SGB	Sozialgesetzbuch
SK	Systematischer Kommentar
sog.	sogenannte(r)
SozialR	Sozialrecht
Sp.	Spalte
SpuRt	Zeitschrift für Sport und Recht
StA	Staatsanwaltschaft
StGB	Strafgesetzbuch
StPO	Strafprozessordnung
StrafR	Strafrecht
StrRG	Strafrechtsreformgesetz
StRR	StrafRechtsReport (*Zeitschrift*)
StVO	Straßenverkehrsordnung
StrÄndG	Strafrechtsänderungsgesetz
StV	Strafverteidiger *(Zeitschrift)*
Teilbd.	Teilband
u.a.	und andere/unter anderem
u.ä.	und ähnliche
Urt.	Urteil
v.	von/vom
Var.	Variante
VRS	Verkehrsrechts-Sammlung *(Zeitschrift)*
wistra	Zeitschrift für Wirtschafts- und Steuerstrafrecht
WStG	Wehrstrafgesetz
z.B.	zum Beispiel
ZIS	Zeitschrift für Internationale Strafrechtsdogmatik
ZMR	Zeitschrift für Miet- und Raumrecht
ZRP	Zeitschrift für Rechtspolitik
ZStW	Zeitschrift für die gesamte Strafrechtswissenschaft

1. Teil: Einleitung

I. Forschungsanliegen

Daten der *Deutschen Gesellschaft für Psychiatrie und Psychotherapie, Psychosomatik und Nervenheilkunde* belegen, dass in Deutschland derzeit etwa 17,8 Millionen Personen an einer psychischen Krankheit leiden (Stand: Oktober 2020).[1] Psychische Erkrankungen zählen nicht nur zu einer der vier bedeutendsten Ursachen für die Verringerung der Lebenserwartung.[2] Nach dem Gesundheitsreport aus dem Jahr 2020 der *DAK-Gesundheit* nimmt auch die Anzahl von Fehltagen am Arbeitsplatz aufgrund psychischer Erkrankungen deutlich zu und stellen den zweithäufigsten Grund für Fehltage dar.[3]

Trotz dieser weitreichenden gesellschaftlichen Bedeutung psychischer Erkrankungen wird der psychischen Gesundheit im Rahmen der Körperverletzung gemäß §§ 223, 229 StGB weitestgehend kein umfassender Schutz zugesprochen. Vielmehr wird eine Strafbarkeit nach der Rechtsprechung sowie der herrschenden Lehre erst dann angenommen, wenn die psychische Schädigung den Körper des Tatopfers im weitesten Sinne in einen pathologischen, somatisch objektivierbaren Zustand versetzt.[4] Nur von einer Mindermeinung in der Literatur wird vertreten, dass auch psychische Schädigungen ohne somatische Auswirkung vom Tatbestand der Körperverletzung umfasst sind.[5] Aus welchem Grund die psychische Gesundheit des Opfers nicht in

---

1 *Deutsche Gesellschaft für Psychiatrie und Psychotherapie, Psychosomatik und Nervenheilkunde* (*DGPPN*), Basisdaten Psychische Erkrankungen, Stand: Oktober 2020, S. 1, URL: https://www.dgppn.de/_Resources/Persistent/a2e357dac62be19b5050a1d89ffd8603cfdb8ef9/20201008_Factsheet.pdf (Abrufdatum: 27.04.2021).

2 *DGPPN*, Basisdaten Psychische Erkrankungen, Stand: Oktober 2020, S. 1, URL: https://www.dgppn.de/_Resources/Persistent/a2e357dac62be19b5050a1d89ffd8603cfdb8ef9/20201008_Factsheet.pdf (Abrufdatum: 27.04.2021).

3 *DAK-Gesundheit*, Gesundheitsreport 2020, S. 16, URL: https://www.dak.de/dak/download/dak-gesundheitsreport-2020-pdf-2366094.pdf (Abrufdatum: 27.04.2021).

4 Siehe etwa BGH JR 2020, 134 (135); BGH NStZ 2015, 269 (269); BGH NJW 2013, 3383 (3383); BGHSt 48, 34 (37) = NJW 2003, 150 (153); BGH NStZ-RR 2000, 106 (106); BGH NStZ 1997, 123 (123); BGHSt 41, 285 (nicht abgedruckt) = NJW 1996, 1068 (1069); BGH NStZ 1986, 166 (166); OLG Düsseldorf NJW 2002, 2118 (2118); StA Hannover NStZ 1987, 175 (176); so ebenfalls bereits etwa RGSt 64, 113 (119); NK/*Paeffgen/Böse*, StGB, § 223, Rn. 3; LK/*Grünewald*, StGB, § 223,Rn. 12; SK/*Wolters*, StGB, § 223, Rn. 33; Satzger/Schluckebier/Widmaier/ *Momsen-Pflanz/Momsen*, StGB, § 223, Rn. 20 f.; BeckOK/*Eschelbach*, StGB, § 223, Rn. 1–3 (Stand: 01.02.2021).

5 Schönke/Schröder/*Sternberg-Lieben*, StGB, § 223, Rn. 6; MüKo/*Joecks* (*Hardtung*), StGB, § 223, Rn. 31; *Küper/Zopfs*, StrafR BT, Rn. 281; *Wessels/Hettinger/Engländer*, StrafR BT 1, Rn. 213; *Welzel*, StrafR, S. 288; *Joecks/Jäger*, StGB, § 223, Rn. 9; Maurach/Schroeder/Maiwald/Hoyer/Momsen/*Schroeder/Hoyer*, StrafR BT 1, § 9, Rn. 5; Arzt/Weber/Heinrich/Hilgendorf/*ders.*, StrafR BT, § 6, Rn. 25; *Krey/Hellmann/Heinrich*, StrafR BT 1, Rn. 193; *Haft*, StrafR BT 2, S. 145; *Buß*, Der Weg zu einem deutschen Stalkingstraftatbestand, insbesondere S. 140; *Utsch*, Strafrechtliche Probleme des Stalking, S. 40; *Fehr*, Mobbing, S. 81 f.; *Mühe*, Mobbing, S. 105–107; *Wolfslast*, Psychotherapie in den Grenzen des Rechts, S. 19; *Steinberg*, Strafe für das Versetzen in Todesangst, S. 128; *Doerbeck*, Cybermobbing, S. 228; Hardtung, JuS 2008, S. 864 ff., 867; *Hoffmann*, GA 2002, S. 385 ff., 396 f.; *Doerbeck*, JR 2020, S. 135 ff., 136; *Rengier*, StrafR BT 2, § 13, Rn. 18 will nur endogene Psychosen, also solche, die auf vermuteten körperlichen Prozessen beruhen, einbeziehen.

Anlehnung an die Auffassung des Menschen durch das BVerfG als „Einheit von Leib, Seele und Geist“[6] ohne das Bewirken von somatischen Beeinträchtigungen durch §§ 223, 229 StGB geschützt wird, ist gegenwärtig ein umstrittenes Thema. Aus dogmatischer Sicht werden gegen den Einbezug psychischer Schädigungen des Tatopfers ohne körperliche Auswirkungen verschiedene Argumente angebracht:

1. Psychische Schädigungen des Opfers seien im Strafprozess nicht feststellbar.[7]

2. Die Psyche sei bereits durch andere strafrechtliche Tatbestände ausreichend geschützt.[8]

3. Eine Subsumtion psychischer Schädigungen ohne somatische objektivierbare Folge unter § 223 Abs. 1 StGB stünde contra legem.[9]

4. Es sei nicht möglich, das Erleiden einer psychischen Schädigung des Opfers kausal auf ein Verhalten des Täters zurückzuführen.[10]

5. Psychische Schädigungen seien nicht mit hinreichender Bestimmtheit objektiv zurechenbar. Es sei zu unbestimmt, wann die Strafbarkeit insbesondere aufgrund der Sozialadäquanz entfalle.[11]

Auf Basis der nicht unerheblichen gesellschaftlichen Bedeutung von psychischen Krankheiten ist eine Uneinigkeit bezüglich des strafrechtlichen Schutzes der psychischen Gesundheit des Tatopfers nicht hinnehmbar. Da dieser Schutz eine gegenwärtig umstrittene Thematik darstellt, ist eine kritische Auseinandersetzung von besonderem Interesse.

---

6 BVerfGE 56, 54 (75) = NJW 1981, 1655 (1656).

7 BeckOK/*Eschelbach*, StGB, § 223, Rn. 1 (Stand: 01.02.2021); NK/*Paeffgen*/*Böse*, StGB, § 223, Rn. 11b spricht von „Flüchtigkeit der Beweisbarkeit“; Schwierigkeiten der Bemessung sowie der Beweisbarkeit seelischer Qualen sieht ebenfalls *Sowada*, in FS-Beulke, S. 283 ff., 288.

8 *Bloy*, in FS-Eser, S. 233 ff., insbesondere S. 235 f., 250–255.

9 Siehe etwa LK/*Grünewald*, StGB, § 223, Rn. 10–12; NK/*Paeffgen*/*Böse*, StGB, § 223, Rn. 11b; AK/*Zöller*/*Petry*, StGB, § 223, Rn. 14; BeckOK/*Eschelbach*, StGB, § 223, Rn. 1 (Stand: 01.02.2021); *Tag*, Körperverletzungstatbestand, S. 92; *Bloy*, in FS-Eser, S. 233 ff., 235; *Lorenz*/*Flaig*, JA 2019, 108 ff., 109; auch die Rechtsprechung verlangt stets eine somatische Auswirkung der Beeinträchtigung, siehe etwa BGH JR 2020, 134 (135); BGH NJW 2013, 3383 (3383); BGHSt 48, 34 (37) = NJW 2003, 150 (153); BGH NStZ 1997, 123 (123); BGHSt 41, 285 (nicht abgedruckt) = NJW 1996, 1068 (1069); BGH NStZ 1986, 166 (166); OLG Düsseldorf NJW 2002, 2118 (2118); StA Hannover NStZ 1987, 175 (176).

10 Zur Kausalität kritisch etwa LK/*Grünewald*, StGB, § 223, Rn. 12; auch Autoren, welche psychische Schädigungen als Erfolg der Körperverletzung begreifen, sehen die Feststellung der Kausalität als problematisch an, siehe etwa *Mühe*, Mobbing, S. 106 f.; *Fehr*, Mobbing, S. 99; *Wolfslast*, Psychotherapie in den Grenzen des Rechts, S. 21; so auch *Knauer, F.*, Der Schutz der Psyche im StrafR, S. 99 f. mit Verweis auf andere Strafnormen.

11 So etwa LK/*Grünewald*, StGB, § 223, Rn. 12; *Knauer, F.*, Der Schutz der Psyche im StrafR, insbesondere S. 203; *Bloy*, in FS-Eser, S. 233 ff., 233; *Merkel*, ZStW 121 (2009), S. 919 ff., 947; in diese Richtung geht auch *Bublitz*, RW 2011, S. 28 ff., 54 f., welcher grundsätzliche eine Beschränkung auf vorsätzliche Begehungsarten im Rahmen psychischer Schädigungen fordert und nur in Einzelfällen eine fahrlässige Begehungsweise anerkennt.

II. Ziel und Gang der Untersuchung

Ziel der Untersuchung ist die Überprüfung, inwiefern Schädigungen an der psychischen Gesundheit des Tatopfers auch ohne somatische Auswirkung unter den Begriff der Gesundheitsschädigung gemäß §§ 223 Abs. 1 Var. 2, 229 StGB subsumiert werden können. Dazu werden die zuvor angeführten Argumente gegen einen solchen Schutz kritisch beleuchtet und auf ihre Überzeugungskraft untersucht. Anhand einer umfassenden Rechtsprechungsauswertung wird analysiert, ob diese Kritikpunkte tatsächlich für die praktischen Fälle psychischer Gesundheitsschädigungen von Relevanz sind. Dazu wird die gesamte einschlägige Judikatur zur Körperverletzung in der Variante der Gesundheitsschädigung gemäß §§ 223 Abs. 1 Var. 2, 229 StGB[12] in Form einer psychischen Schädigung des Opfers ausgewertet. Diese Rechtsprechungsauswertung soll in ihrer Gesamtheit eine hinreichende Grundlage zur Beantwortung der Frage bilden, wie die Strafbarkeit psychischer Schädigungen im Rahmen der §§ 223, 229 StGB durch die Gerichte bewertet wird. Dabei ist ein induktives Vorgehen vonnöten, damit anhand der Verfahrensweise der Praxis beurteilt werden kann, inwiefern die vorstehenden Argumente gegen einen Schutz der psychischen Gesundheit ohne somatische Auswirkungen durchgreifen. Die Darstellung der Rechtsprechung wird nicht nur in die jeweiligen Prüfungsstufen, sondern zudem in verschiedene Gewichtungen psychischer Beeinträchtigungen des Tatopfers unterteilt, um auf diesem Wege die Besonderheiten der strafrechtlichen Behandlung psychischer Schädigungen durch die Rechtsprechung in den jeweiligen Fallkonstellationen herauszuarbeiten. Die Erörterung der Judikatur bezieht den Sachverhalt sowie die jeweiligen Entscheidungsgründe insoweit ein, als sich diese als substanziell für die rechtliche Einordnung psychischer Schädigungen im Rahmen der Körperverletzung darstellen. Hierdurch kann die Ansicht der Rechtsprechung trotz umfangreicher Entscheidungen eingehend und nachvollziehbar dargelegt werden. Die verwendeten Urteile werden aufgrund des höheren Gewichts nach Rang des Gerichts in absteigender Reihenfolge sowie bei gleichem Rang aufgrund der Aktualität nach Entscheidungsdatum chronologisch geordnet angeführt. Auch die bereits veröffentlichte Fachliteratur zum Schutz der psychischen Gesundheit im StGB sowie insbesondere im Rahmen der Körperverletzung gemäß §§ 223, 229 StGB wird den folgenden Ausführungen zugrunde gelegt und ihrerseits kritisch analysiert.[13]

Die vorliegende Untersuchung gliedert sich in drei Abschnitte.

---

12 Insbesondere die in der herrschenden Kommentarliteratur angeführte Judikatur; durchgesehen wurde zu §§ 223, 229 StGB: AnwaltKommentar StGB, 3. Auflage 2020; BeckOK StGB, 49. Edition; *Fischer*, StGB, 68. Auflage 2021; *Kühl/Heger*, StGB, 29. Auflage 2018; Leipziger Kommentar StGB, 12. Auflage, Bd. 7 Teilbd. 1 (2019); *Matt/Renzikowski*, StGB, 2. Auflage 2020; Münchener Kommentar StGB, 3. Auflage, Bd. 4 (2017); NomosKommentar StGB, 5. Auflage, Bd. 2; *Satzger/Schluckebier/Widmaier*, StGB, 5. Auflage 2021; Schönke/*Schröder*, StGB, 30. Auflage 2019; Systematischer Kommentar StGB, 9. Auflage, Bd. 4 (2017).

13 Siehe etwa die eingehende Auseinandersetzung bei *Mühe*, Mobbing, S. 81–107; *Wolfslast*, Psychotherapie in den Grenzen des Rechts, insbesondere S. 4–21; *Fehr*, Mobbing, S. 79–82; *Steinberg*, Strafe für das Versetzen in Todesangst, S. 23–130; *Knauer, F.*, Der Schutz der Psyche im StrafR, S. 39–292; *Buß*, Der Weg zu einem deutschen Stalkingstraftatbestand, S. 131–140; *Hoffmann*, GA 2002, S. 385 ff., 396 f.; *Hardtung*, JuS 2008, S. 864 ff., 867; *Doerbeck*, JR 2020, S. 135 ff., 135–138.

Der Beginn der Arbeit widmet sich der terminologischen Klärung des Begriffs der Psyche sowie der psychischen Krankheit. Im Fokus steht zunächst das fachspezifische Verständnis innerhalb der Naturwissenschaften[14]. Darauf aufbauend wird analysiert, ob sich die Terminologie und Klassifizierung einer psychischen Krankheit im strafrechtlichen Prozess mit den Vorgehensweisen innerhalb der Naturwissenschaften deckt. In diesem Kontext wird anhand einer Auswertung der Rechtsprechung herausgearbeitet, ob und auf welchem Wege psychische Schädigungen im Strafprozess bereits durch die Rechtsprechung anerkannt sind. Dies soll beantworten, ob und inwiefern die vorgebrachte Kritik hinsichtlich fehlender Feststellbarkeit psychischer Schädigungen durchgreift.
Der zweite Abschnitt gibt sodann einen Überblick, in welchem Rahmen die psychische Gesundheit bereits durch das StGB berücksichtigt wird. Zunächst werden diejenigen Tatbestände, Qualifikationen sowie Regelbeispiele dargestellt, welche die psychische Gesundheit unmittelbar schützen. Anschließend wird untersucht, ob die Psyche ebenfalls mittelbaren Schutz insbesondere auf Strafzumessungsebene genießt. Dadurch soll aufgezeigt werden, ob und inwiefern die psychische Gesundheit des Opfers bei der vorherrschenden Auslegung berücksichtigt wird.
Aufbauend auf die Ergebnisse des zweiten Abschnitts wird sodann ein Schutz des Opfers vor erheblichen psychischen Schädigungen durch den Tatbestand der Körperverletzung gemäß §§ 223, 229 StGB konzipiert. Den Mittelpunkt der Analyse bildet eine Auslegung des Gesundheitsbegriffes gemäß § 223 Abs. 1 Var. 2 StGB anhand der gängigen Auslegungsmethoden. Als Ausgangspunkt dieser Ausarbeitung dienen die durch die Rechtsprechung sowie der Literatur vorgebrachten Kritikpunkte gegen einen Schutz der psychischen Gesundheit im Rahmen der Körperverletzung gemäß §§ 223, 229 StGB. Auf Basis dieser Erörterungen folgt eine eingehende Rechtsprechungsanalyse, ab welchem Grad eine psychische Schädigung als strafrechtlich erheblich i.S.d. §§ 223, 229 StGB eingestuft wird. Durch die Analyse soll aufgezeigt werden, ob die Subsumtion psychischer Schädigungen ohne somatische Auswirkungen contra legem steht. Sodann wird die Kritik mangelnder Kausalitätsbegründung im Rahmen psychischer Schädigungen des Tatopfers beleuchtet. Abschließend wird die Kritik fehlender Konturierbarkeit der Grenzen der Sozialadäquanz bei psychischen Schädigungen des Tatopfers erörtert.

Die vorliegende Untersuchung soll ein Plädoyer für die Berücksichtigung der psychischen Gesundheit ohne das Erfordernis einer somatischen Beeinträchtigung im Rahmen der Körperverletzung gemäß §§ 223, 229 StGB sein. Als Ausgangspunkt der vorliegenden Abhandlung dient die These, dass psychische Beeinträchtigungen des Tatopfers ab Erreichen eines Krankheitswertes im naturwissenschaftlichen Sinne eine Gesundheitsschädigung i.S.d. §§ 223 Abs. 1 Var. 2, 229 StGB darstellen.

[14] Der Begriff Naturwissenschaften wird in der vorliegenden Arbeit extensiv verstanden, da im Nachfolgenden die bereichsübergreifende Schnittstelle zwischen Psychologie und Medizin thematisiert wird.

2. Teil: Die Feststellbarkeit einer psychischen Schädigung des Tatopfers

Um den strafrechtlichen Schutz der psychischen Gesundheit zu untersuchen, sind zunächst die für diese Thematik relevanten Begrifflichkeiten zu klären und zu konkretisieren. Dies ist deshalb vonnöten, weil dem Schutz vor psychischen Beeinträchtigungen vor allem innerhalb des Tatbestandes der Körperverletzung gemäß §§ 223, 229 StGB entgegengehalten wird, dass „innere Tatsachen schwer feststellbar [sind]“[15], „seelische Qualen schwer zu bemessen und zu beweisen sind“[16] und demgemäß eine Berücksichtigung im Rahmen der §§ 223, 229 StGB aufgrund der „Flüchtigkeit der Beweisbarkeit“[17] anzuzweifeln ist.

I. Theoretischer Rahmen der Naturwissenschaften

Da der Begriff der Psyche sowie der psychischen Krankheit kein rechtswissenschaftlicher Terminus, sondern vielmehr der Disziplin der Naturwissenschaften zuzuschreiben ist, widmet sich der erste Abschnitt der Arbeit zunächst der terminologischen Klärung des Begriffs der Psyche sowie der Klassifizierung von psychischen Krankheiten in naturwissenschaftlicher Hinsicht. Aufgrund der nicht-juristischen Problematik wird im Folgenden auf eine aufschlüsselnde Erörterung der einzelnen Definitionsversuche des Begriffes der Psyche verzichtet, sodass lediglich der Querschnitt der herrschenden Meinung widergespiegelt wird.

1. Begriffsbestimmung „Psyche“

Nach der vorherrschenden Auffassung wird der Begriff der Psyche als Gesamtheit aller Erlebens- und Verhaltensweisen des Einzelnen und deren Grundlagen in einem Individuum definiert.[18] Die Psyche stellt das Zentrum aller Lebensäußerungen des Einzelnen dar und gilt als Bezugspunkt für die verschiedenen psychischen Funktionen.[19] Psychische Zustände sind insbesondere solche Vorgänge, welche dem Erleben und Verhalten zugrunde liegen und das Wahrnehmen, Denken, Erinnern, Fühlen, Handeln und Motive als psychische Funktionen zusammenführen.[20] Dem Begriff der Psyche als solcher kommt jedoch keine bedeutende Rolle in der Fachterminologie zu.[21]

2. Feststellung psychischer Krankheiten in den Naturwissenschaften

Im Folgenden wird herausgearbeitet, ab welcher Schwere einer psychischen Beeinträchtigung von einer Krankheit i.S.d. Naturwissenschaften ausgegangen wird.[22]

---

15 BeckOK/*Eschelbach*, StGB, § 223, Rn. 1 (Stand: 01.02.2021).

16 *Sowada*, in FS-Beulke, S. 283 ff., 288.

17 NK/*Paeffgen*/*Böse*, StGB, § 223, Rn. 11b.

18 *Dieterich*/*Rietz*, Psychologisches Grundwissen, S. 342, unter „Psyche/Seele“.

19 *Bertelsmann* Lexikon der Psychologie, S. 373, unter „Psyche“.

20 *Bertelsmann* Lexikon der Psychologie, S. 374, unter „psychische Funktionen“.

21 *Dieterich*/*Rietz*, Psychologisches Grundwissen, S. 342, unter „Psyche/Seele“.

22 Herrschend wird nicht vom Begriff einer psychischen Krankheit, sondern vielmehr von einer psychischen Störung ausgegangen, siehe dazu eingehend etwa *Bastine*, Klinische Psychologie Bd. 1, S. 152; Petermann/Maercker/Lutz/Stangier/*Maercker*, Klinische Psychologie, S. 15; vorliegend soll aufgrund der Polarität zum Begriff der Gesundheit im Rahmen der §§ 223, 229 StGB das Wort der psychischen Krankheit als Synonym für den Begriff der psychischen Störung verwendet werden, da der Begriff der Krankheit als Antonym zum Begriff der Gesundheit gilt, siehe *Duden*-Online unter „Gesundheit“, URL: https://www.duden.de/rechtschreibung/Gesundheit (Abrufdatum: 27.04.2021).

Dazu wird zunächst das abstrakte Begriffsverständnis erörtert, worauf eine Darstellung der naturwissenschaftlichen Diagnostik psychischer Krankheiten folgt.

a. Begriffsbestimmung „psychische Krankheit"

In den Naturwissenschaften gibt es eine Vielzahl von Definitionsversuchen des Begriffes der psychischen Krankheit, da „psychische Störungen [...] grundlagenwissenschaftlich nicht eindeutig definierte, feststehende Entitäten [sind, sondern] [...] letztlich nach dem aktuellen Stand der Forschung sowie für die Praxis sinnvolle und nützliche Konstrukte dar[stellen]"[23]. In naturwissenschaftlicher Hinsicht wird unter dem Begriff der Krankheit im Allgemeinen das subjektive oder objektive Bestehen von körperlichen und seelischen Störungen oder Veränderungen verstanden.[24] Darunter fallen ebenfalls Störungen von Lebensvorgängen in Organen oder Organismen mit der Folge von subjektiv empfundenen oder objektiv körperlich, geistig oder seelisch feststellbaren Veränderungen des Menschen.[25] Auch alle Störungen mit ausschließlich oder vorwiegend psychischen Symptomen wie etwa zwanghaftes Verhalten oder Wahn sind inbegriffen.[26] Nach dem *Wissenschaftlichen Beirat Psychotherapie* wird „eine psychische Störung [...] als ein klinisch bedeutsames psychisches oder Verhaltenssyndrom bzw. Muster bezeichnet, das bei einem Individuum auftritt. Definitionsgemäß ist es mit aktuellem Leiden (z.B. Schmerz) oder Versehrtheit (z.B. Behinderung in einem oder mehreren wichtigen Funktionsbereichen) verbunden oder es besteht eine Beeinträchtigung in der Fähigkeit, Entwicklungsaufgaben (z.B. Schule) zu bewältigen oder ein signifikant erhöhtes Risiko für Tod, Schmerz, Siechtum oder ein bedeutsamer Verlust an Freiheit"[27]. Dabei ist entscheidend, eine psychische Krankheit von einer bloßen Gefühls- oder Befindlichkeitsbeeinträchtigung zu trennen. Ein Krankheitswert einer psychischen Störung soll nach dem *Wissenschaftlichen Beirat Psychotherapie* vorliegen, sofern diese „deutlich die normale Lebensführung der Person, ihre berufliche (oder schulische) Leistung oder soziale Aktivität und Beziehung ein[schränkt] oder sie [...] dem Individuum erhebliches Leiden [verursacht]. Auch die Stärke der Abweichung vom in einem soziokulturellen Raum üblichen Verhalten kann einen Hinweis auf die Krankheitswertigkeit einer Störung darstellen"[28]. Zentrale Kriterien für die Annahme einer psychischen Krankheit sind nach psychologischer Literatur etwa die deutliche Abweichung von der Norm in statistischer,

---

23 Hoyer/Knappe/*Wittchen/Knappe/Hoyer,* Klinische Psychologie und Psychotherapie, S. 7; Petermann/Maercker/Lutz/Stangier/*Maercker*, Klinische Psychologie, S. 15.

24 Hoyer/Knappe/*Hoyer/Knappe,* Klinische Psychologie und Psychotherapie, S. 1332 unter „Krankheit".

25 *Margraf/Maier*, Pschyrembel Psychiatrie, klinische Psychologie, Psychotherapie, S. 509, unter „Krankheit".

26 *Bertelsmann* Lexikon der Psychologie, S. 374, unter „psychische Krankheiten".

27 Glossar zu wiederkehrenden Begriffen im Zusammenhang mit den Stellungnahmen des *Wissenschaftlichen Beirats Psychotherapie* (Stand: 20.05.2008) unter „Psychische Störung", URL: https://www.wbpsychotherapie.de/stellungnahmen/sonstige-stellungnahmen-und-veroeffentlichungen/glossar/ (Abrufdatum: 27.04.2021).

28 Glossar zu wiederkehrenden Begriffen im Zusammenhang mit den Stellungnahmen des *Wissenschaftlichen Beirats Psychotherapie* (Stand: 20.05.2008) unter „Krankheitswertigkeit einer Psychischen Störung", URL: https://www.wbpsychotherapie.de/stellungnahmen/sonstige-stellungnahmen-und-veroeffentlichungen/glossar/ (Abrufdatum: 27.04.2021).

gesellschaftlicher oder individueller Hinsicht,[29] eine Funktionseinschränkung in wichtigen Lebensbereichen,[30] eine verhaltensmäßige, psychische oder biologische Funktionsstörung,[31] Selbst- oder Fremdgefährdung[32] oder auch Leidensdruck[33]. Das Auftreten dieser Symptome ist zumeist von der betroffenen Person nicht bzw. nur begrenzt beeinflussbar.[34] Jedoch gelten diese Kriterien lediglich als Indiz, sodass bei Vorliegen eines oder mehrerer Merkmale nicht per se auf die Existenz einer psychischen Krankheit geschlossen werden kann.[35] Vielmehr sind die Kriterien als Konstrukt zu verstehen, welches aufgrund stetig ändernder Umstände, insbesondere hinsichtlich der gesellschaftlichen Werte und Normen, modifiziert werden muss.[36] Aus diesem Grund gilt als Nominaldefinition, dass eine psychische Krankheit dann besteht, wenn diese nach einem Klassifikationsmodell vorliegt.[37] Im Rahmen der Diagnostiksysteme stellt eine psychische Krankheit einen klinischen Komplex von Symptomen und Verhaltensauffälligkeiten dar, welche mit Belastungen und Beeinträchtigungen von Funktionen einhergehen.[38]

b. Klassifikatorische Diagnostik psychischer Krankheiten

Die herrschenden Klassifikationsmodelle für psychische Störungen bilden die „International Statistical Classification of Diseases and Related Health Problems“[39] der *World Health Organisation* (*WHO*) in der zehnten Version (ICD-10) sowie das „Diagnostic and Statistical Manual of Mental Disorders“[40] der *American Psychiatric Association* (*APA*) in der fünften Version (DSM-5).[41] Beide Modelle haben einen

---

29 *Renneberg*/*Heidenreich*/*Noyon*, Einführung Klinische Psychologie, S. 21; Petermann/Maercker/Lutz/Stangier/*Maercker*, Klinische Psychologie, S. 17; *Bastine*, Klinische Psychologie Bd. 1, S. 161; Myers/*ders.*, Psychologie, S. 654 f.; Hick/*ders.*/*Ziegler*, Klinische Ethik, S. 233.

30 *Renneberg*/*Heidenreich*/*Noyon*, Einführung Klinische Psychologie, S. 21; Hick/*ders.*/*Ziegler*, Klinische Ethik, S. 233; *Bastine*, Klinische Psychologie Bd. 1, S. 19; Myers/*ders.*, Psychologie, S. 655.

31 *Renneberg*/*Heidenreich*/*Noyon*, Einführung Klinische Psychologie, S. 22; *Bastine*, Klinische Psychologie Bd. 1, S. 19.

32 *Caspar*/*Pjanic*/*Westermann*, Klinische Psychologie, S. 7; *Renneberg*/*Heidenreich*/*Noyon*, Einführung Klinische Psychologie, S. 22.

33 *Caspar*/*Pjanic*/*Westermann*, Klinische Psychologie, S. 7; *Renneberg*/*Heidenreich*/*Noyon*, Einführung Klinische Psychologie, S. 21; *Bastine*, Klinische Psychologie Bd. 1, S. 161; Myers/*ders.*, Psychologie, S. 655; Hoyer/Knappe/*dies.*/*Wittchen*, Klinische Psychologie und Psychotherapie, S. 32; Petermann/Maercker/Lutz/Stangier/*Maercker*, Klinische Psychologie, S. 17; Hick/*ders.*/*Ziegler*, Klinische Ethik, S. 233.

34 *Bastine*, Klinische Psychologie Bd. 1, S. 19.

35 Schmidt-Atzert/Amelang/*Fydrich*, Psychologische Diagnostik, S. 510.

36 *Renneberg*/*Heidenreich*/*Noyon*, Einführung Klinische Psychologie, S. 21.

37 *Caspar*/*Pjanic*/*Westermann*, Klinische Psychologie, S. 7; Petermann/Maercker/Lutz/Stangier/*Maercker*, Klinische Psychologie, S. 17.

38 *Caspar*/*Pjanic*/*Westermann*, Klinische Psychologie, S. 7.

39 Siehe die Informationen auf der Website der *WHO*, URL: https://www.who.int/classifications/icd/en/ (Abrufdatum: 27.04.2021).

40 Siehe die Informationen auf der Website der *APA*, URL: https://www.psychiatry.org/psychiatrists/practice/dsm (Abrufdatum: 27.04.2021).

41 *Caspar*/*Pjanic*/*Westermann*, Klinische Psychologie, S. 16; *Benecke*, Klinische Psychologie und Psychotherapie, S. 257.

deskriptiven Ansatz,[42] wobei die Diagnose einer psychischen Krankheit maßgeblich anhand der Symptome des Betroffenen gestellt wird.[43] Die notwendigen Informationen zur Klassifizierung werden primär mithilfe des klinisch-diagnostischen Gesprächs, strukturierter und standardisierter Interviews, Fragebögen zur Selbsteinschätzung, Tests, psychophysiologischen Verfahrens, Selbstbeobachtungen oder anhand eines Fremdbeurteilungsverfahrens erworben.[44] Hervorzuheben ist zudem, dass die Klassifikationsmodelle keine Gefühls- oder Befindlichkeitsbeeinträchtigungen der betroffenen Person erfassen, sondern vielmehr psychische *Krankheiten.* Nicht umfasst ist etwa das bloße Empfinden von Angst oder Ekel, sondern erst das Erleiden einer psychischen Beeinträchtigung von erheblichem Gewicht, also einer psychischen Krankheit.

aa. ICD-10

Das Klassifikationssystem ICD geht auf bereits im 19. Jahrhundert vorgenommene Bestrebungen zurück, ein Verzeichnis von Krankheiten und Todesursachen durch Gruppierungen aufzustellen.[45] Seit der 6. Internationalen Revisionskonferenz im Jahr 1948 wird die ICD durch die *WHO* als international geltendes Klassifikationssystem publiziert.[46] Die aktuell geltende zehnte Version der ICD (ICD-10) wurde im Jahr 1991 herausgegeben.[47] Derzeit wird seit Mai 2018 die ICD-11 in Feldstudien getestet und soll offiziell ab Januar 2022 gelten.[48] Psychische Erkrankungen finden sich in Kapitel V über „Psychische und Verhaltensstörungen“ wieder, welche alphanumerisch durch die Notation F sowie eine Schlüsselnummer zwischen 00 bis 99 geordnet sind.[49] Die psychischen Störungen werden zudem zum Teil nach Schweregrad unterteilt.[50]

---

42 *Caspar/Pjanic/Westermann*, Klinische Psychologie, S. 16; *Benecke*, Klinische Psychologie und Psychotherapie, S. 257; Schmidt-Atzert/Amelang/*Fydrich*, Psychologische Diagnostik, S. 510.

43 *Caspar/Pjanic/Westermann*, Klinische Psychologie, S. 16; *Benecke*, Klinische Psychologie und Psychotherapie, S. 257.

44 *Renneberg/Heidenreich/Noyon*, Einführung Klinische Psychologie, S. 32; *Benecke*, Klinische Psychologie und Psychotherapie, S. 261–265.

45 Siehe dazu auch eingehend Petermann/Reinecker/*Saß/Saß-Houben*, Handbuch der Klinischen Psychologie und Psychotherapie, S.137; geschichtlicher Hintergrund zur Klassifikation ebenfalls bei Hoyer/Knappe/*dies./Wittchen*, Klinische Psychologie und Psychotherapie, S. 43.

46 Petermann/Reinecker/*Saß/Saß-Houben*, Handbuch der Klinischen Psychologie und Psychotherapie, S.137; *Benecke*, Klinische Psychologie und Psychotherapie, S. 257.

47 Petermann/Reinecker/*Saß/Saß-Houben*, Handbuch der Klinischen Psychologie und Psychotherapie, S.139; Schmidt-Atzert/Amelang/*Fydrich*, Psychologische Diagnostik, S. 511.

48 Siehe die veröffentlichten Informationen zur ICD-11 auf der Website des Deutschen Instituts für Medizinische Dokumentation und Information (DIMDI), URL: https://www.dimdi.de/dynamic/de/klassifikationen/icd/icd-11/ (Abrufdatum 27.04.2021).

49 *Benecke*, Klinische Psychologie und Psychotherapie, S. 257; Schmidt-Atzert/Amelang/*Fydrich*, Psychologische Diagnostik, S. 511.

50 So wird beispielsweise unter F32.0 eine Leichte depressive Episode unter F32.1 eine Mittelgradige depressive Episode, unter F32.2 eine Schwere depressive Episode ohne psychotische Symptome und unter F32.2 eine Schwere depressive Episode mit psychotischen Symptomen klassifiziert, siehe ICD-10 online, URL: https://icd.who.int/browse10/2019/en#/F30-F39 (Abrufdatum: 27.04.2021) sowie in deutscher Übersetzung, URL: https://www.dimdi.de/static/de/klassifikationen/icd/icd-10-who/kode-suche/htmlamtl2019/#V (Abrufdatum: 27.04.2021).

Das System der ICD-10 ist nicht nur das auf internationaler Ebene innerhalb der EU rechtsverbindliche Diagnose-System.[51] Vielmehr wurde ebenfalls in Deutschland erstmals im Jahr 1986 die damals geltende ICD-9 zur Diagnoseverschlüsselung in Krankenhäusern verpflichtend angewendet.[52] Zunächst wurde seit dem Jahr 2000 in Deutschland eine Modifikation der ICD-10, die ICD-10-SGB-V, gebraucht, welche u.a. angesichts der spezifischen Erfordernisse des deutschen Gesundheitssystems als notwendig angesehen wurde.[53] Aufgrund uneinheitlicher Anwendung der ICD-10-SGB-V im stationären und ambulanten Bereich wird seit dem Jahr 2004 einheitlich die ICD-10-GM[54], herausgebracht durch das *Deutsche Institut für Medizinische Dokumentation und Information* (*DIMDI*), verwendet.[55] Zur Bearbeitung der ICD-10-GM werden Beratungsergebnisse verschiedener Arbeitsgruppen berücksichtigt, welche sich aus bestimmten Fachverbänden, Berufsverbänden, Krankenhäusern oder Krankenkassen zusammensetzen.[56] Zwecks internationaler Vergleichbarkeit sowie Studien ist die ICD-10-GM eng an die Fassung der ICD-10 der *WHO* angeknüpft.[57] Derzeit wird die ICD-10-GM durch das *DIMDI* jährlich überarbeitet.[58] Seit 1. Januar 2021 gilt die ICD-10-GM in der Version 2021.[59] Die Rechtsgrundlage zur verpflichtenden Anwendung der ICD-10-GM-2021 zur Diagnoseverschlüsselung von Vertragsärzten, Vertragspsychotherapeuten und Krankenhäusern ist § 295 Abs. 2 S. 2 SGB V für die ambulante Versorgung und § 301 Abs. 2 S. 1 SGB V für die stationäre Versorgung.[60]

bb. DSM-5

Obwohl in Deutschland das Klassifikationssystem der ICD-10-GM-2021 zur Diagnosestellung rechtlich verbindlich ist, soll vollständigkeitshalber aufgrund der nicht

---

51 *Benecke*, Klinische Psychologie und Psychotherapie, S. 259.

52 *DIMDI*, Basiswissen Kodieren (Stand: 2010), S. 32, URL: https://www.dimdi.de/static/.downloads/deutsch/basiswissen-kodieren-2010.pdf (Abrufdatum: 27.04.2021).

53 *DIMDI*, Basiswissen Kodieren (Stand: 2010), S. 32, URL: https://www.dimdi.de/static/.downloads/deutsch/basiswissen-kodieren-2010.pdf (Abrufdatum: 27.04.2021).

54 International Classification of Diseases German Modification; siehe dazu die Website des *DIMDI*, URL: https://www.dimdi.de/dynamic/de/klassifikationen/icd/icd-10-gm/ (Abrufdatum 27.04.2021).

55 *DIMDI*, Basiswissen Kodieren (Stand: 2010), S. 6, 32, URL: https://www.dimdi.de/static/.downloads/deutsch/basiswissen-kodieren-2010.pdf (Abrufdatum: 27.04.2021).

56 Siehe dazu eingehend die Informationen bezüglich des Vorschlagverfahrens der ICD-10-GM auf der Website des *DIMDI*, URL: https://www.dimdi.de/dynamic/de/klassifikationen/icd/icd-10-gm/vorschlagsverfahren/ (Abrufdatum: 27.04.2021).

57 *DIMDI*, Basiswissen Kodieren (Stand: 2010), S. 6, URL: https://www.dimdi.de/static/.downloads/deutsch/basiswissen-kodieren-2010.pdf (Abrufdatum: 27.04.2021).

58 *DIMDI*, Basiswissen Kodieren (Stand: 2010), S. 6, URL: https://www.dimdi.de/static/.downloads/deutsch/basiswissen-kodieren-2010.pdf (Abrufdatum: 27.04.2021).

59 Siehe dazu eingehend die Website des *DIMDI*, URL: https://www.dimdi.de/dynamic/de/klassifikationen/icd/icd-10-gm/ (Abrufdatum 27.04.2021).

60 Siehe dazu auch etwa Hoyer/Knappe/*dies.*/*Wittchen*, Klinische Psychologie und Psychotherapie, S. 43.

unerheblichen Bedeutung ebenfalls DSM-5 erörtert werden. Im Vergleich zur ICD-10 dient DSM-5 nicht primär der internationalen Anwendbarkeit, sondern wird vielmehr im forschungsorientierten Bereich angewendet.[61] Derzeit gilt seit dem Jahr 2013 die fünfte Auflage des DSM (DSM-5).[62] Auch im DSM-5 werden die einzelnen psychischen Krankheiten kategorisiert, wobei innerhalb einiger Störungen zwischen den Schweregraden der psychischen Krankheiten unterschieden wird.[63] Zudem berücksichtigen die Diagnosen das Alter, Geschlecht sowie die Kultur des Betroffenen.[64] Im Unterschied zum System ICD-10 befinden sich innerhalb des Modells DSM-5 ausschließlich Klassifikationen psychischer Schädigungen mit gegebenenfalls damit zusammenhängenden Krankheitsfaktoren.[65]

II. Psychische Krankheiten im Strafprozess

Um darzulegen, ob und auf welchem Weg die Gerichte psychische Beeinträchtigungen im strafrechtlichen Prozess feststellen, wird im Folgenden ein Überblick über diejenigen Urteile gegeben, innerhalb derer die psychische Beeinträchtigung bis hin zu einer psychischen Krankheit des Tatopfers festgestellt wird. Dies gilt unabhängig von der Frage, inwiefern die Rechtsprechung ebenfalls eine Strafbarkeit aufgrund des jeweiligen Tatbestandes oder eine Strafschärfung bzw. -milderung durch das Erleiden einer psychischen Schädigung des Tatopfers annimmt, da vorliegend lediglich die *Feststellbarkeit* der psychischen Beeinträchtigung untersucht wird. Aufgrund des schuldspezifischen Begriffs einer krankhaft seelischen Störung des Täters gemäß §§ 20, 21 StGB wird im Folgenden nur auf die Feststellung psychischer Beeinträchtigungen des *Tatopfers* eingegangen.

1. Psychische Krankheiten anhand ICD-10

Die Rechtsprechung stellt psychische Schädigungen mit Krankheitswert in einer Vielzahl von Urteilen analog zu den Naturwissenschaften fest, indem sich die Gerichte zur Bestimmung der psychischen Krankheit des Tatopfers explizit auf die Klassifikation anhand ICD-10 beziehen. So hat der BGH innerhalb der Strafbarkeit wegen Vergewaltigung gemäß § 177 StGB a.F. sowie Schweren sexuellen Missbrauchs von Kindern gemäß §§ 176, 176a StGB a.F. lediglich mangels hinreichender Beweiswürdigung durch die Vorinstanz bezweifelt, dass das Tatopfer eine „chronische Anpassungsstörung (ICD 10: F43.2)“[66] aufgrund des unter Anwendung von Gewalt vollzogenen Geschlechtsverkehrs mit dem Stiefvater erlitten hat. Innerhalb der Nachstellung in Form der Gefahr einer schweren Gesundheitsschädigung gemäß § 238 Abs. 2 StGB a.F. durch zahlreiche persönliche Kontaktversuche seitens des Täters am Arbeitsplatz des Tatopfers sowie in dessen räumlichen Nähe, telefonische Kontaktaufnahmen, Verfolgungen des Tatopfers sowie dem Unterbreiten von Briefen und Geschenken hat das LG Heidelberg eine „generalisierte Angststörung (ICD-10:

61 Petermann/Reinecker/*Saß*/*Saß-Houben*, Handbuch der Klinischen Psychologie und Psychotherapie, S.139.
62 *Benecke*, Klinische Psychologie und Psychotherapie, S. 259.
63 Margraf/Schneider/*Margraf*, Lehrbuch der Verhaltenstherapie 1, S. 153.
64 Margraf/Schneider/*Margraf*, Lehrbuch der Verhaltenstherapie 1, S. 153.
65 *Caspar*/*Pjanic*/*Westermann*, Klinische Psychologie, S. 18.
66 BGH NStZ 2009, 108 (108).

F41.1)"[67] des Tatopfers festgestellt. Darüber hinaus hat das LG Hagen innerhalb der Schweren Brandstiftung nach § 306a StGB eine psychische Beeinträchtigung des Tatopfers auf das Vorliegen einer „akuten Belastungsreaktion (F43.0)"[68] sowie einer „posttraumatischen Belastungsstörung (F43.1)"[69] i.S.d. ICD-10 aufgrund einer Brandlegung in einer Asylbewerberunterkunft unter Beschädigung der Brandmeldeanlage überprüft.[70]
Auch innerhalb der Körperverletzungsdelikte gemäß §§ 223, 226, 227 StGB stellt die Rechtsprechung psychische Krankheiten mithilfe des Klassifikationssystem ICD-10 fest. So hat das LG München im Rahmen der tateinheitlichen Verwirklichung der Körperverletzung gemäß § 223 StGB sowie der Nachstellung in Form der Gefahr einer schweren Gesundheitsschädigung gemäß § 238 Abs. 2 StGB a.F. angenommen, dass das Tatopfer aufgrund der persönlichen sowie telefonischen Belästigung und Verfolgung durch den Täter eine „posttraumatische Belastungsstörung (ICD-10 F43.1)"[71] erlitten hat. Zudem hat der BGH innerhalb der Schweren Körperverletzung in Form des Verfallens in eine geistige Krankheit gemäß § 226 Abs. 1 Nr. 3 Var. 4 StGB anerkannt, dass das Opfer an einem „organischen Psychodrom nach Schädel-Hirn-Trauma (ICD-10 F07.2)"[72] aufgrund einer gewaltsamen Auseinandersetzung mitsamt eines Sturzes auf dem Hinterkopf erkrankt ist.[73] Innerhalb der Strafbarkeit wegen Körperverletzung mit Todesfolge gemäß § 227 StGB infolge einer Verfolgungsjagd durch die Täter wurde in der Revision der Kläger moniert, dass „posttraumatische Belastungsstörungen [...] [i.S.d.] ICD-10 F43.1"[74] als Folgen der Tat festgestellt werden können, welche der BGH jedoch aufgrund des zeitnahen Todeseintritts des Tatopfers verneint hat.[75]

Bei Durchsicht der vorerwähnten Urteile fällt auf, dass sich die Gerichte zur Feststellung teilweise auf psychologische und psychiatrische Sachverständige (§§ 72 ff. StPO) beziehen. So hat etwa das LG Heidelberg bei der Feststellung einer generalisierten Angststörung (ICD-10: F41.1) des Tatopfers innerhalb einer schweren Gesundheitsschädigung infolge einer Nachstellung gemäß § 238 Abs. 2 StGB a.F. eine sachverständige Beurteilung des Gesundheitszustandes des Opfers zugrunde gelegt.[76] Zudem hat der BGH in einer weiteren Fallgestaltung beanstandet, dass eine schwere Gesundheitsschädigung gemäß § 238 Abs. 2 StGB a.F. nicht angenommen werden kann, sofern die Strafkammer bezüglich der festgestellten Beeinträchtigungen seitens des Tatopfers – vorliegend in Form von psychosomatischen Beschwerden mit einhergehenden depressiven Erschöpfungszuständen – nicht hinreichend

67 LG Heidelberg, Urt. v. 06.05.2008 – 2 KLs 22 Js 6935/07, bei BeckRS 2009, 11137, unter Gründe II.
68 LG Hagen, Urt. v. 12.09.2016 – 31 Ks 1/16, bei BeckRS 2016, 125838, unter Gründe Rn. 97.
69 LG Hagen, Urt. v. 12.09.2016 – 31 Ks 1/16, bei BeckRS 2016, 125838, unter Gründe Rn. 97.
70 LG Hagen, Urt. v. 12.09.2016 – 31 Ks 1/16, bei BeckRS 2016, 125838, unter Gründe Rn. 97 ff.
71 LG München I, Urt. v. 18.12.2012 – 9 KLs 235 JS, bei BeckRS 2013, 16679, unter Gründe C.
72 BGH NStZ 2018, 102 (102).
73 BGH NStZ 2018, 102 (102 f.).
74 BGHSt 48, 34 (nicht abgedruckt) = NJW 2003, 150 (151).
75 BGHSt 48, 34 (nicht abgedruckt) = NJW 2003, 150 (151).
76 LG Heidelberg, Urt. v. 06.05.2008 – 2 KLs 22 Js 6935/07, bei BeckRS 2009, 11137, unter Gründe III.

sachverständige Beratung in Anspruch genommen hat.[77] Auch innerhalb der Körperverletzung mit Todesfolge gemäß § 227 StGB wurde in der Revision der Kläger darauf hingewiesen, dass die in Frage stehende posttraumatische Belastungsstörung durch Rückbezug auf einen Sachverständigen hätte festgestellt werden können.[78] Ebenfalls hat das LG Hagen im Rahmen einer Strafbarkeit wegen schwerer Brandstiftung gemäß § 306a StGB anhand eines Sachverständigen überprüft, inwiefern die Tatopfer durch die Tat eine psychische Beeinträchtigung erlitten haben.[79]

2. Psychische Krankheiten anhand des fachspezifischen Terminus

Die Rechtsprechung bezieht sich bei der Feststellung von psychischen Beeinträchtigungen des Tatopfers jedoch nicht ausschließlich auf ICD-10, sondern verwendet zur Klassifikation der psychischen Schädigung ebenfalls den fachspezifischen, naturwissenschaftlichen Terminus der jeweiligen psychischen Krankheit ohne Bezugnahme auf ein Klassifikationssystem.

Das LG Bonn hat innerhalb des Widerstands gegen Vollstreckungsbeamte in Form der Gefahr einer schweren Gesundheitsschädigung gemäß § 113 Abs. 2 Nr. 2 Var. 2 StGB a.F. sowie des Besonders schweren Falles des Landfriedensbruchs nach § 125a S. 2 Nr. 3 Var. 2 StGB a.F. eine „posttraumatische Belastungsstörung"[80] aufgrund eines Messerstichs infolge einer gewaltvollen Demonstration berücksichtigt.[81] Der BGH hat im Rahmen der Strafzumessung des Sexuellen Missbrauchs von Schutzbefohlenen gemäß § 174 StGB zwar die strafschärfende Berücksichtigung psychischer Folgen mehrerer Tathandlungen kritisiert, jedoch die „posttraumatische Belastungsstörung"[82] des Tatopfers infolge des mehrfachen sexuellen Missbrauchs festgestellt. Analog zu diesem Fall hat der BGH in der Strafzumessung des Sexuellen Missbrauchs von Kindern gemäß § 176 StGB a.F. ebenfalls die Berücksichtigung psychischer Beeinträchtigungen aufgrund mehrfacher Tathandlungen beanstandet, jedoch die „psychotraumatischen Belastungsstörungen"[83] des Opfers angesichts des mehrfachen sexuellen Vergehens an diesem ohne Problematisierung der Feststellbarkeit angenommen.[84] In einem weiteren Fall des Schweren sexuellen Missbrauchs von Kindern gemäß §§ 176, 176a StGB a.F. hat der BGH anerkannt, dass das Tatopfer aufgrund der mehrfachen Tatausführung „unter einer schweren posttraumatischen Belastungs- und Borderline-Störung [gelitten hat]"[85]. Auch innerhalb der Strafbarkeit wegen Vergewaltigung gemäß § 177 StGB a.F.

---

77 BGH NStZ 2011, 12 (13).

78 BGHSt 48, 34 (nicht abgedruckt) = NJW 2003, 150 (151).

79 LG Hagen, Urt. v. 12.09.2016 – 31 Ks 1/16, bei BeckRS 2016, 125838, unter Gründe Rn. 97.

80 LG Bonn, Urt. v. 19.10.2012 – 23 KLs 555 Js 199/12 P – 23/12, bei BeckRS 2013, 569, unter Gründe C. II. 1.; entspricht ICD-10-GM-2021: F43.1, Posttraumatische Belastungsstörung.

81 LG Bonn, Urt. v. 19.10.2012 – 23 KLs 555 Js 199/12 P – 23/12, bei BeckRS 2013, 569, unter Gründe C. II. 1., E. II., III.

82 BGH Beschl. v. 18.02.2021 – 2 StR 7/21, bei juris Rn. 4; entspricht ICD-10-GM-2021: F43.1, Posttraumatische Belastungsstörung.

83 BGH NStZ-RR 1998, 107 (107); entspricht ICD-10-GM-2021: F43.1, Posttraumatische Belastungsstörung.

84 BGH NStZ-RR 1998, 107 (107 f.).

85 BGH, Urt. v. 09.07.2003 – 2 StR 106/03, bei BeckRS 2003, 6794, unter Gründe; entspricht ICD-10-GM-2021: F43.1, Posttraumatische Belastungsstörung sowie F60.31, Emotional instabile Persönlichkeitsstörung, Borderline-Typ.

hat der BGH das Erleiden einer „reaktiven Depression“[86] des zuvor fröhlichen und aufgeschlossenen Tatopfers als Tatfolge festgestellt. Der BGH hat ebenfalls bezüglich der Nachstellung in Form der Gefahr einer schweren Gesundheitsschädigung gemäß § 238 Abs. 2 StGB a.F. das Erleiden von „depressiven Erschöpfungszuständen“[87] des Tatopfers berücksichtigt, welches durch den Täter beobachtet, beleidigt und bedroht wurde.[88] Ebenso hat das LG München im Rahmen einer Nachstellung in Form der Gefahr einer schweren Gesundheitsschädigung gemäß § 238 Abs. 2 StGB a.F. durch wiederholte telefonische oder auch persönliche Kontaktaufnahmen des Täters angenommen, dass das Tatopfer an einer „schweren Depression“[89] erkrankt ist.[90] Das LG Hagen hat innerhalb der Strafbarkeit wegen einer Schweren Brandstiftung gemäß § 306a StGB aufgrund einer Brandlegung der Unterkunft von Asylbewerbern zwar das Vorliegen einer „Anpassungsstörung“[91] der Tatopfer verneint, die Feststellung einer solchen psychischen Beeinträchtigung jedoch nicht problematisiert.[92]
Auch innerhalb der (ggf. Gefährlichen) Körperverletzung gemäß §§ 223, 224 StGB stellt die Rechtsprechung psychische Schädigungen des Opfers anhand des fachspezifischen Terminus der jeweiligen psychischen Krankheit fest, ohne die Begründung einer solchen anzuzweifeln. Dementsprechend hat das LG Bad Kreuznach im Rahmen der Strafbarkeit wegen Körperverletzung infolge eines mehrfachen nächtlichen Startens von Lastzügen in einem Wohngebiet angenommen, dass eine „vegetative Neurose [...] [des Opfers] verschlimmert“[93] wurde. Auch das OLG Koblenz hat innerhalb der Strafbarkeit wegen § 223 StGB anlässlich einer mehrfachen Störung der Nachtruhe aufgrund von Fabriklärm die Steigerung einer „schwere[n] Neurose“[94] des Tatopfers festgestellt. Der BGH hat zudem die „depressive Verstimmung“[95] des Tatopfers mit psychosomatischen Folgen wie etwa Schlaf- und Konzentrationsstörungen angenommen, welche durch eine Körperverletzung in Form von Nachstellung, Bedrohung und Belästigung über einem längeren Zeitraum entstanden ist.[96] Auch die Feststellung eines „nachhaltig traumatisierten Opfers“[97] infolge eines nicht einverständlichen Geschlechtsverkehres mit dem Täter wird durch den BGH im Rahmen der Körperverletzung nicht problematisiert.[98] Weitergehend hat der BGH innerhalb der Strafbarkeit wegen § 223 StGB aufgrund von Nachstellungshandlungen durch mehrfache Kontaktaufnahmen

---

86 BGH NStZ-RR 1997, 304 (304); entspricht ICD-10-GM-2021: F32, Depressive Episode.
87 BGH NStZ-RR 2011, 12 (13); entspricht ICD-10-GM-2021: F32, Depressive Episode.
88 BGH NStZ-RR 2011, 12 (12).
89 LG München I, Urt. v. 18.12.2012 – 9 KLs 235 JS, bei BeckRS 2013, 16679, unter Gründe C.; entspricht ICD-10-GM-2021: F32, Depressive Episode.
90 LG München I, Urt. v. 18.12.2012 – 9 KLs 235 JS, bei BeckRS 2013, 16679, unter Gründe E.
91 LG Hagen, Urt. v. 12.09.2016 – 31 Ks 1/16, bei BeckRS 2016, 125838, unter Gründe Rn. 97; entspricht ICD-10-GM-2021: F43.2, Anpassungsstörung.
92 LG Hagen, Urt. v. 12.09.2016 – 31 Ks 1/16, bei BeckRS 2016, 125838, unter Gründe Rn. 97.
93 LG Bad Kreuznach BB 1957, 93 (93); entspricht ICD-10-GM-2021: F48.9, Neurotische Störung, nicht näher bezeichnet, inklusive Neurose.
94 OLG Koblenz ZMR 1965, 223 (223); entspricht ICD-10-GM-2021: F48.9, Neurotische Störung, nicht näher bezeichnet, inklusive Neurose.
95 BGH NStZ 2000, 25 (25); entspricht ICD-10-GM-2021: F32, Depressive Episode.
96 BGH NStZ 2000, 25 (25).
97 BGH NStZ 2007, 218 (218); entspricht ICD-10-GM-2021: F43.1, Posttraumatische Belastungsstörung.
98 BGH NStZ 2007, 218 (218).

sowie Bedrohungen festgestellt, dass das Tatopfer durch die Handlungen eine „reaktive depressive Erkrankung“[99] sowie eine „Anpassungsstörung mit emotionaler Symptomatik“[100] erlitten hat.[101] Auch in einer weiteren Entscheidung hat der BGH im Rahmen der Strafbarkeit wegen versuchter Gefährlicher Körperverletzung gemäß § 223, 224, 22, 23 Abs. 1 StGB das Vorliegen einer „krankheitswertige[n] Traumatisierung“[102] des Tatopfers anlässlich eines Angriffes des Täters mit einem Dolch auf den Oberkörper nicht infrage gestellt.[103]

3. Psychische Schädigungen ohne Krankheitswert

Neben psychischen Schädigungen des Opfers mit Krankheitswert stellt die Rechtsprechung ebenfalls psychische Beeinträchtigungen ohne Krankheitswert fest. Im Folgenden wird – aufgeteilt nach der jeweiligen Eigenart der psychischen Schädigung des Tatopfers – aufgezeigt, in welcher Form die Rechtsprechung psychische Beeinträchtigungen des Tatopfers feststellt.

a. Verängstigung und Schreck des Opfers

Die Rechtsprechung erfasst zunächst das Erleiden von Gefühlsbeeinträchtigungen wie Verängstigung und Schrecken des Tatopfers, ohne die Feststellbarkeit als psychische Schädigung zu problematisieren oder anzuzweifeln.[104] So hat der BGH in der Strafzumessung der Strafbarkeit wegen Vergewaltigung gemäß § 177 StGB a.F. berücksichtigt, dass der Täter das Tatopfer aufgrund einer Entführung, der entwürdigenden Umstände der Entjungferung des Opfers sowie „durch die Rücksicht[s]losigkeit seiner Gewaltanwendung in Todesangst versetzt hatte“[105]. Zudem hat das LG Hannover im Zuge der Strafzumessung einer Strafbarkeit wegen Vergewaltigung gemäß § 177 StGB a.F. angenommen, dass das Tatopfer während der Tat „große Angst“[106] hatte. Im Rahmen des Tatbestandes des grausamen Mordes gemäß § 211 Abs. 2 Gr. 2 Var. 2 StGB hat der OGH tatbestandlich die „Todesangst“[107] des Tatopfers festgestellt, welches zu Tode gehetzt wurde und sich nach dem Erleben der Tötung der Mutter in Todesangst versteckt hat, bis es von dem Täter entdeckt und sodann erschossen wurde. Auch der BGH hat diesbezüglich die „Todesangst“[108] des Tatopfers anerkannt, welche durch das Falten eines Kopftuches durch den Täter zur bevorstehenden Erdrosselung ausgelöst wurde. Darüber hinaus hat der BGH im Falle der Injektion einer Überdosis Insulin an ein an Diabetes leidendes Tatopfer innerhalb der Erörterung der Grausamkeit i.S.d. § 211 Abs. 2 Gr. 2 Var. 2 StGB festgestellt, dass

---

99 BGH NJW 2013, 3383 (3384); entspricht ICD-10-GM-2021: F32, Depressive Episode.
100 BGH NJW 2013, 3383 (3384); entspricht ICD-10-GM-2021: F43.2, Anpassungsstörung.
101 BGH NJW 2013, 3383 (3384).
102 BGH JR 2020, 134 (135); entspricht ICD-10-GM-2021: F43.1, Posttraumatische Belastungsstörung.
103 BGH JR 2020, 134 (135).
104 Siehe dazu auch eingehend hinsichtlich der Körperverletzung gemäß §§ 223, 229 StGB *Steinberg*, Strafe für das Versetzen in Todesangst, S. 96–100.
105 BGH, Urt. v. 09.11.1988 – 3 StR 372/88, bei BeckRS 1988, 31105715, unter Gründe.
106 LG Hannover, Urt. v. 11.11.2010 – 33 KLs 4/09, bei BeckRS 2011, 7420, unter Gründe VI.
107 OGHSt 2, 179 (181).
108 BGHSt 32, 382 (383) = NJW 1985, 334 (334).

das Tatopfer „Todesangst“[109] durch das Zuwarten auf den Todeseintritt erlitten hat. Der BGH hat die „höchste Todesangst“[110] des Tatopfers in der Strafbarkeit wegen grausamen Mordes angenommen, welche das Opfer aufgrund von Messerstichen in den Oberkörper sowie des Überschüttens mit Benzin in der Erwartung eines baldigen Feuertodes ertragen hat.[111] Weiterhin hat der BGH im Rahmen der Strafbarkeit wegen des Quälens eines Kindes i.S.d. § 223b StGB a.F. beachtet, dass dieses nach den Feststellungen des Gerichts „völlig verängstigt und in Todesangst [war]“[112], da sich der Vater des Kindes u.a. mit diesem in einem Zimmer eingeschlossen und den Gashahn unter Ankündigung des baldigen Todes über einen Zeitraum von zwei Minuten geöffnet hat.[113] Im Zuge der Misshandlung von Schutzbefohlenen hat der BGH in der Strafbarkeit wegen der Tatvariante des Quälens gemäß § 225 Abs. 1 Var. 1 StGB angenommen, dass der Stiefvater das zur Tatzeit neun Jahre alte Kind infolge der Anwendung drangsalierender Erziehungsmethoden „durch Zufügen seelischen Leidens mit erheblicher Verängstigung quälte“[114]. Auch in der Strafbarkeit wegen Nachstellung gemäß § 238 StGB a.F. hat das AG Augsburg neben den zahlreichen Kontaktaufnahmen des Täters zum Opfer, etwa durch wiederholte Anrufe über einen nicht unerheblichen Zeitraum, durch Beobachten der Wohnung sowie persönlicher Annäherung, das Erleiden von „Angstzuständen“[115] des Opfers beachtet. Das OLG Rostock hat im Zusammenhang mit der Strafbarkeit wegen Nachstellung aufgrund des Betretens des Grundstücks und der Wohnung des Tatopfers sowie der Kontaktaufnahmen per E-Mail und Telefon durch den Täter ebenfalls die „Furcht“[116] des Tatopfers berücksichtigt, der Täter könne durch offene Fenster in die Wohnung des Tatopfers eindringen.[117] Daneben hat das LG Arnsberg innerhalb der Strafbarkeit wegen Nachstellung durch wiederholte Anrufe und SMS des Täters die „Angst“[118] des Tatopfers vor dem Täter mit der Folge, dass dieses nicht ohne Begleitung auf die Straße gegangen ist, anerkannt.[119] Auch der BGH hat auf der Tatbestandsebene der Nachstellung gemäß § 238 StGB a.F. die „Angst“[120] des Tatopfers vor einer Konfrontation mit dem Täter berücksichtigt, dass sich dieses nicht mehr getraut hat, alleine spazieren zu gehen oder Fahrrad zu fahren.[121] Der BGH hat in der Strafzumessung wegen schweren Raubes gemäß §§ 249, 250 StGB a.F. in Form von Überfällen mithilfe einer Kinderpistole festgestellt, dass die Tatopfer „durch die Bedrohung der Scheinwaffen in Panik versetzt [...] [worden sind und] um das

---

109 BGH NStZ-RR 2006, 236 (237).

110 BGHSt 61, 302 (304) = NStZ 2017, 218 (219).

111 BGHSt 61, 302 = NStZ 2017, 218.

112 BGH, Urt. v. 21.10.1954 – 4 StR 460/54, bei BeckRS 1954, 31193425.

113 BGH, Urt. v. 21.10.1954 – 4 StR 460/54, bei BeckRS 1954, 31193425.

114 BGH, Beschl. v. 28.10.2010 – 5 StR 411/10, bei BeckRS 2010, 27958, unter Gründe Rn. 2.

115 AG Augsburg, Urt. v. 17.12.2007 – 2 Ds 407 Js 129019/07, bei BeckRS 2008, 4824, unter Gründe Rn. 6.

116 OLG Rostock, Beschl. v. 27.05.2009 – 1 Ss 96-09 I 40/09, bei BeckRS 2009, 19346, unter Gründe I. 7.

117 OLG Rostock, Beschl. v. 27.05.2009 – 1 Ss 96-09 I 40/09, bei BeckRS 2009, 19346.

118 LG Arnsberg, Urt. v. 27.02.2012 – II-6 KLs-294 Js 32/11-17/11, bei BeckRS 2012, 10685, unter Gründe IV.

119 LG Arnsberg, Urt. v. 27.02.2012 – II-6 KLs-294 Js 32/11-17/11, bei BeckRS 2012, 10685.

120 BGH NStZ-RR 2013, 145 (145).

121 BGH NStZ-RR 2013, 145 (145).

Leben [gefürchtet haben]"[122]. Zudem hat der BGH innerhalb der Strafzumessung des § 250 StGB a.F. angenommen, dass der Täter die Opfer aufgrund eines Überfalls u.a. auf eine Imbissstube mit einer Spielzeugpistole „in erhebliche Angst und erheblichen Schrecken versetzt [hat]"[123]. Des Weiteren hat der BGH im Kontext der Strafzumessung u.a. wegen schweren Raubes berücksichtigt, dass der Kassierer als Tatopfer bei dem Überfall mit einer Scheinwaffe „um sein Leben [gefürchtet] und [...] das Erlebte bis heute nicht vollständig verarbeitet [hat]"[124]. Der BGH hat auf Strafzumessungsebene der Strafbarkeit wegen räuberischer Erpressung gemäß §§ 253, 255 StGB erfasst, dass die Tatopfer durch die Erpressung wegen ihres Alters sowie ihrer körperlichen Unterlegenheit und der damit verbundenen geringen Abwehrmöglichkeit „in Todesangst"[125] versetzt worden sind. Das LG Kiel hat im Zuge der Strafzumessung der Strafbarkeit wegen §§ 253, 255 StGB angesichts einer Drohung, bei Nichtzahlung eines dem Täter nicht zustehenden Geldbetrages das Tatopfer an einen anderen Ort zu verbringen zu lassen und dort zur Prostitution zu zwingen, beachtet, dass das Tatopfer aufgrund des Erleidens von „Angst und Schrecken"[126] zeitweise aus seiner Wohnung ausgezogen ist, sich aus Angst vor einem Zusammentreffen mit dem Täter nicht allein auf die Straße getraut hat und unter Schlafstörungen gelitten hat.[127] Darüber hinaus hat der BGH im Hinblick auf die Strafzumessung der Strafbarkeit wegen schwerer räuberischer Erpressung anlässlich eines Banküberfalles festgestellt, dass der Täter „bei den in der Bank befindlichen Personen das Gefühl einer erheblichen Gefahr erzeugt [hat]"[128]. Diesbezüglich wird durch den BGH ebenfalls die „Angst des Opfers"[129] infolge der „für die Zeugen besonders furchteinflößende[n] Situation aufgrund der vorgehaltenen (ungeladenen) Gaspistolen"[130] auf Strafzumessungsebene wegen schwerer räuberischer Erpressung durch einen Überfall festgestellt. In einem weiteren Fall hat der BGH in der Strafzumessung einer schweren räuberischen Erpressung gemäß §§ 253, 255, 250 StGB anerkannt, dass das Tatopfer infolge eines Überfalles, im Rahmen dessen das Tatopfer unter Gewaltanwendungen wie etwa einem Stoß zu Boden oder Fesseln dem Täter 50 Euro ausgehändigt hat, in „ständiger Angst lebt und an Albträumen leidet"[131]. Zudem hat der BGH innerhalb des Tatbestandes der Aussageerpressung in Form des Quälens gemäß § 343 Abs. 1 Var. 4 StGB angesichts des Einsperrens in eine Gewahrsamszelle durch den Täter angenommen, dass das Tatopfer „völlig verängstigt"[132] gewesen ist.

Besonders bedeutsam in Hinblick auf die in der vorliegenden Arbeit diskutierten Thematik des Schutzes der psychischen Gesundheit im Rahmen der Körperverletzung

---

122 BGH, BGHR StGB § 250 Abs. 2 Wertungsfehler 2 (Gründe) Rn. 4.

123 BGH NJW 1990, 2570 (2570), so auch etwa in BGH NJW 2003, 76 (77); BGH StV 1996, 206 (206); BGH StV 1993, 241 (241); BGH StV 1986, 342 (342).

124 BGH, Urt. v. 26.05.1993- 3 StR 119/93, bei BeckRS 1993, 31079786.

125 BGH MDR 1992, 932 (932).

126 LG Kiel, Urt. v. 18.05.2010 – KLs 24/08, bei BeckRS 2011, 22956, unter Gründe V. 2.

127 LG Kiel, Urt. v. 18.05.2010 – KLs 24/08, bei BeckRS 2011, 22956, unter Gründe V. 2.

128 BGH NStZ 1998, 404 (405).

129 BGH StV 1999, 597 (597).

130 BGH StV 1999, 597 (597).

131 BGH NStZ-RR 2019, 311 (313).

132 BGH NJW 2019, 789 (791).

gemäß §§ 223, 229 StGB ist die unproblematische Feststellung von Verängstigungen des Tatopfers innerhalb der Körperverletzung gemäß §§ 223, 229 StGB sowie in Form der Körperverletzung mit Todesfolge gemäß § 227 StGB. So hat der BGH im Zusammenhang mit der Strafbarkeit wegen Körperverletzung gemäß § 223 StGB angenommen, dass das Tatopfer, welches einer gewalttätigen Konfrontation mit dem Täter ausgesetzt war, „infolge des brutalen Vorgehens einer vom Angeklagten aufgehetzten Gruppe Angst verspürte und dadurch Magenschmerzen erlitt“[133]. Der BGH hat zudem im Zuge der Strafbarkeit wegen fahrlässiger Körperverletzung gemäß § 229 StGB die durch einen Raubüberfall bedingte „Angst und Erregung“[134] mit einhergehenden Herzrhythmusstörungen des Opfers festgestellt.[135] Weitergehend hat der BGH innerhalb des Tatbestandes des § 223 StGB „extreme Angstzustände“[136] mit psychosomatischen Auswirkungen der Tatopfer dargelegt, welche der Täter durch Erzwingen telefonischer sexueller Handlungen unter Vortäuschung einer Entführung eines Familienmitgliedes sowie geplanter Vergewaltigung dessen im Falle der Nichtfügung bewirkt hat.[137] Auch das Leiden des Tatopfers „unter erheblichen Angstzuständen“[138] mit psychosomatischen Auswirkungen aufgrund eines nicht einverständlichen Geschlechtsverkehres hat der BGH im Tatbestand der Körperverletzung ohne Problematisierung der Feststellbarkeit psychischer Beeinträchtigungen angenommen.[139] Der BGH hat zudem im Rahmen der Strafbarkeit wegen § 223 StGB „Angst“[140] und eine „starke Gemütsbewegung“[141] unter Erleiden eines elektrischen Fehlerstroms durch die unteren Körperextremitäten mit Kribbeln in den Beinen sowie Füßen der Tatopfer festgestellt, ausgelöst durch das Werfen eines Föhns durch den Täter in eine von den Opfern benutzte mit Wasser gefüllte Badewanne.[142] Ebenso wird das Hervorrufen von „Panik“[143] des Tatopfers infolge von wiederholten Gewalttätigkeiten, insbesondere durch eine Knebelung sowie der Drohung, dem Opfer die Finger zu brechen, durch den BGH unproblematisch im Hinblick auf die Strafbarkeit gemäß § 223 StGB anerkannt.[144] Des Weiteren hat der BGH innerhalb des Tatbestandes des § 223 StGB das Erleiden von „infolge der akuten Belastungssituation [...] [auftretenden] Ängsten“[145] des Tatopfers anlässlich einer mehrfachen Nachstellung durch Nachrichten, Briefe und Bedrohungen der Tochter der Opfers angenommen.[146] Zudem hat der BGH in Anbetracht der Strafbarkeit wegen Körperverletzung gemäß § 223 StGB die „große Angst“[147] des Tatopfers aufgrund eines Irrtums festgestellt, ihm werde statt eines Elektroschockers eine Pistole an die Schläfe

133 BGH, Urt. v. 15.10.1974 – 1 StR 303/74, bei BeckRS 1974, 52, unter Gründe C. I. 5.
134 BGH StV 1994, 303 (303).
135 BGH StV 1994, 303 (303).
136 BGHSt 41, 285 (nicht abgedruckt) = NJW 1996, 1068 (1069).
137 BGHSt 41, 285 (nicht abgedruckt) = NJW 1996, 1068 (1068 f.).
138 BGH NStZ 2007, 218 (218).
139 BGH NStZ 2007, 218 (218).
140 BGH NStZ 1997, 123 (123).
141 BGH NStZ 1997, 123 (123).
142 BGH NStZ 1997, 123 (123).
143 BGH NStZ-RR 2012, 340 (340).
144 BGH NStZ-RR 2012, 340 (340).
145 BGH NJW 2013, 3383 (3384).
146 BGH NJW 2013, 3383 (3384).
147 BGH NStZ 2015, 269 (269).

gehalten.[148] Weiterhin hat der BGH hinsichtlich der Strafbarkeit wegen Körperverletzung mit Todesfolge gemäß § 226 StGB a.F. im Falle der tödlichen Flucht eines unter Gewaltanwendungen des Täters leidenden Tatopfers auf den Balkon angenommen, dass das Tatopfer „verängstigt“[149] gewesen ist. Auch die Feststellung von „Angst“[150] sowie „Panik“[151] eines Tatopfers, welches sich wegen anhaltender Gewalttätigkeiten mit tödlicher Folge aus dem Fenster fallen gelassen hat, hat dem BGH innerhalb des § 226 StGB a.F. keine Probleme bereitet.[152] Zudem hat der BGH angesichts einer Strafbarkeit wegen §§ 227, 22, 23 Abs. 1 StGB die Vornahme einer „panischen Flucht“[153] aufgrund von „Todesangst“[154] des Tatopfers vor potentiellen Gewalttätigkeiten berücksichtigt, wobei sich das Tatopfer an einer Glasscherbe eines Hauseinganges tödlich verletzt hat.[155] Zudem hat der BGH im Rahmen der Körperverletzung mit Todesfolge nach § 227 StGB im Zuge eines tödlichen Fluchtverhaltens des Tatopfers auf ein Fensterbrett als Reaktion auf eine Stichverletzung durch den Täter angenommen, dass das Tatopfer „Panik“[156] erlitten hat. Auch die „Angst“[157] des Tatopfers im Rahmen eines tödlichen Fluchtversuches wurde durch den BGH vor dem Hintergrund der Strafbarkeit wegen versuchter Körperverletzung mit Todesfolge gemäß §§ 227, 22, 23 Abs. 1 StGB anerkannt. Darüber hinaus hat das LG Kiel im Kontext der fahrlässigen Körperverletzung gemäß § 229 StGB festgestellt, dass der Täter das Tatopfer aufgrund mehrfacher unautorisierter Bestellungen wie etwa der Lieferung von Waren sowie der Erbringung von Dienstleistungen durch den Täter unter dem Namen des Opfers „massiv in Angst und Schrecken versetzt“[158] hat.

Seitens der Rechtsprechung wird innerhalb des Tatbestandes der Körperverletzung gemäß §§ 223, 229 StGB ebenfalls das Erleiden eines Schrecks des Opfers ohne Problematisierung der Feststellbarkeit berücksichtigt. So hat das KG im Rahmen der Strafbarkeit wegen Körperverletzung den „plötzlichen Schreck“[159] des Opfers anlässlich eines schnellen Zufahrens sowie Nötigens durch den Täter angenommen. Auch das BayObLG hat die „Schreckwirkung“[160] des Tatopfers aufgrund der ordnungswidrigen Fahrweise eines entgegenkommenden Autofahrers festgestellt. Ebenfalls das OLG Hamm hat das Erleiden eines „Schreckens“[161] des Tatopfers durch Hinunterstoßen einer Treppe durch den Täter bei der Erörterung einer Strafbarkeit wegen Körperverletzung gemäß § 223 StGB unproblematisch festgestellt. In einem weiteren Fall hat das OLG Hamm innerhalb der fahrlässigen Körperverletzung ohne weitere Problematisierung

---

148 BGH NStZ 2015, 269 (269).
149 BGH NJW 1971, 152 (152).
150 BGH NJW 1992, 1708 (1709).
151 BGH NJW 1992, 1708 (1709).
152 BGH NJW 1992, 1708 (1708 f.).
153 BGHSt 48, 34 (nicht abgedruckt) = NJW 2003, 150 (154).
154 BGHSt 48, 34 (nicht abgedruckt) = NJW 2003, 150 (154).
155 BGHSt 48, 34 (nicht abgedruckt) = NJW 2003, 150 (150 ff.).
156 BGH NStZ 2008, 278 (278).
157 BGH NStZ-RR 2019, 378 (378).
158 LG Kiel, Urt. v. 03.03.2006 – V Ns 18/06, bei BeckRS 2007, 7921, unter Gründe III.
159 KG GA 1905, 421 (421).
160 BayObLG JZ 1931, Sp. 368 (368).
161 OLG Hamm MDR 1958, 939 (939).

angenommen, dass das Tatopfer durch die Tat neben einer Schramme ebenfalls einen „schweren Schock“[162] erlitten hat. Weitergehend hat das OLG Hamm festgestellt, dass das Tatopfer infolge eines Verkehrsunfalles „sehr schreckhaft und ängstlich geworden [ist]“[163]. Auch das KG hat in Anbetracht der Strafbarkeit wegen Körperverletzung gemäß § 223 StGB aufgrund eines Zusammenstoßes des PKW des Tatopfers mit einem LKW angenommen, dass das Tatopfer „bei dem Unfall einen Schock erlitten [hat]“[164]. Des Weiteren hat das OLG Hamm in der Erörterung des § 223 StGB festgestellt, dass das Tatopfer „durch verkehrswidrige Fahrweise eines Dritten [...] einen so großen Schreck erleidet, dass ihm schwarz vor Augen wird und noch nach 20 Minuten das Blut aus seiner Gesichtshaut gewichen ist“[165]. Zudem hat das OLG Koblenz bei der Strafbarkeit wegen fahrlässiger Körperverletzung einen „Schock“[166] des Opfers, der Insassin eines bei einem Verkehrsunfall gestreiften Autos, angenommen. Der BGH hat im Kontext der Strafbarkeit wegen Körperverletzung einen Herzinfarkt des Bankkassierers „infolge des von den [...] [Angeklagten] verbreiteten Schreckens“[167] durch die Bedrohung mit einer scheinbar geladenen Waffe innerhalb eines Banküberfalles berücksichtigt.[168] Auch die Feststellung, dass das Werfen eines Föhns in eine mit Wasser befüllte Badewanne, in welcher sich die Tatopfer aufgehalten haben, mit einem einhergehenden Stromstoß für die Tatopfer „ein schockartiges Erlebnis“[169] gewesen ist, wird durch den BGH anerkannt.[170] Überdies hat der BGH innerhalb der Körperverletzung gemäß § 223 StGB berücksichtigt, dass die Tatopfer durch einen vom Täter verursachten Verkehrsunfall einen „Schock“[171] erlitten haben, da der Täter auf das Auto, in welchem sich die Tatopfer befunden haben, aufgefahren ist.[172]

b. Ekel des Opfers

Auch Ekel des Tatopfers wird durch die Rechtsprechung als psychische Schädigung ohne Problematisierung festgestellt.[173] So hat das OLG Köln auf Strafzumessungsebene eines Wohnungseinbruchdiebstahls gemäß § 244 Abs. 1 Nr. 3 StGB a.F. angenommen, dass die Tatopfer „mit dem unguten Gefühl leben müssen, dass ein Fremder in ihre persönliche Sphäre eingedrungen war und auch mit dem Ekel, dass fremde Personen [...] die eigenen, persönlichen Sachen und Kleidung angefasst haben“[174]. Hinsichtlich der Strafbarkeit wegen Körperverletzung gemäß § 223 StGB hat bereits das RG den von

162 OLG Hamm, DAR 1959, 76 (76).
163 OLG Hamm JMBl. NRW 1963, 274 (274).
164 KG VRS 1968 (Bd. 35), 353 (355).
165 OLG Hamm DAR 1972, 190 (190).
166 OLG Koblenz VRS 1972 (Bd. 42), 29 (31).
167 BGH NStZ 1986, 166 (166).
168 BGH NStZ 1986, 166 (166).
169 BGH NStZ 1997, 123 (123).
170 BGH NStZ 1997, 123 (123).
171 BGH StV 2018, 408 (409).
172 BGH StV 2018, 408 (409).
173 Siehe dazu auch eingehend hinsichtlich der Körperverletzung gemäß §§ 223, 229 StGB *Steinberg*, Strafe für das Versetzen in Todesangst, S. 95.
174 OLG Köln, Beschl. v. 09.02.2016 – 1 RVs 46/15, bei BeckRS 2016, 126206, unter Gründe Rn. 18.

den Tatopfern empfundenen „Ekel“[175] angesichts eines Bespeiens durch den Täter anerkannt.[176] Das OLG Zweibrücken hat innerhalb der Strafbarkeit wegen Körperverletzung infolge eines Anspuckens des Täters in das Gesicht des Tatopfers angenommen, dass sich das Opfer aufgrund der Tat „ekelte“[177]. Darüber hinaus hat das AG Lübeck im Tatbestand der Körperverletzung das „Erregen eines Ekelgefühles“[178] des Tatopfers anlässlich des Bespritzens mit vorher abgefüllten Sperma durch den Täter festgestellt. Auch der BGH hat in Anbetracht der Strafbarkeit wegen fahrlässiger Körperverletzung die „Erregung von Ekelgefühlen“[179] beim Tatopfer aufgrund eines Anspuckens durch den Täter anerkannt.

c. Herabwürdigung des Opfers

Auch die Herabwürdigung des Tatopfers wird seitens der Rechtsprechung als psychische Schädigung unproblematisch festgestellt. So hat der BGH auf Strafzumessungsebene für eine Strafbarkeit wegen Vergewaltigung gemäß § 177 StGB a.F. infolge der mehrfachen Vergewaltigung der Ehefrau eine „über die Tatbestandserfüllung hinausgehende Demütigung des Opfers“[180] durch den Täter angenommen. Auch innerhalb des Tatbestandes der Vergewaltigung in Form einer besonderen Erniedrigung des Tatopfers gemäß § 177 Abs. 2 Nr. 1 StGB a.F. hat der BGH ausgeführt, dass die sexuelle Handlung, „die mit dem Eindringen in den Körper des Opfers verbunden ist, dieses besonders erniedrigt hat“[181]. Des Weiteren hat der BGH im Zuge des Sexuellen Missbrauchs von Schutzbefohlenen nach § 174 StGB a.F. sowie des Schweren sexuellen Missbrauch von Kindern gemäß §§ 176, 176a StGB a.F. auf Ebene der Strafzumessung berücksichtigt, dass eine „die gesamte Existenz des Tatopfers umfassende Herabwürdigung“[182] durch Reduzierung des eigenen Kindes auf die Funktion als Sexualobjekt vorgelegen hat.[183] Überdies hat der BGH im Kontext des Tatbestandes des grausamen Mordes gemäß § 211 Abs. 2 Gr. 2 Var. 2 StGB festgestellt, dass massenweise Erschießungen an einer offenen Grube „hochgradig entwürdigende[...] und quälende[...] Begleitumstände“[184] des Tötungsvorgangs für das Opfer darstellen.

d. Psychische Beeinträchtigung des Opfers

Die Rechtsprechung stellt ebenfalls allgemeine psychische Beeinträchtigungen des Tatopfers fest, ohne diese unter die genannten Schädigungen der psychischen Gesundheit zu fassen. Das LG Bonn hat im Zuge der Strafbarkeit wegen des Widerstands gegen Vollstreckungsbeamte gemäß § 113 Abs. 2 Nr. 2 Var. 2 StGB a.F. sowie des Besonders schweren Falles des Landfriedensbruchs nach § 125a S. 2 Nr. 3 Var. 2 StGB a.F. aufgrund einer gewalttätigen Ausschreitung des Täters im Rahmen

---

175 RG GA 1911, 184 (185).
176 RG GA 1911, 184 (185).
177 OLG Zweibrücken NJW 1991, 240 (241).
178 AG Lübeck, Urt. v. 08.06.2011 – 746 Js 13196/11, bei BeckRS 2011, 19102, unter Gründe III. 1.
179 BGH NStZ 2016, 27 (27).
180 BGH NStZ-RR 2002, 165 (165).
181 BGH NStZ 2004, 440 (441).
182 BGH NStZ 2013, 224 (224).
183 BGH NStZ 2013, 224 (224).
184 BGHSt 49, 189 (195) = NJW 2004, 2316 (2318).

einer Demonstration die „psychischen Belastungen [...] [und eine] Wesensveränderung“[185] eines Polizeibeamten, welchem eine Stichwunde durch den Täter beigebracht wurde, ohne Problematisierung festgestellt.[186] Der BGH hat im Rahmen der Strafzumessung der Strafbarkeit wegen Sexuellen Missbrauchs von Schutzbefohlenen gemäß § 174 StGB angenommen, dass die Tat „erhebliche psychische Folgen“[187] für die Tatopfer angesichts des mehrfachen sexuellen Vergehens an diesen hervorgebracht hat. Daneben hat der BGH auf Strafzumessungsebene einer Strafbarkeit wegen Sexuellen Missbrauchs sowie Schweren sexuellen Missbrauchs von Kindern gemäß §§ 176, 176a StGB a.F. die „seelischen Folgen“[188] für das Tatopfer berücksichtigt, welche infolge der familiären und sozialen Isolation aufgrund des Bekanntwerdens der Tat eingetreten sind.[189] Ebenso wurden durch den BGH auf Strafzumessungsebene innerhalb des Schweren sexuellen Missbrauchs von Kindern gemäß §§ 176, 176a StGB a.F. die „aus der Verdrängung und Verschweigung des Tatgeschehens in der Familie resultierende[n] psychische[n] Beeinträchtigungen“[190] des Tatopfers erfasst. Auch in Hinblick auf die Strafzumessung einer versuchten Vergewaltigung gemäß §§ 177, 22, 23 StGB a.F. hat der BGH festgestellt, dass das Opfer „auf Grund seines seelischen Zustandes nach dem Tatgeschehen einen Selbstmordversuch unternommen und sich außerdem von seinem Ehemann getrennt hat“[191]. Zudem hat der BGH in der Strafzumessung der Vergewaltigung nach § 177 StGB a.F. berücksichtigt, dass das Tatopfer infolge der Gewalttätigkeit und den einschüchternden und entwürdigenden Umständen der Tat sowie wegen der Einschüchterungen und Nötigungen durch den Täter „unter ganz erheblichen seelischen Beeinträchtigungen [...] [gelitten hat und] psychisch zermürbt [war]“[192]. Außerdem hat der BGH im Rahmen der Strafzumessung einer Strafbarkeit wegen Vergewaltigung gemäß § 177 StGB a.F. anerkannt, dass das Tatopfer aufgrund der Sexualtat sowie einer massiven Bedrohung zur Zurücknahme der Strafanzeige „nach der Tat ‚wie gelähmt‘ war und [...] erheblich psychisch beeinträchtigt wurde“[193]. Das LG Hannover hat hinsichtlich der Strafzumessung einer Vergewaltigung gemäß § 177 StGB a.F. berücksichtigt, dass das Tatopfer anlässlich der Sexualtat „fast ein Jahr lang unter erheblichen psychischen Problemen litt“[194]. Zudem hat der BGH in Anbetracht der Strafbarkeit wegen Mordes in Form der Grausamkeit gemäß § 211 Abs. 2 Gr. 2 Var. 2 StGB die „seelische[n] Qualen von erheblicher Stärke“[195] des gehunfähigen Tatopfers angesichts des Transportes zu einem Friedhof angenommen, auf welchem der Täter die Pistole drei Mal auf der Stirn des Opfers abgedrückt hat, wobei sich erst beim letzten Versuch der tödliche Schuss gelöst hat.[196] Diesbezüglich

---

185 LG Bonn, Urt. v. 20.01.2014 – 21 KLs 555 Js 199/12 – 43/13, bei BeckRS 2014, 4889, unter Gründe A. II.
186 LG Bonn, Urt. v. 20.01.2014 – 21 KLs 555 Js 199/12 – 43/13, bei BeckRS 2014, 4889.
187 BGH Beschl. v. 18.02.2021 – 2 StR 7/21, bei juris Rn. 4.
188 BGH NJW 2001, 2983 (2983).
189 BGH NJW 2001, 2983 (2983 f.).
190 BGH, Urt. v. 09.07.2003 – 2 StR 106/03, bei BeckRS 2003, 6794, unter Gründe.
191 BGH StV 1987, 100 (100).
192 BGH, Urt. v. 09.11.1988 – 3 StR 372/88, bei BeckRS 1988, 31105715, unter Gründe Rn. 2–4.
193 BGH, Beschl. v. 10.08.2000 – 1 StR 328/00, bei BeckRS 2000, 7576.
194 LG Hannover, Urt. v. 11.11.2010 – 33 KLs 4/09, bei BeckRS 2011, 7420, unter Gründe VI.
195 OLG Braunschweig NJW 1947/48, 272 (273).
196 OLG Braunschweig NJW 1947/48, 272 (272 ff.).

hat der BGH zudem die „seelische[...] Leiden“[197] des Tatopfers festgestellt, da es auf die eigene Exekution warten musste. Auch die „ungewöhnlich großen [...] seelischen Qualen und Schmerzen“[198] der Tatopfer wurden durch den BGH im Rahmen der Strafbarkeit wegen grausamen Mordes gewürdigt. Zudem hat der BGH eine Massenerschießung an einer offenen Grube im Zuge der Prüfung der Grausamkeit einer Tötung nicht nur als besondere Entwürdigung der Tatopfer eingestuft, sondern ebenfalls das Vorliegen von „massiven, noch über eine ‚herkömmliche‘ Hinrichtungsaktion hinausgehenden seelischen Qualen“[199] angenommen. Auch angesichts der Strafbarkeit wegen Nachstellung gemäß § 238 StGB a.F. hat der BGH die aufgrund der zahlreichen persönlichen sowie postalischen Kontaktversuche, Verfolgungen sowie ungewollter Unterbreitung von Geschenken entstandenen „erheblichen psychischen Beeinträchtigungen“[200] des Tatopfers festgestellt. Das OLG Hamm hat im Zusammenhang mit der Strafbarkeit wegen § 238 StGB a.F. angenommen, dass „der Geschädigte [...] ‚mit seinen Nerven am Ende‘ gewesen [ist]“[201], da der Täter diesem gedroht und es drangsaliert hat. Das OLG Köln hat im Rahmen der Strafzumessung des Wohnungseinbruchdiebstahls gemäß § 244 Abs. 1 StGB a.F. nicht an der Feststellbarkeit gezweifelt, dass das Eindringen des Täters in die Wohnung der Tatopfer dazu geführt hat, dass diese „psychisch stark beeinträchtigt“[202] waren. Auch der BGH hat im Zusammenhang mit der Strafzumessung eines Wohnungseinbruchdiebstahls gemäß § 244 Abs. 1 Nr. 3 StGB a.F. die „*psychischen Beeinträchtigungen* der Opfer der Wohnungseinbruchdiebstähle“[203] infolge des Eindringens in die Wohnung ohne weitere Kommentierung hinsichtlich der Feststellbarkeit berücksichtigt. Auf Strafzumessungsebene der Strafbarkeit wegen Betruges gemäß § 263 StGB a.F. aufgrund der Vorspiegelung einer emotionalen Beziehung zur Vermögensüberlassung an den Täter hat das OLG Hamburg festgestellt, dass der Täter dem Tatopfer durch sein Verhalten „erhebliches Leid“[204] zugefügt hat. In einem ähnlich gelagerten Fall der Vortäuschung einer emotionalen Bindung zur Vermögensmehrung durch den Täter hat der BGH im Rahmen der Strafzumessung der Strafbarkeit u.a. wegen Diebstahl und Unterschlagung gemäß §§ 242, 246 StGB sowie Betruges gemäß § 263 StGB a.F. die „psychischen Beeinträchtigungen der Opfer (Enttäuschung, Verzweiflung, Sorge um die Auswirkungen der Taten auf das Vermögen)“[205] berücksichtigt. Im Zuge des Tatbestandes der Herbeiführung einer Sprengstoffexplosion in der Variante der schweren Gesundheitsschädigung gemäß § 308 Abs. 2 Var. 1 StGB hat das LG Osnabrück den „stark psychisch belasteten Eindruck“[206] des Tatopfers anlässlich eines Sprengstoffanschlages in einem Fußballstadion festgestellt.[207]

---

197 BGH NJW 1951, 666 (667).

198 BGH NStZ 1993, 385 (385) (Sachverhalt nicht abgedruckt).

199 BGHSt 49, 189 (195) = NJW 2004, 2316 (2318).

200 BGH NStZ-RR 2013, 145 (146).

201 OLG Hamm StRR 2009, 234 (235).

202 OLG Köln NStZ-RR 2002, 247 (248).

203 BGH NStZ-RR 2010, 374 (375) (Hervorhebungen dort).

204 OLG Hamburg NStZ 1989, 226 (227).

205 BGH NStZ 2002, 645 (645).

206 LG Osnabrück, Urt. v. 23.03.2012 – 10 KLs 37/11, bei juris Rn. 185.

207 LG Osnabrück, Urt. v. 23.03.2012 – 10 KLs 37/11, bei juris Rn. 185.

Die Rechtsprechung nimmt ebenfalls allgemeine psychische Beeinträchtigungen des Tatopfers ohne Problematisierung der Feststellbarkeit vor dem Hintergrund der Strafbarkeit wegen Körperverletzung (ggf. mit Todesfolge) nach §§ 223, 227, 229 StGB an. So hat bereits das RG das Leiden an „tiefer seelischer Niedergeschlagenheit"[208] des Tatopfers aufgrund des plötzlichen Aufschreckens aus einer Hypnose, während derer sich der Täter an dem Opfer sexuell erregt hat, auf Tatbestandsebene des § 223 StGB berücksichtigt. Das LG Aachen hat bei der Erörterung der Strafbarkeit wegen § 223 StGB infolge der wahrheitswidrigen Schilderung des Todes eines vermissten Ehemannes bzw. Sohnes durch den Täter angenommen, dass die Ehefrau des vermeintlichen Todesopfers einen „Nervenzusammenbruch"[209] erlitten und die Mutter „keine innere Ruhe mehr gehabt [hat]"[210]. Auch das LG Hamburg hat vor dem Hintergrund der Strafbarkeit wegen Körperverletzung gemäß § 223 StGB infolge der Störung der Nachtruhe durch mehrfache Telefonanrufe durch den Täter erfasst, dass die Tatopfer unter „Unruhe"[211] gelitten haben und „nervös"[212] waren. Das LG Bad Kreuznach hat im Rahmen der Strafbarkeit wegen Körperverletzung die „Störungen der Nachtruhe"[213] der Anwohner anlässlich eines mehrfachen nächtlichen Startens von Lastzügen in einer Wohngegend angenommen. Auch das AG Hannover hat innerhalb der Strafbarkeit wegen Körperverletzung nach § 223 StGB die „Schlafstörungen"[214] der Tatopfer angesichts des Billigens eines ausgiebigen Bellens eines Hundes durch den Täter bejaht.[215] Das OLG Köln hat im Rahmen der Körperverletzung festgestellt, dass das Tatopfer an „Schlafstörungen infolge [einer] Lärm- und Geruchsbelästigung"[216] aufgrund wiederholter Belieferungen einer Baustelle gelitten hat. Zudem hat das AG Ratingen „Schlafstörungen"[217] des Tatopfers infolge einer Lärmstörung durch das Betreiben eines Radiogerätes mit überlauter Empfangsstärke eines Nachbarn hinsichtlich der Strafbarkeit wegen Körperverletzung angenommen. In einer weiteren Fallgestaltung hat das OLG Köln im Rahmen der Strafbarkeit gemäß § 223 StGB festgestellt, dass das Tatopfer angesichts telefonischer Bedrohungen, dass der Täter dieses töten oder ihm ein vergleichbares Übel zufügen wolle, „psychisch in seinem Wohlbefinden gestört und beeinträchtigt [war]"[218]. Das AG Dieburg hat im Kontext der Strafbarkeit wegen Körperverletzung angenommen, dass die Tatopfer wegen einer Ruhebelästigung infolge der Herstellung von Ledermappen durch den Täter in den Kellerräumen seiner Wohnung insbesondere an Sonn- und Feiertagen sowie zu Nachtzeiten „weder ruhen noch [...] zur Nachtzeit schlafen [konnten]"[219] und ein weiteres Tatopfer „unter Schlafentzug [gelitten hat]"[220]. Ebenso hat der BGH im

208 RGSt 64, 113 (119).
209 LG Aachen NJW 1950, 759 (759).
210 LG Aachen NJW 1950, 759 (759).
211 LG Hamburg MDR 1954, 630 (630).
212 LG Hamburg MDR 1954, 630 (630).
213 LG Bad Kreuznach BB 1957, 93 (93).
214 AG Hannover ZMR 1965, 223 (224).
215 AG Hannover ZMR 1965, 223 (223 f.).
216 OLG Köln VRS 1988 (Bd. 75), 104 (106).
217 AG Ratingen, DWW 1989, 394 (394).
218 OLG Köln NJW 1997, 2191 (2191).
219 AG Dieburg NStZ-RR 1998, 73 (73).
220 AG Dieburg NStZ-RR 1998, 73 (73).

Rahmen des Tatbestandes der Körperverletzung festgestellt, dass eine Kassiererin angesichts eines maskierten Überfalles auf eine Postfiliale mit einer ungeladenen Schreckschusspistole „psychisch stark beeinträchtigt“[221] war. Auch das OLG Düsseldorf hat innerhalb der Strafbarkeit wegen Körperverletzung gemäß § 223 StGB im Rahmen wiederholter nächtlicher Telefonanrufe durch den Täter ohne Problematisierung der Feststellbarkeit angenommen, dass die Tatopfer „durch die Telefonate jedesmal empfindlich in ihrer Nachtruhe gestört [waren]“[222] und sich am darauffolgenden Tag „unausgeglichen, müde, gerädert und nervös [gefühlt haben]“[223]. Zudem hat das LG Kiel die „Unruhezustände, Nervosität und Schlafstörungen“[224] des Opfers, ausgelöst durch unautorisierte Bestellungen unter dem Namen des Tatopfers durch den Täter, im Zusammenhang mit dem Tatbestand der fahrlässigen Körperverletzung gemäß § 229 StGB erfasst.[225] Darüber hinaus hat das AG Lübeck in der Strafbarkeit wegen Körperverletzung nach § 223 StGB im Falle des Bespritzens mit vorher abgefülltem Sperma erörtert, dass das Tatopfer durch den Vorfall eine „psychische Belastung“[226] erlitten hat. Auch hinsichtlich der Strafbarkeit wegen Körperverletzung mit Todesfolge gemäß § 227 StGB aufgrund eines selbstschädigenden Sturzes des Tatopfers aus einem Fenster infolge einer Gewalteinwirkung durch den Täter hat der BGH die „Beeinträchtigung des psychischen Zustands des Opfers“[227] festgestellt.

4. Zwischenergebnis

Aus der vorstehenden Rechtsprechungsanalyse wird deutlich, dass die Gerichte psychische Schädigungen des Tatopfers ohne weitergehende Erörterungen der Bestimmbarkeit feststellen. Hierbei nimmt die Rechtsprechung nicht nur psychische Krankheiten des Opfers in Übereinstimmung mit der Klassifizierung innerhalb der Naturwissenschaften anhand der ICD-10 oder des fachspezifischen Terminus an. Vielmehr stellt die Rechtsprechung auch solche psychischen Beeinträchtigungen des Tatopfers fest, welche Gefühls- sowie Befindlichkeitsbeeinträchtigungen unterhalb der Schwelle einer psychischen Krankheit im naturwissenschaftlichen Sinn darstellen und demnach weder anhand spezifischer Termini noch mithilfe eines Klassifikationssystems bestimmt werden können.

III. Resümee

Nach alledem wird die Feststellbarkeit psychischer Schädigungen in keiner Entscheidung durch die Rechtsprechung angezweifelt, sondern vielmehr unproblematisch angenommen. Konkret werden Verängstigung und Schreck, Ekel, Herabwürdigung oder allgemeine psychische Beeinträchtigungen bis hin zu psychischen Krankheiten anhand fachspezifischer Termini oder des Klassifikationssystems ICD-10 des Tatopfers einbezogen. Dadurch wird deutlich, dass die Rechtsprechung nicht nur eine Problematisierung der Feststellbarkeit psychischer Krankheiten des Opfers auslässt,

---

221 BGH NStZ-RR 2000, 106 (106).
222 OLG Düsseldorf NJW 2002, 2118 (2118).
223 OLG Düsseldorf NJW 2002, 2118 (2118).
224 LG Kiel, Urt. v. 03.03.2006 – V Ns 18/06, bei BeckRS 2007, 7921, unter Gründe III.
225 LG Kiel, Urt. v. 03.03.2006 – V Ns 18/06, bei BeckRS 2007, 7921, unter Gründe III.
226 AG Lübeck, Urt. v. 08.06.2011 – 746 Js 13196/11, bei BeckRS 2011, 19102, unter Gründe III. 1.
227 BGH NJW 1992, 1708 (1709).

sondern *darüber hinaus* psychische Beeinträchtigungen wie Angst, Schrecken, Ekel, Herabwürdigung oder andere Gefühlsbeeinträchtigungen der Opfer annimmt, welche außerhalb der naturwissenschaftlichen Klassifikation psychischer Krankheiten stehen und sich dadurch nicht anhand eines Systems wie ICD-10 oder DSM-5 einordnen lassen. Obwohl diese dementsprechend weitaus schwieriger festzustellen sind als psychische Krankheiten auf der Grundlage der Klassifikationssysteme, nimmt die Rechtsprechung solche Beeinträchtigungen des Tatopfers ohne Problematisierung an. Dadurch läuft die in der Literatur vorgebrachte Kritik gegen einen Schutz psychischer Schädigungen leer, dass psychische Beeinträchtigungen im Rahmen der §§ 223, 229 StGB durch die Gerichte nicht feststellbar seien.[228] Dabei sind insbesondere diejenigen Entscheidungen begrüßenswert, welche die psychische Krankheit des Tatopfers anhand der Klassifikation nach ICD-10 bestimmen. Die Anwendung von ICD-10 führt nicht nur zu einer genauen Abgrenzung zwischen psychischer Krankheit und Gesundheit in Einheit mit dem naturwissenschaftlichen Verständnis von psychischen Krankheiten, sondern ermöglicht auch eine problemlose und eindeutige Feststellung des jeweiligen Gesundheitszustandes des Tatopfers. Auch der Rückbezug auf psychologische und psychiatrische Sachverständige durch die Rechtsprechung zur Annahme psychischer Krankheiten ist begrüßenswert. Dies ermöglicht dem jeweiligen Richter einen sachgerechten Umgang mit dem Klassifikationsmodell ICD-10. Durch einen an ICD-10 angelehnten Krankheitsbegriff wird die psychische Krankheit des Tatopfers zu einer in der Rechtsprechungspraxis handhabbaren Größe, sodass diese insbesondere innerhalb der Körperverletzung gemäß §§ 223 Abs. 1, 229 StGB unproblematisch festgestellt werden kann.[229]

Durch die Rechtsprechungsanalyse wird zwar deutlich, dass die Gerichte die psychische Krankheit des Tatopfers teilweise anhand der ICD-10 klassifizieren, jedoch die deutsche Modifikation ICD-10-GM-2021 unberücksichtigt bleibt. Diesbezüglich wäre für zukünftige Urteile ein Bezug nicht nur auf die international geltende Fassung der ICD-10, sondern vielmehr auf die national geltende ICD-10-GM-2021 wünschenswert. Dies begründet sich zum einen in der im Vergleich zur jährlich aktualisierten ICD-10-GM-2021 geringeren Aktualität der ICD-10. Diese gilt bereits seit dem Jahr 1991, wodurch ICD-10 nicht den aktuellen Stand der Wissenschaft wiedergibt. Zum anderen ist die Anwendung der ICD-10-GM-2021 bereits zur Diagnoseverschlüsselung von Vertragsärzten, Vertragspsychotherapeuten und Krankenhäusern im deutschen Recht, konkret durch §§ 295 Abs. 2 S. 2, 301 Abs. 2 S. 1 SGB V, verpflichtend. Daneben werden in der Bearbeitung der ICD-10-GM Beratungsergebnisse verschiedener Arbeitsgruppen, welche sich aus bestimmten Fachverbänden, Berufsverbände,

---

228 BeckOK/*Eschelbach*, StGB, § 223, Rn. 1 (Stand: 01.02.2021); NK/*Paeffgen*/*Böse*, StGB, § 223, Rn. 11b; Schwierigkeiten der Bemessung sowie der Beweisbarkeit seelischer Qualen sieht *Sowada*, in FS-Beulke, S. 283 ff., 288.

229 So auch *Mühe*, Mobbing, S. 87 f.; *Knauer, F.*, Der Schutz der Psyche im StrafR, S. 143–147; 162–166, 191 f., 199 f.; *Fehr*, Mobbing, S. 82, *Wolfslast*, Psychotherapie in den Grenzen des Rechts, S. 20; *Doerbeck*, JR 2020, S. 135 ff., 136; *Steinberg*, Strafe für das Versetzen in Todesangst, S. 122– 125 sowie *Hoffmann*, GA 2002, S. 385 ff., 397 sehen die Feststellung psychischer Krankheiten ohne Bezugnahme auf ICD-10 als unproblematisch an.

Krankenhäuser oder Krankenkassen zusammensetzen, berücksichtigt, sodass nationale Bedürfnisse und Besonderheiten zur Geltung kommen.[230]

---

[230] Siehe dazu 2. Teil: I 2 b aa.

3. Teil: Schutz der psychischen Gesundheit des Opfers im StGB

Infolge der Feststellbarkeit psychischer Beeinträchtigungen durch die Rechtsprechung stellt sich die Frage, inwieweit die psychische Gesundheit des Tatopfers bereits unter strafrechtlichem Schutz steht. Dies soll aufzeigen, ob die in der Literatur vorgebrachte Kritik gegen einen Schutz des Tatopfers vor psychischen Schädigungen im Rahmen der §§ 223, 229 StGB, es bestehe bereits ein ausreichender Schutz vor solchen Beeinträchtigungen,[231] durchgreift. Durch eine solche Analyse soll das spezifische Charakteristikum des strafrechtlichen Schutzes der psychischen Gesundheit herausgearbeitet und festgestellt werden, inwiefern die psychische Gesundheit bereits nach herrschender Auslegung in Rechtsprechung und Literatur geschützt wird. Dazu wird ein Überblick über diejenigen strafrechtlichen Delikte skizziert, welche die psychische Gesundheit des Opfers schützen. Zuerst werden Delikte mit unmittelbaren Schutz der psychischen Gesundheit dargestellt, worauf folgend der mittelbare Schutz der psychischen Gesundheit aufgezeigt wird. Dies beinhaltet Delikte zum Schutz von Rechtsgütern, die eng mit der psychischen Gesundheit zusammenhängen, oder Normen, bei denen psychische Gesundheitsbeeinträchtigungen des Tatopfers bei der Strafzumessung insbesondere in Form der verschuldeten Auswirkungen der Tat nach § 46 Abs. 2 S. 2 Nr. 4 Var. 2 StGB Geltung zukommt. Weitergehend wird dargelegt, inwiefern die psychische Alteration des Tatopfers im Rahmen von todeserfolgsqualifizierten Delikten insbesondere als Bindeglied zwischen Handlung des Täters und Eintritt des Todeserfolgs herangezogen wird. Da der Schwerpunkt einer solchen Prüfung jedoch auf der Zurechnungsebene liegt, sollen diesbezügliche Ausführungen nur kurzgehalten werden. Aus Gründen der Vollständigkeit bezüglich der Berücksichtigung psychischer Beeinträchtigungen des Opfers kann jedoch auf eine solche – wenn auch nur knappe – Darstellung nicht verzichtet werden. Dabei wird sich weitgehend auf die Erörterung der Rechtsprechung sowie der herrschenden Kommentarliteratur beschränkt.

Diesbezüglich kann vorliegend auf die bereits in der Literatur bestehenden Darlegungen zum Schutz der psychischen Gesundheit des Opfers im StGB insbesondere von *Steinberg*[232] sowie *Knauer*[233] Bezug genommen werden, auf welche an der jeweils relevanten Stelle verwiesen werden soll.[234] Neben einer analog zu diesen in der Literatur bereits bestehenden, jedoch vollständigkeitshalber notwendigen allgemeinen Darstellungen des Schutzes der psychischen Gesundheit des Opfers innerhalb der jeweiligen Normen im StGB, wird auf diese Ausführungen aufgebaut und durch neuere Rechtsprechung sowie Literatur ergänzt. Zwar werden im Folgenden ebenfalls Urteile der Rechtsprechung ausgeführt, die bereits innerhalb der Feststellbarkeit thematisiert wurden. Jedoch ist eine solche Wiederholung der Urteile auf dieser Ebene der Arbeit vonnöten, da im Folgenden nicht die bloße Feststellbarkeit der psychischen Beeinträchtigung des Tatopfers thematisiert wird, sondern darüber hinaus analysiert wird, inwiefern die jeweilige psychische Schädigung nach Ansicht der Rechtsprechung für die Annahme einer Strafbarkeit oder Strafschärfung bzw. -milderung ausreicht.

231 *Bloy*, in FS-Eser, S. 233 ff., insbesondere S. 235 f., 250–255.
232 *Steinberg*, Strafe für das Versetzen in Todesangst, S. 23–91.
233 *Knauer, F.*, Der Schutz der Psyche im StrafR, S. 39–229.
234 Siehe auch die Ausführungen von *Forkel*, in FS-Krause, S. 297 ff., 305–309; *Bloy*, in FS-Eser, S. 233 ff., 234–247.

Dadurch werden die bereits im Rahmen der Feststellbarkeit genannten Urteile mit einem abweichenden Schwerpunkt analysiert.

I. Unmittelbarer Schutz

Im StGB gibt es diverse Tatbestände, (Erfolgs-)Qualifikationen sowie Regelbeispiele, welche die psychische Gesundheit des Tatopfers ausdrücklich vor Beeinträchtigungen durch den Täter schützen. Regelbeispiele sind zwar lediglich Teil der Strafzumessung, jedoch werden diese zumeist als tatbestandsähnlich verstanden,[235] sodass diese in der folgenden Erörterung berücksichtigt werden.

1. Erhebliche Schädigung der psychischen Entwicklung des Opfers

Auf Tatbestandsebene wird die psychische Entwicklung des Tatopfers innerhalb der Verletzung der Fürsorge- und Erziehungspflicht gemäß § 171 StGB geschützt, wobei bereits die konkrete Gefahr einer erheblichen Schädigung der psychischen Entwicklung strafbewehrt ist.[236] Innerhalb der Literatur findet sich die Ansicht wieder, dass durch § 171 StGB der Entwicklungsprozess und damit das Hineinwachsen in die Gesellschaft sowie das sozialethische Normsystem geschützt sei, worunter ebenfalls die *sittliche* Entwicklung als Teil der psychischen Entwicklung zu fassen sei.[237] So führt etwa *Ritscher* aus, dass eine Entwicklungsschädigung angenommen werden kann, wenn sich eine sittliche „Fehlentwicklung derart manifestiert, dass auch die elementaren Grundwerte unseres sozialethischen Normensystems nicht mehr eingehalten werden, [...] auch wenn sie sich psychologisch nicht als pathologischer Zustand klassifizieren lässt“[238]. Diesbezüglich seien der kriminelle Lebenswandel i.S.d. § 171 Abs. 1 Var. 3 StGB sowie die Prostitution nach § 171 Abs. 1 Var. 4 StGB als Unter- oder Beispielsfälle der Gefahr der Schädigung der psychischen Entwicklung aufzufassen.[239] Dass Kriminalität und Prostitution zwingend mit einer psychischen Fehlentwicklung des Betroffenen einhergeht, ist jedoch nicht haltbar.[240] Zudem spricht gegen eine Berücksichtigung auch sittlicher Gesichtspunkte die historische Anschauung des § 171 StGB, da der gesetzliche Vorläufer dieser Vorschrift § 170d RStGB bereits nach ausdrücklichem Wortlaut bis zur Änderung im Jahr 1973 die Gefährdung des sittlichen

---

235 Hervorgehoben etwa in BGH NStZ 2011, 167 (167); BGHSt 33, 370 (374) = NJW 1986, 940 (941); BGH, Beschl. v. 18.10.1982 – 3 StR 353/82, bei BeckRS 1982, 31112479; OLG Dresden StV 2014, 691 (692 f.); Schönke/Schröder/*Kinzig*, StGB, Vorbemerkungen zu den §§ 38 ff., Rn 47; NK/*Streng*, StGB, § 46, Rn. 9; *Steinberg*, Strafe für das Versetzen in Todesangst, S. 15 m.w.N.

236 MüKo/*Ritscher*, StGB, § 171, Rn. 12; Schönke/Schröder/*Bosch*/*Schittenhelm*, StGB, § 171, Rn. 2; siehe zu Darstellung des Schutzes vor erheblichen Schädigungen der psychischen Entwicklung auch eingehend *Steinberg*, Strafe für das Versetzen in Todesangst, S. 41–47; *Knauer, F.,* Der Schutz der Psyche im StrafR, S. 40–42, 195.

237 Schönke/Schröder/*Bosch*/*Schittenhelm*, StGB, § 171, Rn. 7; LK/*Dippel*, StGB, § 171, Rn. 17; MüKo/*Ritscher*, StGB, § 171, Rn. 14.

238 MüKo/*Ritscher*, StGB, § 171, Rn. 14 m.w.N.

239 So auch noch BT-Drs. VI/3521, S. 16; siehe auch etwa KG JR 1975, 297 (298); MüKo/*Ritscher*, StGB, § 171, Rn. 17; *Fischer*, StGB, § 171, Rn. 9; NK/*Frommel*, StGB, § 171, Rn. 8; LK/*Dippel*, StGB, § 171, Rn. 18.

240 Siehe dazu *Steinberg*, Strafe für das Versetzen in Todesangst, S. 46 m.w.N.; *Neuheuser*, NStZ 2000, S. 174 ff., 177.

Wohles bestraft hat.[241] Mangels Bestimmtheit, Praktikabilität, rechtsstaatlicher Anforderungen sowie Auslegungsschwierigkeiten wurde § 170d RStGB durch den Gesetzgeber unter Betonung der Wichtigkeit des Rechtsguts der psychischen Gesundheit dahingehend geändert, dass diese absolut, ohne direkten Bezug zu einer bestimmten sittlichen und kulturellen Ordnung in Abwendung von einem bloßen Moral- und Gefühlsschutz geschützt wird.[242] Unter Schädigungen der psychischen Entwicklung sollen nach der Gesetzesbegründung nur solche Fehlentwicklungen gefasst werden, welche anhand medizinisch-psychologischer Kriterien festgestellt werden können.[243] Dementsprechend wird sich der Ansicht angeschlossen, dass *sittliche* Gesichtspunkte innerhalb der Auslegung des § 171 StGB außer Betracht zu lassen sind. Der Tatbestand ist parallel zu den Ausführungen des Gesetzgebers nur im Rahmen solcher Fehlentwicklungen erfüllt, welche sich anhand medizinisch-psychologischer Kriterien feststellen lassen.[244] Zur Annahme der Gefahr der erheblichen Schädigung der psychischen Gesundheit wird in der Rechtsprechung und Literatur auf die Befürchtung abgestellt, inwiefern „der normale Ablauf des körperlichen oder geistig-seelischen Reifeprozesses dauernd und nachhaltig beeinträchtigt wird“[245]. Der Tatbestand des § 170d StGB a.F. wurde demgemäß etwa im Falle des wiederholten sexuellen Kontaktes der Mutter eines fünfjährigen Kindes mit einem Bekannten in der unmittelbaren Nähe des Kindes bejaht.[246] Demgegenüber soll § 170d StGB a.F. nicht erfüllt sein, sofern der Vater eines sechsjährigen Kindes dieses durch die Duldung der Säuberung einer in zehn Meter Höhe befindlichen Dachrinne in eine Gefahrenlage gebracht hat, da das Kind lediglich durch ein durch den Vater gehaltenes, um die Taille und Schulter gebundenes Nylonseil gesichert war[247], eine Mutter ihren Säugling ihrem Ehemann überlassen und mit Grobheiten und Unbeherrschtheit gegenüber dem Kind gerechnet hat[248] oder der Vater eines zehnjährigen Kindes dieses beim Urinieren fotografiert hat[249].

Zudem wird die Gefahr der erheblichen Schädigung der psychischen Entwicklung im Rahmen von Qualifikationen berücksichtigt. Dies umfasst den Schweren sexuellen Missbrauch von Kindern gemäß § 176a Abs. 2 Nr. 3 Var. 3 StGB, die Misshandlung von Schutzbefohlenen gemäß § 225 Abs. 3 Nr. 2 Var. 2 StGB, die Entziehung Minderjähriger gemäß § 235 Abs. 4 Nr. 1 Var. 4 sowie den Kinderhandel gemäß § 236 Abs. 4 Nr. 2 Var. 2 StGB. Weitgehend wird zum Verständnis des Begriffes der Gefahr

---

241 Siehe zur Normhistorie eingehend etwa LK/*Dippel*, StGB, § 171, Rn. 2; siehe zur Darstellung des § 170d RStGB auch eingehend *Steinberg*, Strafe für das Versetzen in Todesangst, S. 42–44.

242 Siehe dazu BT-Drs. VI/3521, S. 16.

243 BT-Drs. VI/3521, S. 16; dazu auch *Steinberg*, Strafe für das Versetzen in Todesangst, S. 46, welcher von dem Einbüßen der Kontur sowie des Verlusts der psychopathologischen Greifbarkeit ausgeht.

244 BT-Drs. VI/3521, S. 16; SK/*Wolters*, StGB, § 171, Rn. 7; Satzger/Schluckebier/Widmaier/*Wittig*, StGB, § 171, Rn. 11; *Steinberg*, Strafe für das Versetzen in Todesangst, S. 46, 50; *Knauer, F.*, Der Schutz der Psyche im StrafR, S. 195.

245 BGH NStZ 1982, 328 (329); so auch KG JR 1982, 507 (508); KG JR 1975, 297 (298); NK/*Frommel*, StGB, § 171, Rn. 8; Kühl/Heger/*ders.*, StGB, § 171, Rn. 3; MüKo/*Ritscher*, StGB, § 171, Rn. 14; Schönke/Schröder/*Bosch*/*Schittenhelm*, StGB, § 171, Rn. 7.

246 BGH NStZ 1995, 178 (178).

247 KG JR 1975, 297 (297 f.).

248 BGH NStZ 1982, 328 (329).

249 KG JR 1982, 507 (508).

der erheblichen Schädigung der psychischen Entwicklung auf Ausführungen der Kommentarliteratur zu § 171 StGB verwiesen.[250] Lediglich innerhalb des schweren sexuellen Missbrauchs von Kindern gemäß § 176a Abs. 2 Nr. 3 Var. 3 StGB wird teilweise analog zu § 171 StGB angenommen, dass ebenfalls sittliche Gesichtspunkte unter die Begrifflichkeit der seelischen Entwicklung zu fassen sind.[251] Korrespondierend zur Auslegung des § 171 StGB ist zur Bewahrung der Konturen die Abwendung von einem bloßen Sittlichkeitsschutz unabdingbar.[252] Zudem setzt § 176 StGB als Grundtatbestand die generelle Möglichkeit einer psychischen Schädigung voraus,[253] wodurch innerhalb des § 176a Abs. 2 Nr. 3 Var. 3 StGB als Qualifikation mit einem erhöhten Strafmaß zur präzisen Abgrenzung eine enge Auslegung erforderlich ist.[254]

2. Grausamkeit der Tötung

Darüber hinaus wird die psychische Verfassung des Tatopfers innerhalb des grausamen Mordes gemäß § 211 Abs. 2 Gr. 2 Var. 2 StGB einbezogen.[255] Zur Annahme des Mordmerkmals der Grausamkeit müssen der Tötung Schmerzen oder Qualen des Körpers oder der Seele des Tatopfers vorausgehen, die nach Stärke oder Dauer über die mit einer Tötung gewöhnlich verbundenen Schmerzen bzw. Qualen hinausgehen.[256] Diesbezüglich wird teilweise vertreten, dass der Täter zusätzlich aus einer gefühllosen

---

250 Bezüglich § 225 Abs. 3 Nr. 2 StGB siehe etwa MüKo/*Hardtung*, StGB, § 225, Rn. 35; Schönke/Schröder/*Sternberg-Lieben*, StGB, § 225, Rn. 22; NK/*Paeffgen*/*Böse*, StGB, § 225, Rn. 27; SK/*Wolters*, StGB, § 225, Rn. 23; bezüglich § 235 Abs. 4 Nr. 1 Var. 4 StGB siehe etwa NK/*Sonnen*, StGB, § 235, Rn. 23, welcher auf die Auslegung auf § 225 StGB verweist, welcher wiederum auf § 171 StGB Bezug nimmt; SK/*Wolters*, StGB, § 235, Rn. 19; bezüglich § 236 Abs. 4 Nr. 2 StGB siehe etwa SK/*Wolters*, StGB, § 236, Rn. 15; siehe dazu auch eingehend *Knauer, F.*, Der Schutz der Psyche im StrafR, S. 50 f., 198.

251 Siehe dazu etwa *Fischer*, StGB, § 176a, Rn. 11; mit Bezug auf die weite Auslegung zu § 171 StGB Schönke/Schröder/*Eisele*, StGB, § 176a, Rn. 10.

252 So auch etwa *Knauer, F.*, Der Schutz der Psyche im StrafR, S. 198.

253 Schönke/Schröder/*Eisele*, StGB, § 176a, Rn. 10 mit Bezugnahme auf Schönke/Schröder/*Eisele*, StGB, § 176, Rn. 1a.

254 MüKo/*Renzikowski*, StGB, § 176a, Rn. 27.

255 Siehe dazu auch eingehend *Steinberg*, Strafe für das Versetzen in Todesangst, S. 23–28.

256 BGH, Urt. v. 15.08.2019 – 5 StR 236/19, bei BeckRS 2019, 21874, unter Gründe Rn. 12; BGH NStZ 2008, 29 (29); BGH NStZ-RR 2006, 236 (237); BGHSt 24, 106 (nicht abgedruckt) = NJW 1971, 1189 (1190); BGHSt 32, 382 (nicht abgedruckt) = NJW 1985, 334 (334); OLG Braunschweig NJW 1947/48, 272 (273); LG Bamberg, Urt. v. 10.04.2019 – 26 Ks 1107Js 1116/17, bei BeckRS 2019, 24008, unter Gründe E. II. 4. a.; siehe dazu auch bereits RGSt 77, 246 (248); Schönke/Schröder/*Eser*/*Sternberg-Lieben*, StGB, § 211, Rn. 27; BeckOK/*Eschelbach*, StGB, § 211, Rn. 60 (Stand: 01.02.2021); NK/*Neumann*/*Saliger*, StGB, § 211, Rn. 75; kritisch bezüglich seelischer Qualen etwa MüKo/*Schneider*, StGB, § 211, Rn. 139.

und unbarmherzigen Gesinnung handeln muss.[257] Das OLG Braunschweig fasst unter den Begriff der Grausamkeit i.S.d § 211 Abs. 2 Gr. 2 Var. 2 StGB den Transport eines gehunfähigen Tatopfers zu einem Friedhof, auf welchem der Täter die Pistole drei Mal auf der Stirn des Tatopfers abgedrückt hat, wobei sich erst beim letzten Versuch der tödliche Schuss gelöst hat.[258] Auch der OGH hat eine Strafbarkeit wegen Mordes in Form der Grausamkeit angenommen, sofern das Tatopfer zu Tode gehetzt wurde und sich nach dem Erleben der Tötung der Mutter in Todesangst versteckt hat, bis es aufgespürt und sodann erschossen wurde.[259] Des Weiteren hat der BGH das Warten auf den Todeseintritt in Form einer Exekution als grausam eingestuft.[260] Der BGH hat zudem die fehlende Prüfung der Grausamkeit im Falle von Todesangst des Tatopfers durch die Vorinstanz moniert, welche durch das Falten eines Kopftuches durch den Täter zur bevorstehenden Erdrosselung ausgelöst wurde.[261] Auch die durch hochgradig entwürdigende und quälende Begleitumstände der Hinrichtungsaktion entstehenden massiven seelischen Qualen der Tatopfer[262] oder auch die Todesangst während einer ganzen Nacht aufgrund einer Insulinvergiftung[263] wird durch den BGH als grausam gewertet. Der BGH hat zudem das Wissen des Tatopfers um einen drohenden Feuertod sowie die Gewissheit, dass das bereits lebensfähige, ungeborene Kind stirbt, bei der Beurteilung der Grausamkeit der Tat einbezogen.[264] Sofern körperliche und seelische Qualen sowie Schmerzen der Opfer mangels subjektiver Voraussetzungen nicht auf Tatbestandsebene im Rahmen der Grausamkeit gewürdigt werden konnten, hat die Rechtsprechung diese auf Strafzumessungsebene strafschärfend berücksichtigt. So hat der BGH zwar das Vorliegen des Mordmerkmals der Grausamkeit im Falle einer Tötung mit für die Opfer ungewöhnlich körperlichen und seelischen Qualen mangels des Vorliegens einer gefühllosen und unbarmherzigen Gesinnung verneint, diese Auswirkungen jedoch als vorhersehbare Folgen der Tat auf Strafzumessungsebene berücksichtigt.[265]

3. Schwere Gesundheitsschädigung des Opfers

Der Begriff der schweren Gesundheitsschädigung wurde bereits im Jahr 1974 in der Strafbarkeit des Schwangerschaftsabbruchs gemäß § 218 Abs. 2 S. 2 Nr. 2 Var. 2 StGB

---

257 Siehe etwa BGH, Urt. v. 15.08.2019 – 5 StR 236/19, bei BeckRS 2019, 21874, unter Gründe Rn. 12; BGH NStZ 2008, 29 (29); BGH NStZ-RR 2006, 236 (237); BGHSt 49, 189 (196) = NJW 2004, 2316 (2318); BGHSt 32, 382 (nicht abgedruckt) = NJW 1985, 334 (334); BGH NStZ 1982, 379 (379); BGHSt 3, 180 (181) = NJW 1952, 1303 (1303); OLG Braunschweig NJW 1947/48, 272 (273); LG Bamberg, Urt. v. 10.04.2019 – 26 Ks 1107Js 1116/17, bei BeckRS 2019, 24008, unter Gründe E. II. 4. a.; siehe dazu auch bereits RGSt 76, 297 (299); Schönke/Schröder/*Eser*/*Sternberg-Lieben*, StGB, § 211, Rn. 27 m.w.N.; dazu kritisch etwa BeckOK/*Eschelbach*, StGB, § 211, Rn. 63 (Stand: 01.02.2021); *Fischer*, StGB, § 211, Rn. 58; NK/*Neumann*/*Saliger*, StGB, § 211, Rn. 79.

258 OLG Braunschweig NJW 1947/48, 272 (273).

259 OGHSt 2, 179 (181).

260 BGH NJW 1951, 666 (667).

261 BGHSt 32, 382 (383) = NJW 1985, 334 (334).

262 BGHSt 49, 189 (195) = NJW 2004, 2316 (2318).

263 BGH NStZ-RR 2006, 236 (237).

264 BGHSt 61, 302 = NStZ 2017, 218.

265 BGH NStZ 1993, 385 (385) (Sachverhalt nicht abgedruckt).

verwendet.[266] Der Gesetzgeber versteht den Begriff der schweren Gesundheitsschädigung einheitlich, da sich dieser etwa innerhalb der Modifizierung des besonders schweren Falles einer Umweltstraftat gemäß § 330 StGB auf die Auslegung des Begriffs der schweren Gesundheitsschädigung auf die Gesetzesbegründung zu § 218 Abs. 2 S. 2 Nr. 2 Var. 2 StGB bezieht.[267] Auch im 6. StrRG hebt dieser das identische Verständnis des Begriffs der schweren Gesundheitsschädigung zunächst konkludent[268] und sodann im Entwurf eines Gesetzes zur Strafbarkeit beharrlicher Nachstellung explizit hervor[269]. Demgemäß wird auch in der Kommentarliteratur auf die Auslegungen innerhalb anderer Tatbestände zum Schutz vor schweren Gesundheitsschädigungen Bezug genommen. Im StGB findet sich der Begriff der (Gefahr der) schweren Gesundheitsschädigung auf *Tatbestandsebene* innerhalb der Aussetzung gemäß § 221 Abs. 1 StGB[270], des Unerlaubten Umgangs mit radioaktiven Stoffen und anderen gefährlichen Stoffen und Gütern nach § 328 Abs. 1 Nr. 2 StGB[271] sowie der Schweren Gefährdung durch das Freisetzen von Giften gemäß § 330a Abs. 1 StGB[272], auf *Qualifikationsebene* innerhalb des Schweren sexuellen Missbrauchs von Kindern gemäß § 176a Abs. 2 Nr. 3 Var. 1 StGB[273], des Sexuellen Übergriffs; sexuelle Nötigung; Vergewaltigung nach § 177 Abs. 7 Nr. 3 StGB[274], der Misshandlung von Schutzbefohlenen gemäß § 225 Abs. 3 Nr. 1 Var. 2 StGB[275], der Entziehung Minderjähriger gemäß § 235 Abs. 4 Nr. 1 Var. 2

266 Siehe BT-Drs. VI/3434, S. 13; siehe dazu auch eingehend *Steinberg*, Strafe für das Versetzen in Todesangst, S. 36–41; *Knauer, F.*, Der Schutz der Psyche im StrafR, S. 71 f.

267 BT-Drs. 12/192, S. 28.

268 BT-Drs. 13/8587, S. 27.

269 BT-Drs. 16/3641, S. 14; siehe auch eingehend auch *Steinberg*, Strafe für das Versetzen in Todesangst, S. 36 f.

270 Mit Verweis auf die Auslegung in der Kommentarliteratur zu §§ 225, 239, 250 StGB: Schönke/Schröder/*Eser*/*Sternberg-Lieben*, StGB, § 221, Rn. 8; MüKo/*Hardtung*, StGB, § 221, Rn. 19; SK/*Wolters*, StGB, § 221, Rn. 9; *Fischer*, StGB, § 221, Rn. 16; Kühl/Heger/*ders.*, StGB, § 221, Rn. 5.

271 Mit Verweis auf die Auslegung in der Kommentarliteratur zu §§ 218, 330 StGB: MüKo/*Alt*, StGB, § 328, Rn. 13.

272 Mit Verweis auf die Auslegung in der Kommentarliteratur zu § 330 StGB: *Fischer*, StGB, § 330a, Rn. 4; Kühl/Heger/*ders.*, StGB, § 330a, Rn. 4; NK/*Ransiek*, StGB, § 330a, Rn. 2; Schönke/Schröder/*Heine*/*Schittenhelm*, StGB, § 330a, Rn. 7; MüKo/*Alt*, StGB, § 330a, Rn. 10

273 Mit Verweis auf die Auslegung in der Kommentarliteratur zu §§ 177, 218, 225, 250, 330, 330a StGB: NK/*Frommel*, StGB, § 176a, Rn. 13; SK/*Wolters*, StGB, § 176a, Rn. 22; Kühl/Heger/*ders.*, StGB, § 176a, Rn. 2; *Fischer*, StGB, § 176a, Rn. 10; Schönke/Schröder/*Eisele*, StGB, § 176a, Rn. 10.

274 Mit Verweis auf die Auslegung in der Kommentarliteratur zu §§ 176a, 250 StGB: NK/*Frommel*, StGB, § 177, Rn. 121; Kühl/Heger/*ders.*, StGB, § 177, Rn. 25; Schönke/Schröder/*Eisele*, StGB, § 177, Rn. 114; *Fischer*, StGB, § 177, Rn. 152.

275 Mit Verweis auf die Auslegung in der Kommentarliteratur zu §§ 113, 125a, 176a, 177, 218, 221, 250, 330, 330a StGB: *Fischer*, StGB, § 225, Rn. 18; Kühl/Heger/*Kühl*, StGB, § 225, Rn. 9; MüKo/*Hardtung*, StGB, § 225, Rn. 35; NK/*Paeffgen*/*Böse*, StGB, § 225, Rn. 26.

StGB[276], der Nachstellung gemäß § 238 Abs. 2 Var. 2 StGB[277], des Schweren Raubes nach § 250 Abs. 1 Nr. 1c StGB[278] sowie des Besonders schweren Falles einer Umweltstraftat gemäß § 330 Abs. 2 Nr. 1 Var. 2 StGB[279], im Bereich der *Regelbeispiele* innerhalb des Widerstands gegen Vollstreckungsbeamte gemäß § 113 Abs. 2 S. 2 Nr. 2 Var. 2 StGB[280] (ggf. i.V.m. dem Tätlichen Angriff auf Vollstreckungsbeamte gemäß § 114 Abs. 2 StGB), der Gefangenenmeuterei nach § 121 Abs. 3 S. 2 Nr. 3 Var. 2 StGB[281], des Besonders schweren Falles des Landfriedensbruchs nach § 125a S. 2 Nr. 3 Var. 2 StGB[282] sowie des Schwangerschaftsabbruchs gemäß § 218 Abs. 2 S. 2 Nr. 2 Var. 2 StGB[283], als *Erfolgsqualifikationen* innerhalb der Aussetzung gemäß § 221 Abs. 2 Nr. 2 StGB[284], des Menschenhandels gemäß § 232 Abs. 3 Nr. 2 Var. 3 StGB[285], der Ausbeutung der Arbeitskraft gemäß § 233 Abs. 2 Nr. 2 Var. 3 StGB[286], der Freiheitsberaubung nach § 239 Abs. 3 Nr. 2 StGB[287], der Besonders schweren

---

276 Mit Verweis auf die Auslegung in der Kommentarliteratur zu §§ 177, 225, 239, 250 StGB: SK/*Wolters*, StGB, § 235, Rn. 19; NK/*Sonnen*, StGB, § 235, Rn. 23; Schönke/Schröder/*Eisele*, StGB, § 235, Rn. 22; *Fischer*, StGB, § 235, Rn. 16a; Kühl/Heger/*ders.*, StGB, § 235, Rn. 7.

277 Mit Verweis auf die Auslegung in der Kommentarliteratur zu §§ 177, 221, 239, 250, 306b, 330 StGB: *Fischer*, StGB, § 238, Rn. 35; SK/*Wolters*, StGB, § 238, Rn. 25; NK/*Sonnen*, StGB, § 238, Rn. 54; Schönke/Schröder/*Eisele*, StGB, § 238, Rn. 37; MüKo/*Gericke*, StGB, § 238, Rn. 54; Kühl/Heger/*Kühl*, StGB, § 238, Rn. 10.

278 Mit Verweis auf die Auslegung in der Kommentarliteratur zu §§ 177, 218, 225 StGB: *Fischer*, StGB, § 250, Rn. 13; MüKo/*Sander*, StGB, § 250, Rn. 47.

279 Mit Verweis auf die Auslegung in der Kommentarliteratur zu §§ 176a, 218, 225, 328 StGB: *Fischer*, StGB, § 330, Rn. 8; MüKo/*Alt*, StGB, § 330, Rn. 14; Schönke/Schröder/*Heine*/*Schittenhelm*, StGB, § 330, Rn. 9a; NK/*Ransiek*, StGB, § 330, Rn. 7.

280 Mit Verweis auf die Auslegung in der Kommentarliteratur zu §§ 218, 225, 250 StGB: NK/*Paeffgen*, StGB, § 113, Rn. 87; *Fischer*, StGB, § 113, Rn. 38; MüKo/*Bosch*, StGB, § 113, Rn. 76; Kühl/Heger/*ders.*, StGB, § 113, Rn. 25.

281 Mit Verweis auf die Auslegung in der Kommentarliteratur zu §§ 113, 125a, 225, 250 StGB: Kühl/Heger/*ders.*, StGB, § 121, Rn. 8; Schönke/Schröder/*Eser*, StGB, § 121, Rn. 20; NK/*Ostendorf*, StGB, § 121, Rn. 23; *Fischer*, StGB, § 121, Rn. 12.

282 Mit Verweis auf die Auslegung in der Kommentarliteratur zu §§ 113, 176a, 225 StGB: NK/*Ostendorf*, StGB, § 125a, Rn. 5; Kühl/Heger/*ders.*, StGB, § 125a, Rn. 2; MüKo/*Schäfer*, StGB, § 125a, Rn. 21; *Fischer*, StGB, § 125a, Rn. 5; Schönke/Schröder/*Sternberg-Lieben*/*Schittenhelm*, StGB, § 125a, Rn. 11.

283 Mit Verweis auf die Auslegung in der Kommentarliteratur zu §§ 176a, 225, 250 StGB: *Fischer*, StGB, § 218, Rn. 18; Schönke/Schröder/*Eser*/*Weißer*, StGB, § 218, Rn. 59; Kühl/Heger/*Kühl*, StGB, § 218, Rn. 20.

284 Mit Verweis auf die Auslegung in der Kommentarliteratur zu dem Grundtatbestand § 221 Abs. 1 StGB sowie §§ 225, 239 StGB: NK/*Neumann*/*Saliger*, StGB, § 221, Rn. 40; Kühl/Heger/*ders.*, StGB, § 221, Rn. 7; MüKo/*Hardtung*, § 221 Rn. 35; SK/*Wolters*, StGB, § 221, Rn. 15; *Fischer*, StGB, § 221, Rn. 22.

285 Mit Verweis auf die Auslegung in der Kommentarliteratur zu § 250 StGB: Schönke/Schröder/*Eisele*, StGB, § 232, Rn. 73.

286 Mit Verweis auf die Auslegung in der Kommentarliteratur zu § 232 StGB: MüKo/*Renzikowski*, StGB, § 233, Rn. 20, 22; Kühl/Heger/*ders.*, StGB, § 233, Rn. 3; Schönke/Schröder/*Eisele*, StGB, § 233, Rn. 5.

287 Mit Verweis auf die Auslegung in der Kommentarliteratur zu §§ 218, 221, 225, 235, 250, 330, 330a StGB: *Fischer*, StGB, § 239, Rn. 15a; Kühl/Heger/*Kühl*, StGB, § 239, Rn. 9; SK/*Wolters*, StGB, § 239, Rn. 22.

Brandstiftung gemäß § 306b Abs. 1 Var. 1 StGB[288], der Herbeiführung einer Sprengstoffexplosion gemäß § 308 Abs. 2 Var. 1 StGB[289], des Missbrauchs ionisierender Strahlen gemäß § 309 Abs. 3 Var. 1 StGB[290], der Fehlerhaften Herstellung einer kerntechnischen Anlage gemäß § 312 Abs. 3 Var. 1 StGB[291], des Gefährlichen Eingriffs in den Bahn-, Schiffs- und Luftverkehr nach § 315 Abs. 3 Nr. 2 Var. 1 StGB[292] (ggf. i.V.m. dem Gefährlichen Eingriff in den Straßenverkehr gemäß § 315b Abs. 3 StGB), des Verbotenen Kraftfahrzeugrennen nach § 315d Abs. 5 Var. 2 StGB[293] sowie der Beschädigung wichtiger Anlagen gemäß § 318 Abs. 3 Var. 1 StGB[294] wieder.

Nach der Gesetzesbegründung zu § 218 StGB liegt eine schwere Gesundheitsschädigung vor, „wenn der Betroffene im Gebrauch seiner Sinne oder seines Körpers oder in seiner Arbeitsfähigkeit für lange Zeit in erheblichem Maße beeinträchtigt wird oder in eine lebensbedrohende, qualvolle oder ernste und langwierige Krankheit verfällt“[295]. Eine extensive Auslegung der „Sinne“ wird durch die Gesetzesbegründung des 6. StrRG deutlich, im Rahmen dessen bezüglich der Wortlautänderung von schwerer *Körperverletzung* hin zu schwerer *Gesundheitsschädigung* betont wurde, dass diesem Begriff mangels Körperbezug ein weitreichenderer Schutzbereich zuzusprechen ist.[296] Auch die Gegenüberstellung zu körperlichen Beeinträchtigungen sowie das Abstellen auf die Einschränkung der Arbeitskraft in der Gesetzesbegründung[297] legen nahe, dass der Ausdruck der Sinne auf die psychische Gesundheit abzielt. Zudem stellt der Gesetzgeber klar, dass die schwere Gesundheitsschädigung extensiver verstanden werden soll als die Schwere Körperverletzung des § 224 StGB a.F., sodass ebenfalls solche Gesundheitsschädigungen erfasst sind, die keine schwere Folge i.S.d. § 226 StGB darstellen.[298] Die Rechtsprechung fasst unter den Begriff der schweren

---

288 Mit Verweis auf die Auslegung in der Kommentarliteratur zu §§ 330, 330a, 218, 250 StGB: *Fischer*, StGB, § 306b, Rn. 4; Kühl/Heger/*ders.*, StGB, § 306b, Rn. 2; Schönke/Schröder/*Heine*/*Bosch*, StGB, § 306b, Rn. 3.

289 Mit Verweis auf die Auslegung in der Kommentarliteratur zu § 306b StGB: Schönke/Schröder/*Heine*/*Bosch*, StGB, § 308, Rn. 10a; MüKo/*Krack*, StGB, § 308, Rn. 13; Kühl/Heger/*ders.*, StGB, § 308, Rn. 5.

290 Mit Verweis auf die Auslegung in der Kommentarliteratur zu §§ 170, 250, 225, 308 StGB: MüKo/*Krack*, StGB, § 309, Rn. 14; Schönke/Schröder/*Heine*/*Bosch*, StGB, § 309, Rn.8a; Kühl/Heger/*ders.*, StGB, § 309, Rn. 6.

291 Mit Verweis auf die Auslegung in der Kommentarliteratur zu §§ 250, 309 StGB: Kühl/Heger/*ders.*, StGB, § 312, Rn. 6; Schönke/Schröder/*Heine*/*Bosch*, StGB, § 312, Rn. 13a; MüKo/*Krack*, StGB, § 312, Rn. 14.

292 Mit Verweis auf die Auslegung in der Kommentarliteratur zu §§ 225, 250, 306b, 308, 309, 312 StGB: Schönke/Schröder/*Hecker*, StGB, § 315, Rn. 22; Kühl/Heger/*ders.*, StGB, § 315, Rn. 8; *Fischer*, StGB, § 315, Rn. 23.

293 Mit Verweis auf die Auslegung in der Kommentarliteratur zu §§ 225, 250, 315 StGB: Kühl/Heger/*ders.*, StGB, § 315d, Rn. 9; MüKo/*Pegel*, StGB, § 315d, Rn. 36; Schönke/Schröder/*Hecker*, StGB, § 315d, Rn. 14.

294 Mit Verweis auf die Auslegung in der Kommentarliteratur zu §§ 225, 250 StGB: Schönke/Schröder/*Hecker*, StGB, § 318, Rn. 9; Kühl/Heger/*ders.*, StGB, § 318, Rn. 4.

295 BT-Drs. VI/3434, S. 13; so auch explizit etwa in BT-Drs. 12/192, S. 28; BT-Drs. 13/8587, S. 28; BT-Drs. 18/10145, S. 10.

296 BT-Drs. 13/8587, S. 27 f.

297 BT-Drs. 13/8587, S. 27 f.

298 BT-Drs. VI/3434, S. 13; BT-Drs. 13/8587, S. 27 f.; BT-Drs. 16/3641, S. 14.

Gesundheitsschädigung etwa innerhalb der qualifizierten Misshandlung von Schutzbefohlenen gemäß § 225 Abs. 3 Nr. 1 Var. 2 StGB die nachhaltige Beeinträchtigung der physischen sowie psychischen Leistungsfähigkeit oder eine lebensbedrohliche, qualvolle, ernste, langwierige Krankheit[299] oder einen Zustand des Tatopfers, im Rahmen dessen intensivmedizinische Maßnahmen oder umfangreiche, langwierige Rehabilitationsmaßnahmen zur Wiederherstellung der Gesundheit bzw. der Beseitigung der Folgen der Tat notwendig sind.[300] Auch innerhalb des Schweren Raubes gemäß § 250 Abs. 1 Nr. 1c StGB soll nach Ansicht der Rechtsprechung die Gefahr einer schweren Gesundheitsschädigung vorliegen, sofern die Gefahr einer ernsten langwierigen Krankheit, einer ernsthaften Störung der körperlichen Funktion oder einer erheblichen Beeinträchtigung der Arbeitskraft besteht.[301]

Im Kontrast zu der Vielzahl der Normen, welche das Tatopfer vor schweren Gesundheitsschädigungen schützen, finden sich innerhalb der Rechtsprechung nur äußerst wenige Urteile bezüglich der Beeinträchtigung des psychischen Wohlbefindens.[302] Im Rahmen der schweren Vergewaltigung in Form der Gefahr einer schweren Gesundheitsschädigung des Opfers gemäß § 177 Abs. 7 Nr. 3 StGB hat der BGH eine Strafbarkeit wegen der Sexualtat zwar mangels Vorsatz des Täters verneint, jedoch explizit betont, dass ebenfalls die psychische Gesundheit von der schweren Gesundheitsschädigung umfasst ist.[303] Das LG Heidelberg hat unter den Begriff der Gefahr einer schweren Gesundheitsschädigung innerhalb der qualifizierten Nachstellung gemäß § 238 Abs. 2 Var. 2 StGB a.F. eine aufgrund zahlreicher Kontaktaufnahmen durch den Täter entstandene generalisierte Angststörung mit überdauernder nervlicher Anspannung bis hin zu Angstzuständen im Falle des Verlassens der Wohnung, Zittern, erheblichen Schlafstörungen, Konzentrationsmangel oder einem psychischen Zusammenbruch gefasst.[304] Diesbezüglich war die Arbeitsfähigkeit des Tatopfer dermaßen eingeschränkt, dass infolge der Wahrscheinlichkeit einer Verfestigung sowie Chronifizierung der Störung mit der Herabsetzung der Erwerbsfähigkeit um mindestens 50 % gerechnet wurde.[305] Weitergehend hat der BGH die Gefahr einer schweren Gesundheitsschädigung gemäß § 238 Abs. 2 Var. 2 StGB a.F. wegen psychosomatischer Beschwerden mit depressiven Erschöpfungszuständen und einhergehender Arbeitsbeeinträchtigung des Tatopfers angenommen, die das Tatopfer aufgrund vielfacher Beobachtungen, Beschimpfungen sowie Bedrohungen durch den Täter erlitten hat.[306] Des Weiteren hat das LG München die Gefahr einer schweren Gesundheitsschädigung i.S.d. § 238 Abs. 2 Var. 2 StGB a.F. im Falle einer chronifizierten posttraumatischen Belastungsstörung des Tatopfers

299 Siehe etwa BGH NStZ 2017, 410 (411); BGH NStZ-RR 2015, 369 (370).
300 Siehe etwa BGH NStZ-RR 2007, 304 (306).
301 Siehe etwa BGH NJW 2002, 2043 (2043).
302 So auch *Steinberg*, Strafe für das Versetzen in Todesangst, S. 39–41.
303 BGH StV 2019, 544 (544).
304 LG Heidelberg, Urt. v. 06.05.2008 – 2 KLs 22 Js 6935/07, bei BeckRS 2009, 11137, unter Gründe II., IV., eine solche Strafbarkeit wurde lediglich mangels Vorsatzes des Täters verneint.
305 LG Heidelberg, Urt. v. 06.05.2008 – 2 KLs 22 Js 6935/07, bei BeckRS 2009, 11137, unter Gründe II., IV.
306 BGH NStZ-RR 2011, 12 (13), eine solche Strafbarkeit wurde lediglich mangels hinreichender Belege des Täters verneint.

angesichts zahlreicher Verfolgungen sowie telefonischer Belästigungen durch den Täter mit extremen Stress- und Panikreaktionen bei einem möglichen Anruf oder Zusammentreffen mit dem Angeklagten als erfüllt angesehen, im Zuge dessen das Opfer während der Verhandlung einen Nervenzusammenbruch erlitt, wobei neben einer umfangreichen und langwierigen Behandlung zur Wiederherstellung der Gesundheit die sehr hohe Wahrscheinlichkeit bestanden hat, dass das Tatopfer bei weiteren vergleichbaren Einwirkungen durch den Täter dauerhaft erwerbsunfähig wird.[307] Das LG Osnabrück hat eine schwere Gesundheitsschädigung gemäß § 308 Abs. 2 StGB aufgrund eines Sprengstoffanschlags des Täters auf ein Fußballstadion angenommen, da die durch die Tat herbeigeführten psychischen Belastungen die Opfer erheblich beeinträchtigt und einer längerfristigen Behandlung bedurft haben, wobei neben dem Erleiden eines Tinnitus oder einer Hörschädigung ebenfalls die neurologisch-psychiatrische bzw. psychologische Behandlung von Bedeutung gewesen ist.[308] Das LG Bonn hat darüber hinaus die Gefahr einer schweren Gesundheitsschädigung zum einen in der Strafbarkeit wegen Widerstand gegen Vollstreckungsbeamte gemäß § 113 Abs. 2 S. 2 Nr. 2 Var. 2 StGB a.F. sowie zum anderen innerhalb des Landfriedensbruchs gemäß § 125a S. 2 Nr. 3 Var. 2 StGB a.F. anlässlich einer gewalttätigen Ausschreitung des Täters innerhalb einer Demonstration angenommen, sofern die Tatopfer infolge von Messerstichen eine posttraumatische Belastungsstörung bzw. ein Misstrauen gegenüber Menschenmengen erlitten haben.[309] Auch das LG Hagen hat eine Gefahr der schweren Gesundheitsschädigung gemäß § 306a Abs. 2 StGB aufgrund einer Brandlegung in einem Asylbewerberwohnheim zumindest in objektiver Hinsicht angenommen, da eine Gefahr bestanden hat, dass die Tatopfer etwa eine posttraumatische Belastungsstörung sowie eine Anpassungsstörung erlitten haben.[310]

4. Quälen des Opfers

Die psychische Gesundheit des Tatopfers wird zudem im Rahmen der Misshandlung von Schutzbefohlenen gemäß § 225 Abs. 1 Var. 1 StGB sowie der Aussageerpressung gemäß § 343 Abs. 1 Var. 4 StGB durch das Tatbestandsmerkmal des Quälens geschützt. Innerhalb der Misshandlung von Schutzbefohlenen gemäß § 225 Abs. 1 Var. 1 StGB ist das Quälen von Personen unter achtzehn Jahren oder eine wegen Gebrechlichkeit oder Krankheit wehrlose Person, die in einer § 225 Abs. 1 StGB entsprechenden spezifischen Beziehung zum Täter steht, strafbewehrt. Quälen bedeutet nach ständiger Rechtsprechung sowie herrschender Literatur „das Verursachen länger dauernder oder sich wiederholender erheblicher Schmerzen oder Leiden körperlicher oder seelischer

---

307 LG München I, Urt. v. 18.12.2012 – 9 KLs 235 JS, bei BeckRS 2013, 16679, unter Gründe C., E.

308 LG Osnabrück, Urt. v. 23.03.2012 – 10 KLs 37/11, bei juris Rn. 185.

309 LG Bonn, Urt. v. 19.10.2012 – 23 KLs 555 Js 199/12 P – 23/12, bei BeckRS 2013, 569, unter Gründe C. II. 1., 2., E II., III. 1.

310 LG Hagen, Urt. v. 12.09.2016 – 31 Ks 1/16, bei BeckRS 2016, 125838, unter Gründe Rn. 107.

Art"[311]. Dahingegen wird in der Literatur ebenfalls vertreten, dass von § 225 Abs. 1 Var. 1 StGB nur solche seelischen Beeinträchtigungen umfasst sind, welche zu körperlichen Schädigungen mit Krankheitswert führen.[312] Dies wird mit dem abschließenden Schutz psychosozialer sowie familiärer Vernachlässigung in §§ 170, 171 StGB mit einem geringeren Strafrahmen als § 225 Abs. 1 Var. 1 StGB begründet.[313] Zudem verbiete sich der Schutz psychischer Schädigungen ohne körperliche Symptomatik aufgrund der systematischen Stellung im 17. Abschnitt sowie der parallelen Tatmodalitäten („rohe Misshandlung" sowie „Gesundheitsschädigung") mit § 223 StGB, welcher ebenfalls lediglich seelische Beeinträchtigungen mit somatischen Auswirkungen umfasse.[314] Jedoch spricht die historische Anschauung des Tatbestandes der Misshandlung von Schutzbefohlenen gegen eine solch enge Auslegung. Bis zum Jahr 1933 wurde die Misshandlung von Schutzbefohlenen noch im Kontext der Gefährlichen Körperverletzung gemäß § 223a Abs. 2 RStGB geschützt, im Rahmen dessen eine Körperverletzung mittels grausamer oder boshafter Behandlung unter Strafe gestellt wurde.[315] Neben der Fassung als eigenen Tatbestand (sodann als § 223b RStGB) wurde der Wortlaut im Jahr 1933 dahingehend geändert, dass keine Körperverletzung vorliegen muss, sondern bereits das Quälen des Tatopfers sanktioniert ist.[316] Diesbezüglich wurde auf einen Körperlichkeitsbezug im Wortlaut – etwa entsprechend zur körperlichen Misshandlung gemäß § 223 Abs. 1 Var. 1 StGB – verzichtet.[317] Dadurch wurde sich von der lediglich körperlich verstandenen Fassung der Misshandlung von Schutzbefohlenen abgewandt, sodass auch seelische Beeinträchtigungen ohne körperliche Auswirkungen umfasst sind.[318] Zudem kann vertreten werden, dass sich der angebrachte Wertungswiderspruch des Strafrahmens zu den §§ 170, 171 StGB nicht anhand somatischer Auswirkungen aufheben lässt,[319] sondern vielmehr durch hohe

---

311 BGH StV 2021, 119 (120); so auch etwa BGH NStZ-RR 2019, 144 (145); BGH NStZ-RR 2019, 77 (77); BGH NStZ 2016, 472 (472); BGH NJW 2015, 3047 (3047); BGH NStZ-RR 2015, 369 (370); BGH StV 2016, 434 (434); BGH NStZ 2013, 466 (467); BGH NStZ-RR 2007, 304 (306); BGH NStZ 2004, 94 (94); BGH NStZ-RR 1996, 197 (197); BGHSt 41, 113 (115) = NJW 1995, 2045 (2045); BGH, Urt. v. 21.10.1954 – 4 StR 460/54, bei BeckRS 1954, 31193425; OLG Hamm, Beschl. v. 28.07.2008 – 3 Ss 235/08, bei BeckRS 2008, 20337, unter Gründe II. 1. a. aa.; siehe auch innerhalb der Literatur etwa MüKo/*Hardtung*, StGB, § 225, Rn. 11; Schönke/Schröder/*Sternberg-Lieben*, StGB, § 225, Rn. 12; *Fischer*, StGB, § 225, Rn. 8a; NK/*Paeffgen*/*Böse*, StGB, § 225, Rn. 13; siehe dazu auch eingehend *Steinberg*, Strafe für das Versetzen in Todesangst, S 29–32; *Knauer, F.*, Der Schutz der Psyche im StrafR, S. 55–59, 207–210; *Bloy*, in FS-Eser, S. 233 ff., 237.

312 NK/*Paeffgen*/*Böse*, StGB, § 225, Rn. 2, 14.

313 NK/*Paeffgen*/*Böse*, StGB, § 225, Rn. 14.

314 NK/*Paeffgen*/*Böse*, StGB, § 225, Rn. 2.

315 Gesetz betreffend Änderung des Strafgesetzbuchs vom 19.06.1912, (RGBl. 1912 Nr. 37 S. 396); *Knauer, F.*, Der Schutz der Psyche im StrafR, S. 17 m.w.N.; siehe zur historischen Entwicklung des § 225 StGB auch *Steinberg*, Strafe für das Versetzen in Todesangst, S. 29 m.w.N.

316 Gesetz zur Abänderung strafrechtlicher Vorschriften vom 26.05.1933 (RGBl. I 1933, S. 296 f.).

317 MüKo/*Hardtung*, StGB, § 225, Rn. 12.

318 Siehe dazu eingehend MüKo/*Hardtung*, StGB, § 225, Rn. 12; *Knauer, F.*, Der Schutz der Psyche im StrafR, S. 17, 207 f.

319 Dazu ebenfalls kritisch *Steinberg*, Strafe für das Versetzen in Todesangst, S. 30, unter Fn. 72, welcher einen Zusammenhang zwischen der Verletzung der Unterhaltspflicht nach § 170 StGB und einer gesunden psychischen Entwicklung des Unterhaltsberechtigten als „überaus lose" bezeichnet.

Anforderungen an das Merkmal des Quälens gelöst werden kann.[320] Demgemäß wird sich der herrschenden Auffassung angeschlossen, wonach ebenfalls psychische Beeinträchtigungen ohne somatische Folgen von dem Begriff des Quälens i.S.d. § 225 Abs. 1 Var. 1 StGB umfasst sind.[321] Das Merkmal des Quälens wird durch die Rechtsprechung etwa im Falle des Ausströmens von Leuchtgas bejaht, welches zur minutenlangen Todesangst eines kleinen Kindes geführt hat[322], das Versetzen in Todesangst durch Halten eines Kindes aus einem Fenster[323] oder die Zufügung seelischer Leiden mit erheblicher Verängstigung durch drangsalierende Erziehungsmethoden[324].

Überdies findet sich die Tathandlung des Quälens innerhalb der Aussageerpressung gemäß § 343 Abs. 1 Var. 4 StGB wieder. Diesbezüglich wird das seelische Quälen durch einen Amtsträger, welcher in einem Verfahren nach § 343 Abs. 1 Nr. 1–3 StGB berufen ist, zu einer Nötigung zur Aussage, Erklärung oder Unterlassen, unter Strafe gestellt. Unter dem Begriff des seelischen Quälens sind diejenigen seelischen Schädigungen zu fassen, welche den Betroffenen „über unvermeidbare seelische Belastungen hinaus seelische Peinigungen aussetzen, die seine geistigen und seelischen Widerstandskräfte zermürben"[325]. Es liegt ein Quälen i.S.d. § 343 Abs. 1 Var. 4 StGB vor, „wenn dem Betroffenen einerseits unnötige und andererseits länger andauernde oder ständig sich wiederholende seelische Leiden zugefügt werden"[326]. Vielfach wird zur Auslegung des Begriffes des Quälens auf die Erläuterungen der Kommentarliteratur zu § 225 StGB verwiesen.[327] Der BGH hat ein seelisches Quälen i.S.d. § 343 Abs. 1 Var. 4 StGB des Tatopfers etwa verneint, sofern es durch den Täter in eine Gewahrsamszelle gesperrt wurde, da diese Lage lediglich über eine kurze Zeitspanne aufrechterhalten wurde und es dem Tatopfer jederzeit möglich war, durch ein Klopfen den Aufenthalt in der Zelle zu beenden, und dieses so auf den Geschehensablauf Einfluss nehmen und den Zwang der Maßnahme beenden konnte.[328] Die in diesem Zusammenhang häufig zitierte Entscheidung bezüglich des Hinführens des Täters zu einer Leiche betrifft lediglich die

---

320 *Knauer, F.*, Der Schutz der Psyche im StrafR, S. 208.

321 So etwa BGH NJW 2015, 3047; BGH, Urt. v. 16.04.2014 – 2 StR 608/13, bei BeckRS 2014, 6452, unter Gründe Rn. 18; BGH, Beschl. v. 28.10.2010 – 5 StR 411/10, bei BeckRS 2010, 27958, unter Gründe Rn. 2; BGH, Urt. v. 21.10.1954 – 4 StR 460/54, bei BeckRS 1954, 31193425; Schönke/Schröder/*Sternberg-Lieben*, StGB, § 225, Rn. 12; SK/*Wolters*, StGB, § 225, Rn. 11; MüKo/*Hardtung*, StGB, § 225, Rn. 12 m.w.N.

322 BGH, Urt. v. 21.10.1954 – 4 StR 460/54, bei BeckRS 1954, 31193425.

323 OLG Hamm, Beschl. v. 28.07.2008 – 3 Ss 235/08, bei BeckRS 2008, 20337, unter Gründe II. 1. a. aa., das Opfer muss jedoch die Todesangst empfinden können, was im vorliegenden Fall bei einem zweijährigen Kind mangels Fähigkeit zur Einschätzung der lebensbedrohlichen Situation abgelehnt wurde.

324 BGH, Beschl. v. 28.10.2010 – 5 StR 411/10, bei BeckRS 2010, 27958, unter Gründe Rn. 2.

325 BT-Drs. 7/550, S. 279; BGH NJW 2019, 789 (791); so auch etwa Schönke/Schröder/*Hecker*, StGB, § 343, Rn. 12; NK/*Kuhlen*, StGB, § 343, Rn. 11; siehe dazu auch eingehend *Steinberg*, Strafe für das Versetzen in Todesangst, S. 32 f.; *Knauer, F.*, Der Schutz der Psyche im StrafR, S. 42–44, 195 f.

326 BT-Drs. 7/550, S. 279.

327 Schönke/Schröder/*Hecker*, StGB, § 343, Rn. 12; *Fischer*, StGB, § 343, Rn. 9; NK/*Kuhlen*, StGB, § 343, Rn. 11 unter Fn. 40.

328 BGH NJW 2019, 789 (791).

Quälerei i.S.d. § 136a StPO,[329] welche jedoch nicht im Zusammenhang mit dem Begriff des seelischen Quälens i.S.d. § 343 Abs. 1 Var. 4 StGB steht.[330]

5. Verfallen des Opfers in eine geistige Krankheit

Innerhalb des erfolgsqualifizierten Deliktes der Schweren Körperverletzung gemäß § 226 Abs. 1 Nr. 3 StGB wird das Tatopfer vor dem Verfallen in eine geistige Krankheit (Var. 4) oder Behinderung (Var. 5) geschützt.[331] Nach der Rechtsprechung sowie der herrschenden Literatur bezieht sich das Merkmal „geistig“ in § 226 Abs. 1 Nr. 3 StGB sowohl auf die Krankheit als auch auf den Begriff der Behinderung.[332] Eine geistige Behinderung ist nach herrschender Ansicht eine nicht nur unerhebliche sowie nicht lediglich vorübergehende Störung der Gehirntätigkeit, welche nicht bereits unter den Begriff der geistigen Krankheit zu qualifizieren ist.[333] Eine solche wurde durch die Rechtsprechung etwa im Falle des Erleidens einer Agnosie angenommen, im Rahmen dessen das Tatopfer keine Erinnerungen mehr an Personen besitzt und auch Personen aus dem engsten persönlichen Umfeld nicht an den Gesichtern erkennen kann.[334] Unter einer geistigen Krankheit werden sämtliche Schädigungen an der psychischen Gesundheit mit Krankheitswert verstanden.[335] Diesbezüglich wird in der Literatur zwar vermehrt vertreten, dass der Begriff der geistigen Krankheit analog zur krankhaft seelischen Störung gemäß § 20 StGB verstanden werden soll.[336] Jedoch ist eine solche Ansicht abzulehnen, da es sich bei dem Krankheitsbegriff i.S.d. § 20 StGB um einen enger gefassten schuldspezifischen Terminus handelt, der lediglich den spezifischen Umstand der tatbezogenen Schuldfähigkeit des Täters umfasst.[337] Darüber hinaus muss das Tatopfer gemäß § 226 Abs. 1 Nr. 3 Var. 4 StGB in die geistige Krankheit *verfallen* sein, sodass diese nicht nur unerheblich und nicht nur vorübergehend sein darf, sondern sich vielmehr als langwierige Folge äußern muss.[338] Eine geistige Krankheit wurde durch den BGH etwa im Falle eines organischen Psychosyndroms nach einem Schädel-Hirn-Trauma angenommen, welches zu einer Einschränkung des Konzentrationsvermögens, der Aufmerksamkeit, des Arbeitsgedächtnisses und des Antriebsniveaus sowie zu höherer Ermüdbarkeit, Reduktion der Frustrations- und Belastungstoleranz, veränderter

---

329 BGHSt 15, 187 = NJW 1961, 467; siehe zur Bezugnahme etwa Schönke/Schröder/*Hecker*, StGB, § 343, Rn. 12; MüKo/*Voßen*, StGB, § 343, Rn. 27; *Fischer*, StGB, § 343, Rn. 9.

330 So ausdrücklich in BT-Drs. 7/550, S. 279; ebenfalls hervorgehoben in NK/*Kuhlen*, StGB, § 343, Rn. 11, unter Fn. 40; kritisch auch *Steinberg*, Strafe für das Versetzen in Todesangst, S. 33.

331 Siehe dazu auch eingehend *Steinberg*, Strafe für das Versetzen in Todesangst, S. 35 f.; *Knauer, F.*, Der Schutz der Psyche im StrafR, S. 48–50, 197 f.; *Bloy*, in FS-Eser, S. 233 ff., 236.

332 Siehe etwa BGH NStZ 2017, 282 (284);*Fischer*, StGB, § 226, Rn. 13; MüKo/*Hardtung*, StGB, § 226, Rn. 40 m.w.N.

333 BGH NStZ 2017, 282 (284); dazu auch etwa MüKo/*Hardtung*, StGB, § 226, Rn. 40.

334 BGH, Beschl. v. 16.12.2008 – 3 StR 453/08, bei BeckRS 2009, 5113, unter Gründe 2. b.

335 Siehe etwa BGH NStZ 2018, 102 (103); *Fischer*, StGB, § 226, Rn. 13; Schönke/Schröder/*Sternberg-Lieben*, StGB, § 226, Rn. 7; NK/*Paeffgen/Böse*, StGB, § 226, Rn. 35.

336 Siehe etwa NK/*Paeffgen/Böse*, StGB, § 226, Rn. 35; SK/*Wolters*, StGB, § 226, Rn. 17; LK/*Grünewald*, StGB, § 226, Rn. 26; *Jäger*, JuS 2000, S. 31 ff., 38.

337 Siehe etwa Schönke/Schröder/*Sternberg-Lieben*, StGB, § 226, Rn. 7.

338 BGH NStZ 2018, 102 (103); NK/*Paeffgen/Böse*, StGB, § 226, Rn. 32; *Fischer*, StGB, § 226, Rn. 10; LK/*Grünewald*, StGB, § 226, Rn. 23; *Knauer, F.*, Der Schutz der Psyche im StrafR, S. 48.

Persönlichkeit, migräneartigen Kopfschmerzen, Tinnitus, Veränderung des Geruchssinns, Taubheitsgefühl in Fingern und Oberschenkel geführt hat, wodurch die Arbeitsfähigkeit des Tatopfers um mehr als 50 % beeinträchtigt wurde.[339]

6. Zwischenergebnis

Die vorstehende Analyse hat aufgezeigt, dass die psychische Gesundheit unmittelbaren Schutz innerhalb des StGB genießt. Die erhebliche Schädigung der psychischen Entwicklung ist in §§ 171, 176a Abs. 2 Nr. 3 Var. 3, 225 Abs. 3 Nr. 2, 235 Abs. 4 Nr. 1 Var. 4, 236 Abs. 4 Nr. 2 StGB strafbewehrt. Insbesondere in diesem Zusammenhang ist hervorzuheben, dass vorliegend vertreten wird, dass in Abwendung von einem bloßen Moral- und Gefühlsschutz nur solche Fehlentwicklungen erfasst sind, welche sich anhand medizinisch-psychologischer Kriterien messen lassen. Auch im Rahmen von Tötungsdelikten wird die psychische Gesundheit des Opfers innerhalb des Mordes durch Grausamkeit gemäß § 211 Abs. 2 Gr. 2 Var. 2 StGB berücksichtigt. Ein grausamer Mord ist anzunehmen, sofern die Tötung mit seelischen Schmerzen bzw. Qualen für das Tatopfer verbunden ist. Zudem werden innerhalb der schweren Gesundheitsschädigung neben körperlichen Schädigungen ebenfalls psychische Beeinträchtigungen des Opfers umfasst. Sofern das Tatopfer unnötigen und länger andauernden oder wiederholenden seelischen Leidens ausgesetzt ist, kommt eine Strafbarkeit im Anwendungsbereich der § 225 Abs. 1 Var. 1 StGB oder § 343 Abs. 1 Var. 4 StGB in Betracht. Eine nicht unerhebliche und nicht nur vorübergehende psychische Gesundheitsschädigung des Tatopfers mit Krankheitswert wird durch das Verfallen in eine geistige Krankheit gemäß § 226 StGB umfasst.

Die Darstellung zeigt auf, dass der Schutz der psychischen Gesundheit jedoch stets an spezifische Tatumstände geknüpft ist. So wird etwa in § 226 Abs. 1 Nr. 3 StGB oder auch im Zuge der schweren Gesundheitsschädigung ein bestimmtes Gewicht der psychischen Beeinträchtigung, innerhalb des Schutzes der erheblichen Schädigung der psychischen Entwicklung sowie im Rahmen des Quälens gemäß § 225 Abs. 1 Var. 1, 343 Abs. 1 Var. 4 StGB ein bestimmter Täter- oder Opferkreis oder etwa hinsichtlich der Strafbarkeit wegen eines grausamen Mordes gemäß § 211 Abs. 2 Gr. 2 Var. 2 StGB spezifische Tatumstände einer Tötung vorausgesetzt. Dadurch wird deutlich, dass die psychische Gesundheit des Einzelnen im geltenden Verständnis nicht in umfassender Weise geschützt wird. Vielmehr gibt es nach geltender Auslegung der Rechtsprechung sowie der herrschenden Literatur keinen unmittelbaren Schutz vor psychischen Schädigungen abseits der dargestellten spezifischen Tatumstände. Somit wäre ein Tatopfer, welches durch eine Handlung des Täters eine psychische Beeinträchtigungen oder sogar eine psychische Krankheit erleidet, womöglich lediglich unter den besonderen Voraussetzungen, insbesondere nur bei Erreichen des vorausgesetzten Schweregrades durch die Schwere Körperverletzung gemäß § 226 Abs. 1 Nr. 3 StGB oder den jeweiligen Tatbeständen, welche eine schwere Gesundheitsschädigung als Taterfolg umfassen, geschützt. Ein unmittelbarer Schutz psychischer Beeinträchtigungen unterhalb dieser Erfordernisse abseits spezifischer Tatumstände kann in Anwendung der vorherrschenden Auslegung nicht angenommen werden.

---

[339] BGH NStZ 2018, 102 (102 f.).

II. Mittelbarer Schutz

Aus diesem Grund ist fraglich, ob ein umfassender *mittelbarer* Schutz der psychischen Gesundheit des Tatopfers durch das StGB besteht. Unter einem mittelbaren Schutz der psychischen Gesundheit des Tatopfers werden im Folgenden die mittelbaren Auswirkungen der Tat auf die psychische Gesundheit des Tatopfers sowohl auf Tatbestands- wie auch auf Strafzumessungsebene jenseits der Regelbeispiele gefasst. Für die vorliegende Problematik ist insbesondere der Umstand der verschuldeten Auswirkungen der Tat nach § 46 Abs. 2 S. 2 Nr. 4 Var. 2 StGB von Bedeutung. Aufgrund des Doppelverwertungsverbots gemäß § 46 Abs. 3 StGB können jedoch nicht jegliche Auswirkungen der Tat in der Strafzumessung nach § 46 Abs. 2 StGB berücksichtigt werden. Das Doppelverwertungsverbot verbietet es, bei der Strafzumessung erneut diejenigen Umstände strafschärfend oder strafmildernd zu berücksichtigen, welche bereits Merkmale des gesetzlichen Tatbestandes sind, da die reine Erfüllung des Tatbestandes kein strafschärfender Umstand ist.[340] Dazu zählen auch typische Tat- oder regelmäßige Begleitumstände (Regeltatbild)[341] oder auch die gesetzgeberische Intention zur Schaffung der jeweiligen Norm[342]. Nach der Rechtsprechung[343] sowie herrschenden Literatur sind unter den verschuldeten Auswirkungen der Tat nur solche Auswirkungen berücksichtigungsfähig, die in den Schutzbereich der strafrechtlichen Norm fallen.[344] Sofern psychische Beeinträchtigungen vom Tatbestand erfasst sind, darf die *Schwere* der Auswirkung im Rahmen des § 46 Abs. 2 StGB berücksichtigt werden. In diesem Zusammenhang darf aufgrund des Doppelverwertungsverbots nach § 46 Abs. 3 StGB nicht der bloße Eintritt einer psychischen Beeinträchtigung strafschärfend erfasst werden, sondern lediglich das Ausmaß der jeweiligen Rechtsgutverletzung. Sofern psychische Beeinträchtigungen seitens des Tatbestandes nicht erfasst sind, kann der *Eintritt* einer psychischen Beeinträchtigung beim Tatopfer gemäß § 46 Abs. 2 StGB herangezogen werden.[345]

1. Somatische Auswirkung psychischer Schädigungen des Opfers

Innerhalb der Körperverletzung in Form der Gesundheitsschädigung gemäß §§ 223 Abs. 1 Var. 2, 229 StGB sind nach der Rechtsprechung sowie der herrschenden Literatur nur solche psychischen Beeinträchtigungen des Tatopfers erfasst, welche sich in einem

[340] Schönke/Schröder/*Kinzig*, StGB, § 46, Rn. 45; MüKo/*Maier*, StGB, § 46, Rn. 530.

[341] MüKo/*Maier*, StGB, § 46, Rn. 536 f.; Schönke/Schröder/*Kinzig*, StGB, § 46, Rn. 45c m.w.N.

[342] MüKo/*Maier*, StGB, § 46, Rn. 538; Schönke/Schröder/*Kinzig*, StGB, § 46, Rn. 46 m.w.N.

[343] Diesbezüglich entscheidet der BGH jedoch uneinheitlich, siehe etwa bei *Steinberg*, Strafe für das Versetzen in Todesangst, S. 16.

[344] *Schäfer*/*Sander*/*van Gemmeren*, Praxis der Strafzumessung, Rn. 600 m.w.N.

[345] Siehe zu § 46 StGB insbesondere im Rahmen psychischer Beeinträchtigungen auch eingehend *Steinberg*, Strafe für das Versetzen in Todesangst, S. 15–19; *Bloy*, in FS-Eser, S. 233 ff., 255.

somatisch objektivierbaren pathologischen Zustand äußern,[346] wobei psycho-vegetative – also nervliche – Störungen ausreichen[347]. Dementsprechend wurde bereits durch das RG eine Gesundheitsschädigung angenommen, sofern das Tatopfer nach dem Aufschrecken aus einer Hypnose, während derer sich der Täter an dem Opfer sexuell erregt hat, „völlig verändert, völlig gebrochen gewesen sei, ohne ersichtlichen Grund Kopfschmerzen und Weinkrämpfe gehabt und an Schlaflosigkeit und tiefer seelischer Niedergeschlagenheit gelitten habe, dass [...] [sein] ganzes Wesen gedrückt, [...] [seine] Spannkraft, Arbeitsfreudigkeit und Arbeitsfähigkeit für lange Zeit eingeschränkt gewesen sei, [...] [es] auch eine beträchtliche Menge Haupthaar verloren habe“[348]. Auch die gegenwärtige Rechtsprechung nimmt eine Gesundheitsschädigung des Opfers beispielsweise an, sofern die vorgespiegelte Schreckensnachricht des Täters, dass der vermisste Ehemann bzw. Sohn der Tatopfer zu Tode gekommen sei, ein Tatopfer „derart aufgeregt [hat], dass [...] [es] einen Nervenzusammenbruch und einen Herzanfall erlitten habe“[349] und das andere Tatopfer „keine innere Ruhe mehr gehabt [...] [hat und] wegen Leberleidens im Krankenhaus gelegen [habe]“[350]. Auch wird als Gesundheitsschädigung gewertet, dass das Opfer aufgrund von Ruhestörungen in Form einer Lärmstörung durch das Betreiben eines Radiogerätes mit überlauter Empfangsstärke durch den Täter „Schlafstörungen, Herz- [...] [und] Magenbeschwerden“[351] erlitten hat. Zudem wurde eine Gesundheitsschädigung angenommen, sofern der Täter telefonische sexuelle Handlungen unter Vortäuschung einer Entführung eines Familienmitgliedes sowie geplanter Vergewaltigung dessen im Falle der Nichtfügung erzwungen hat, wodurch „die Opfer ‚am ganzen Körper zitterten und einem Nervenzusammenbruch nahe waren’ und/oder ‚als Asthmatikerin Atemnot’ erlitten, ‚nächtelang nicht schlafen konnten’, ‚Angstzustände hatten’ [...], ‚Albträume hatten’ oder einen 20 minütigen Weinkrampf erlitten“[352]. Ebenfalls wird als Gesundheitsschädigung gewertet, wenn das Opfer eines nicht einverständlichen Geschlechtsverkehres dermaßen in Schrecken oder Angst versetzt wurde, dass dieses „in bestimmten Situationen am ganzen Körper zu zittern begann und unter Albträumen litt, in denen [...] [es] um sich schlug und nass geschwitzt aufwachte“[353]. Außerdem soll ausreichen, dass das Tatopfer angesichts des Empfindens von Ekel anlässlich des Bespritzens mit vorher abgefüllten Sperma durch den Täter

---

346 Siehe etwa BGH JR 2020, 134 (135); BGH NStZ 2015, 269 (269); BGH NJW 2013, 3383 (3383); BGHSt 48, 34 (37) = NStZ 2003, 149 (150); BGH NStZ 1997, 123 (123); BGHSt 41, 285 (nicht abgedruckt) = NJW 1996, 1068 (1069); BGH NStZ 1986, 166 (166); OLG Düsseldorf NJW 2002, 2118 (2118); so auch bereits etwa RGSt 64, 113 (119); LK/*Grünewald*, StGB, § 223, Rn. 12; NK/*Paeffgen*/*Böse*, StGB, § 223, Rn. 3; SK/*Wolters*, StGB, § 223, Rn. 33; Satzger/Schluckebier/Widmaier/*Momsen-Pflanz*/*Momsen*, StGB, § 223, Rn. 20 f.; BeckOK/*Eschelbach*, StGB, § 223, Rn. 1–3 (Stand: 01.02.2021); siehe dazu auch eingehend *Steinberg*, Strafe für das Versetzen in Todesangst, S. 93–107; *Knauer, F.,* Der Schutz der Psyche im StrafR, S. 52–55, 199–207, 220; *Bloy*, in FS-Eser, S. 233 ff., 234–236.

347 BGHSt 41, 285 (nicht abgedruckt) = NJW 1996, 1068 (1069); BayObLG NJW 2003, 371 (373); OLG Düsseldorf NJW 2002, 2118 (2118); AG Lübeck, Urt. v. 08.06.2011 – 746 Js 13196/11, bei BeckRS 2011, 19102, unter Gründe III. 1.; so ebenfalls etwa bereits RGSt 64, 113 (119).

348 RGSt 64, 113 (119).

349 LG Aachen NJW 1950, 759 (759).

350 LG Aachen NJW 1950, 759 (759).

351 AG Ratingen, DWW 1989, 394 (394).

352 BGHSt 41, 285 (nicht abgedruckt) = NJW 1996, 1068 (1069).

353 BGH NStZ 2007, 218 (218).

„unter massiven Schlafstörungen [...] [leidet und] wiederholt massive Krampanfälle [hat]“[354].

Auf den somatisch verstandenen Gesundheitsbegriff des § 223 Abs. 1 Var. 2 StGB wird im Rahmen anderer Normen Bezug genommen. Dementsprechend wird zur Auslegung des Begriffes der Gesundheitsschädigung in der Kommentarliteratur zur Misshandlung von Schutzbefohlenen nach § 225 Abs. 1 Var. 3 StGB[355], der Schweren Brandstiftung gemäß § 306a Abs. 2 StGB[356] sowie zur Bestimmung der (Gefahr einer) Gesundheitsschädigung einer großen Zahl von Menschen innerhalb der Besonders schweren Brandstiftung gemäß § 306b Abs. 1 Var. 2 StGB[357], des Herbeiführens einer Sprengstoffexplosion gemäß § 308 Abs. 2 Var. 2 StGB[358], des Missbrauchs ionisierender Strahlen nach § 309 Abs. 3 Var. 2 StGB[359], der Fehlerhaften Herstellung einer kerntechnischen Anlage nach § 312 Abs. 3 Var. 2 StGB[360], der Gefährlichen Eingriffe in den Bahn-, Schiffs- und Luftverkehr gemäß § 315 Abs. 3 Nr. 2 Var. 2 StGB[361], des Verbotenen Kraftfahrzeugrennens gemäß § 315d Abs. 5 Var. 2 StGB[362], der Beschädigung wichtiger Anlagen gemäß § 318 Abs. 3 Var. 2 StGB[363], des Besonders schweren Falles einer Umweltstraftat gemäß § 330 Abs. 2 Nr. 1 Var. 2 StGB[364] sowie der Schweren Gefährdung durch Freisetzen von Giften nach § 330a Abs. 1 Var. 2 StGB[365] auf die Auslegung des Begriffes der Gesundheitsschädigung im Rahmen der

---

354 AG Lübeck, Urt. v. 08.06.2011 – 746 Js 13196/11, bei BeckRS 2011, 19102, unter Gründe II.; zur Ablehnung des Tatbestandes der Körperverletzung durch Anspucken des Opfers durch den Täter ohne ausgelösten Brechreiz siehe OLG Zweibrücken NJW 1991, 240 (241).

355 Mit Verweis auf die Auslegung in der Kommentarliteratur zu § 223 StGB: Schönke/Schröder/*Sternberg-Lieben*, StGB, § 225, Rn. 14; Kühl/Heger/*Kühl*, StGB, § 225, Rn. 6; NK/*Paeffgen*/*Böse*, StGB, § 225, Rn. 17.

356 Mit Verweis auf die Auslegung in der Kommentarliteratur zu § 223 StGB: Schönke/Schröder/*Heine*/*Bosch*, StGB, § 306a, Rn. 19; MüKo/*Radtke*, StGB, § 306a, Rn. 49; Kühl/Heger/*ders.*, StGB, § 306a, Rn. 7.

357 Mit Verweis auf die Auslegung in der Kommentarliteratur zu § 223 StGB: Schönke/Schröder/*Heine*/*Bosch*, StGB, § 306b, Rn. 4; BeckOK/*Heintschel-Heinegg*, StGB, § 306b, Rn. 8 (Stand: 01.02.2021).

358 Mit Verweis auf die Auslegung in der Kommentarliteratur zu § 306b StGB: Schönke/Schröder/*Heine*/*Bosch*, StGB, § 308, Rn. 10a; Kühl/Heger/*ders.*, StGB, § 308, Rn. 5.

359 Mit Verweis auf die Auslegung in der Kommentarliteratur zu §§ 223, 308 StGB: Schönke/Schröder/*Heine*/*Bosch*, StGB, § 309, Rn. 8a; Kühl/Heger/*ders.*, StGB, § 309, Rn. 6.

360 Mit Verweis auf die Auslegung in der Kommentarliteratur zu §§ 306b, 308, 309 StGB: Kühl/Heger/*ders.*, StGB, § 312, Rn. 6; NK/*Kargl*, StGB, § 312, Rn. 12; Schönke/Schröder/*Heine*/*Bosch*, StGB, § 312, Rn. 13a.

361 Mit Verweis auf die Auslegung in der Kommentarliteratur zu §§ 223, 330 StGB: NK/*Zieschang*, StGB, § 315, Rn. 67; Schönke/Schröder/*Hecker*, StGB, § 315, Rn. 22.

362 Mit Verweis auf die Auslegung in der Kommentarliteratur zu § 330 StGB: Schönke/Schröder/*Hecker*, StGB, § 315d, Rn. 14; Kühl/Heger/*ders.*, StGB, § 315d, Rn. 9.

363 Mit Verweis auf die Auslegung in der Kommentarliteratur zu §§ 315, 330 StGB: Schönke/Schröder/*Hecker*, StGB, § 318, Rn. 9; NK/*Zieschang*, StGB, § 318, Rn. 19.

364 Mit Verweis auf die Auslegung in der Kommentarliteratur zu § 223 StGB: Schönke/Schröder/*Heine*/*Schittenhelm*, StGB, § 330, Rn. 9a; Kühl/Heger/*ders.*, StGB, § 330, Rn. 6.

365 Mit Verweis auf die Auslegung in der Kommentarliteratur zu § 330 StGB: Schönke/Schröder/*Heine*/*Schittenhelm*, StGB, § 330a, Rn. 7; Kühl/Heger/*ders.*, StGB, § 330a, Rn. 4.

Körperverletzung nach § 223 Abs. 1 Var. 2 StGB verwiesen. Rechtsprechung zu diesen Normen in Form von psychischen Schädigungen des Tatopfers mit somatischen Auswirkungen besteht nicht.

Die Rechtsprechung zu den Todeserfolgsqualifikationen, welche auf einer Gesundheitsschädigung des Opfers beruhen, zeigt jedoch, dass die Gerichte auf eine psychische Alteration des Opfers als Bindeglied zwischen Grunddelikt und Todeserfolg abstellen. Dabei sind insbesondere die sog. *Flucht-* oder *Verfolgerfälle* von Relevanz, im Rahmen derer das Tatopfer als Reaktion auf einen Angriff des Täters auf ein zentrales Rechtsgut (Leib, Leben, Freiheit) des Opfers eine selbstgefährdende oder sogar selbstschädigende Flucht vornimmt.[366] Die Dogmatik der Rechtsprechung wird vor allem innerhalb der vorliegend relevanten Körperverletzung mit Todesfolge gemäß § 227 StGB deutlich. Diesbezüglich berücksichtigt die Rechtsprechung als Bindeglied zum Todeserfolg explizit die psychische Beeinträchtigung wie etwa Angst oder Panik des Tatopfers. Entscheidend hat der BGH im Rahmen der Körperverletzung mit Todesfolge etwa darauf abgestellt, dass das Tatopfer aufgrund einer anhaltenden Gewalttätigkeit „in Panik geriet und – unter Verlust der [...] [Selbstkontrolle] nicht mehr eigenverantwortlich handelnd – aus dem Fenster zu Tode stürzte“[367], das Opfer einer potentiellen gewalttätigen Auseinandersetzung mit dem Täter aufgrund der „Todesangst“[368] sowie des Verlangens „von den Bewohnern Beistand zu erlangen, [...] keine andere Möglichkeit [gesehen hat], als die Glastür einzutreten und in das Treppenhaus einzusteigen, wobei [...] [es] sich die tödlichen Verletzungen zuzog“[369], das Opfer als Reaktion auf einen Messerstich durch den Täter in den Rücken „um [...] [sein] Leben fürchten musste, in Panik geriet und bei riskanten Fluchtversuchen zu Todes kommt“[370] oder ein potentielles Opfer einer Körperverletzung aufgrund einer *„panische[n] Flucht“*[371] vor einer bevorstehenden Gewalttätigkeit durch den Täter durch einen Sturz zu Tode gekommen ist. Dadurch wird deutlich, dass in der Rechtsprechung die psychische Beeinträchtigung des Tatopfers – sei es auch lediglich in Form von Gefühlsbeeinträchtigungen – für den Zusammenhang zwischen (versuchter) Körperverletzung und Todeserfolg relevant ist.

366 Dazu auch eingehend *Steinberg*, Strafe für das Versetzen in Todesangst, S. 112–117; siehe zu den sog. Flucht- bzw. Verfolgerfällen eingehend etwa NK/*Paeffgen*, StGB, § 18, Rn. 67–76; LK/*Grünewald*, StGB, § 227, Rn. 16; die eingehende Auseinandersetzung von *Strasser*, Die Zurechnung von Retter-, Flucht- und Verfolgerverhalten im StrafR; *Steinberg*, JuS 2017, S. 1061 ff., 1066; *Scheffler*, JuS 1992, 920–923; *Stuckenberg*, in FS-Puppe, S. 1039 ff., 1045–1058.

367 BGH NJW 1992, 1708 (1709).

368 BGHSt 48, 34 (nicht abgedruckt) = NJW 2003, 150 (154).

369 BGHSt 48, 34 (nicht abgedruckt) = NJW 2003, 150 (154).

370 BGH NStZ 2008, 278 (278).

371 BGH NStZ-RR 2019, 378 (379) (Hervorhebungen dort).

2. Durch Kundgabe der Missachtung des Opfers

Nach der Rechtsprechung sowie der herrschenden Literatur ist die Ehre das geschützte Rechtsgut der Beleidigungsdelikte gemäß §§ 185 ff. StGB.[372] In der Literatur wird teilweise vertreten, dass unter dem Ehrbegriff i.S.d. §§ 185 ff. StGB ebenfalls die psychische Integrität zu fassen ist. Demgemäß wird das Ehrgefühl etwa durch *Bloy* mit dem Selbstwertgefühl des Einzelnen gleichgesetzt.[373] Nach *Tettinger* sind Ehrverletzungen „seelische Folter"[374]. *Forkel* hebt hervor, dass die Opfer dermaßen unter Ehrverletzungen leiden können, dass „mancher [...] in Resignation [verfällt], gelegentlich kommt es zum Tod oder zu Selbstmord oder zu aggressiven Ausbrüchen"[375], sodass „zumindest auch das begründete, gesunde Ehrgefühl"[376] als Schutzgut der §§ 185 ff. StGB anzuerkennen ist.

Einem Schutz der psychischen Integrität durch die Beleidigungsdelikte nach §§ 185 ff. StGB ist jedoch nicht zuzustimmen.[377] Gegen die Berücksichtigung der psychischen Integrität als geschütztes Rechtsgut der §§ 185 ff. StGB spricht zunächst, dass die Deliktsverwirklichung zu keiner Gefühlsbeeinträchtigung seitens des Betroffenen führen muss; es ist unerheblich, wie der Empfänger die Äußerung versteht und inwiefern der Betroffene die Aussage als beleidigend empfindet.[378] So hat beispielsweise das OLG Hamm die lediglich subjektive Empfindung einer Person, ausgelacht zu werden, für die Annahme einer Beleidigung gemäß § 185 StGB als irrelevant bewertet.[379] Darüber hinaus lässt sich anhand der Grundannahme, die psychische Integrität sei geschütztes Rechtsgut der Beleidigungsdelikte, nicht erklären, auf welcher Grundlage auch Institutionen nach herrschender Ansicht durch § 185 StGB geschützt sind.[380] Diesen kann kein Schutz der psychischen Integrität zugesprochen werden, sodass die Ehre ohne einen Bezug zur psychischen Verfassung einer Person tangiert ist. In der Rechtsprechung wird die Verletzung der psychischen Integrität des Betroffenen weitgehend weder auf Tatbestands- noch Strafzumessungsebene berücksichtigt,[381] sodass die §§ 185 ff. StGB innerhalb der Diskussion um den strafrechtlichen Schutz der

---

372 Siehe etwa BGHSt 36, 145 (148) = NJW 1989, 3028 (3028); BGHSt 11, 67 (70 f.) = NJW 1958, 228 (228); OLG Düsseldorf NJW 1998, 3214 (3215); Schönke/Schröder/*Eisele*/*Schittenhelm*, StGB, Vorbemerkungen zu den §§ 185 ff., Rn. 1; Kühl/Heger/*Kühl*, StGB, Vorbemerkungen zu §§ 185 ff., Rn. 1; MüKo/*Regge*/*Pegel*, StGB, Vorbemerkungen zu §§ 185 ff., Rn. 7; siehe dazu auch eingehend *Steinberg*, Strafe für das Versetzen in Todesangst, S. 75–77; *Knauer, F.*, Der Schutz der Psyche im StrafR, S. 72 f., 220 f.

373 *Bloy*, in FS-Eser, S. 233 ff., 239; auch *Wolfslast*, Psychotherapie in den Grenzen des Rechts, insbesondere S. 33 versteht die Ehre als Teil der Psyche.

374 *Tettinger*, Die Ehre – ein ungeschütztes Verfassungsgut?, S. 42.

375 *Forkel*, in FS-Krause, S. 297 ff., 307.

376 *Forkel*, in FS-Krause, S. 297 ff., 307.

377 So auch etwa Kühl/Heger/*Kühl*, StGB, Vorbemerkungen zu § 185, Rn. 1; *Steinberg*, Strafe für das Versetzen in Todesangst, S. 77.

378 Siehe etwa OLG Hamm NStZ-RR 2007, 140 (140); Schönke/Schröder/*Eisele*/*Schittenhelm*, StGB, § 185, Rn. 16; MüKo/*Regge*/*Pegel*, StGB, § 185, Rn. 10.

379 OLG Hamm NStZ 2011, 42 (44).

380 Siehe dazu Schönke/Schröder/*Eisele*/*Schittenhelm*, StGB, Vorbemerkungen zu den §§ 185 ff., Rn. 3.

381 Siehe dazu auch eingehend *Steinberg*, Strafe für das Versetzen in Todesangst, S. 76 f.; *Nisco*, ZIS 2021, 1 ff., 2.

psychischen Gesundheit des Opfers überzeugend als „fernliegende Delikte“[382] ausgeschlossen werden können.

3. Durch Irrtumserregung des Opfers

Aufgrund der Beeinflussung der Willensbildung des Opfers durch den Täter wird innerhalb des Betrugstatbestandes gemäß § 263 StGB teilweise ebenfalls die psychische Integrität als geschütztes Rechtsgut anerkannt.[383] So sieht etwa *Bloy* in einer Beeinträchtigung der Freiheit der Willensbildung einer der „gravierendsten Eingriffe[...]“[384] in die psychische Verfassung des Einzelnen. Auch in der Rechtsprechung findet sich die Berücksichtigung der vom Täter beabsichtigten psychischen Folgen des Tatopfers auf Tatbestandsebene wieder. Dementsprechend wurde durch die Rechtsprechung teilweise eine Strafbarkeit wegen Betruges gemäß § 263 StGB unter Bejahung insbesondere der Bereicherungsabsicht des Täters angenommen, sofern dieser Bestellungen unter fremden Namen vorgenommen hat und dadurch Unannehmlichkeiten bei den Tatopfern auslösen wollte.[385] Der Schutz der psychischen Gesundheit durch den Tatbestand des Betruges gemäß § 263 StGB ist jedoch abzulehnen, sodass vielmehr lediglich das Vermögen des Tatopfers geschützt wird und nicht die Täuschung als solche, da ausschließlich die *vermögensschädigende* Täuschung strafbar ist.[386]

Die psychische Integrität des Tatopfers wird innerhalb des § 263 StGB jedoch auf Strafzumessungsebene einbezogen. Diesbezüglich hat der BGH etwa die „psychischen Beeinträchtigungen der Tatopfer (Enttäuschung, Zweifel, Sorge um die Auswirkungen der Tat auf das Vermögen)“[387] im Falle eines Heiratsschwindels auf Strafzumessungsebene gemäß § 46 Abs. 2 StGB berücksichtigt.

4. Durch Nötigung des Opfers

Im Rahmen der Nötigung nach § 240 StGB wird vom gesetzlichen Wortlaut ausgehend die Freiheit vor aufgedrängtem und erzwungenem Verhalten geschützt, wobei nach der Rechtsprechung sowie der herrschenden Literatur der Schutz sowohl der Willensbildungs- als auch der Willensbetätigungsfreiheit umfasst ist.[388] In der Literatur wird etwa von *Bloy* vertreten, dass zudem die psychische Integrität durch die Nötigung gemäß § 240 StGB geschützt wird, da der Wille sowie die Bildung dessen

---

382 *Steinberg*, Strafe für das Versetzen in Todesangst, S. 77.

383 Siehe dazu auch eingehend *Knauer, F.*, Der Schutz der Psyche im StrafR, S. 77 f., 224.

384 *Bloy*, in FS-Eser, S. 233 ff., 238.

385 BayObLG JZ 1972, 25 (25 f.); LG Kiel, Urt. v. 03.03.2006 – V Ns 18/06, bei BeckRS 2007, 7921, unter Gründe.

386 So auch der Gesetzgeber etwa in BT-Drs. 18/8831, S. 1; BGH NStZ 2001, 41 (42); BGH NStZ-RR 2000, 331 (331); BGH StV 1995, 254 (254); BGHSt 16, 367 (372) = NJW 1962, 312 (313); BGHSt 16, 220 (221) = NJW 1961, 1876 (1876); BayObLG NStZ 2004, 503 (503) jeweils m.w.N.; BeckOK/*Beukelmann*, StGB, § 263, Rn. 1 (Stand: 01.11.2020); Schönke/Schröder/*Perron*, StGB, § 263, Rn. 1; NK/*Kindhäuser*, StGB, § 263, Rn. 10; Kühl/Heger/*Kühl*, StGB, § 263, Rn. 2.

387 BGH NStZ 2002, 645 (645).

388 BGH NStZ 2004, 385 (386); BGH NJW 1991, 2300 (2301); BayObLG NJW 1993, 212; Schönke/Schröder/*Eisele*, StGB, § 240, Rn. 1; Kühl/Heger/*ders.*, StGB, § 240, Rn. 1; SK/*Wolters*, StGB, § 240, Rn. 2 f.; siehe dazu auch eingehend *Steinberg*, Strafe für das Versetzen in Todesangst, S. 51 f.; *Knauer, F.*, Der Schutz der Psyche im StrafR, S. 64, 213.

Hauptelemente der psychischen Existenz des Menschen bilden.[389] Gegen eine solche Ansicht wird jedoch überzeugend eingewendet, dass diesbezüglich ein zu weit verstandener Begriff der psychischen Verfassung vertreten wird, da die Handlung einer Person aufgrund eines – wenngleich auch erzwungenen – Reiz-Reaktions-Musters nicht in die psychische Integrität, sondern vielmehr lediglich in die Entscheidungsfreiheit des Einzelnen eingreift.[390] Zudem ist der Tatbestand der Nötigung ein zweiaktiges Delikt, welches neben der Anwendung des jeweiligen Nötigungsmittels ebenfalls ein abgenötigtes Verhalten in Form einer Handlung, Duldung oder Unterlassung erfordert. Dass die Verhaltensmodalität des Tatopfers auf einer empfundenen Zwangslage beruht, ist lediglich Mittel zum Zweck und ein nicht strafbares Durchgangsstadium.[391] Die bloße Einflussnahme des Täters, etwa durch Bereiten von Furcht oder Schrecken[392] oder die Hinnahme des Nötigungsmittels durch das Tatopfer[393], reichen nicht aus. Demgemäß schützt die Nötigung nach § 240 StGB nicht die psychische Gesundheit.[394] Auch in der Rechtsprechung findet sich weder auf Tatbestandsebene noch im Rahmen der Strafzumessung gemäß § 46 Abs. 2 StGB keine Berücksichtigung psychischer Beeinträchtigungen des Tatopfers durch Nötigung wieder.

5. Durch Bedrohung des Opfers

Nach dem Willen des Gesetzgebers, der Rechtsprechung sowie der herrschenden Literatur ist das Schutzgut der Bedrohung gemäß § 241 StGB der subjektive Rechtsfrieden des Einzelnen, da eine Bedrohung dessen zu einer Gefährdung der Handlungsfreiheit führen kann.[395] Geschützt ist das Gefühl des Betroffenen in die Rechtssicherheit und das Vertrauen in dessen Fortbestand.[396] *Forkel* hebt hervor, dass „sich die Norm dagegen [wendet], dass der Täter den Betroffenen beunruhigt, ihm Angst einjagt oder ihn in Schrecken versetzt“[397]. Die Handlung des Täters muss den Rechtsfrieden des Bedrohten jedoch nicht stören, sondern es reicht bereits eine nach objektiven Umständen allgemein zur Zerstörung des individuellen Rechtsfriedens *geeignete* Handlung zur Erfüllung der Bedrohung aus.[398] Auf die Einführung einer

389 *Bloy*, in FS-Eser, S. 233 ff., 238.

390 *Steinberg*, Strafe für das Versetzen in Todesangst, S. 51 f.

391 Schönke/Schröder/*Eisele*, StGB, § 240, Rn. 12.

392 *Meyer*, ZStW 115 (2003), S. 249 ff., 263.

393 BGH, Beschl. v. 05.07.2017 – 4 StR 228/17, bei BeckRS 2017, 118934, unter Gründe Rn. 12; BGH NStZ-RR 2006, 77 (77).

394 So ebenfalls *Steinberg*, Strafe für das Versetzen in Todesangst, S. 51 f.; *Knauer, F.*, Der Schutz der Psyche im StrafR, S. 153, 213.

395 BT-Drs. 19/17741, S. 37; BT-Drs. 7/3030, S. 9; BGH NStZ 2015, 394 (395); AG Saalfeld NStZ-RR 2004, 264 (264); Kühl/Heger/*ders.*, StGB, § 241, Rn. 1; Schönke/Schröder/*Eisele*, StGB, § 241, Rn. 2; MüKo/*Sinn*, StGB, § 241, Rn. 2; NK/*Toepel*, StGB, § 241, Rn. 4; siehe dazu auch eingehend *Steinberg*, Strafe für das Versetzen in Todesangst, S. 52–55; *Knauer, F.*, Der Schutz der Psyche im StrafR, S. 62, 211 f.; *Bloy*, in FS-Eser, S. 233 ff., 243–246.

396 AG Saalfeld NStZ-RR 2004, 264 (264); Kühl/Heger/*ders.*, StGB, § 241, Rn. 1; NK/*Toepel*, StGB, § 241, Rn. 4; Schönke/Schröder/*Eisele*, StGB, § 241, Rn. 2.

397 *Forkel*, in FS-Krause, S. 297 ff., 308.

398 BT-Drs. 7/3030, S. 9; BGH NStZ 2015, 394 (395); BayObLG NJW 2003, 911 (912); AG Saalfeld NStZ-RR 2004, 264 (264); Schönke/Schröder/*Eisele*, StGB, § 241, Rn. 2; NK/*Toepel*, StGB, § 241, Rn. 5; MüKo/*Sinn*, StGB, § 241, Rn. 2.

Eignungsklausel im Gesetzestext wurde nach Ausführungen des Gesetzgebers lediglich aufgrund gesicherter Rechtsprechung zu § 241 StGB a.F. verzichtet.[399]
Innerhalb der Rechtsprechung finden sich kaum Fallgestaltungen, im Zuge derer psychische Folgen einer Bedrohung in der Strafzumessung berücksichtigt werden. Dies kann jedoch zutreffend damit begründet werden, dass in derartigen Fällen zumeist gewichtigere Tatbestände wie die §§ 174 ff., 223 ff., 238, 249 ff. StGB erfüllt sind und die psychische Beeinträchtigungen des Tatopfers dort berücksichtigt werden.[400]

Auch im Rahmen der Eigentumsdelikte finden sich Bedrohungssituationen in Ausprägung des Raubes nach § 249 StGB, des Schweren Raubes nach § 250 StGB, des Räuberischen Diebstahls nach § 252 StGB sowie der Räuberischen Erpressung gemäß § 255 StGB wieder.[401] Nach herrschender Kommentarliteratur ist das Rechtsgut des Raubes gemäß §§ 249 ff. StGB das Eigentum sowie die persönliche Freiheit,[402] welche – wie bereits innerhalb der Nötigung gemäß § 240 StGB analysiert[403] – nicht den Schutz der psychischen Integrität impliziert. Hingegen gewinnt die psychische Integrität auf Strafzumessungsebene der §§ 249, 250, 255 StGB an Bedeutung.[404] Der BGH hat eine strafschärfende Berücksichtigung der Angst des Tatopfers aufgrund der scheinbar lebensgefährlichen Situation infolge der Bedrohung mit einer Scheinwaffe innerhalb eines Überfalles regelmäßig abgelehnt, da eine solche Lage „es in der Regel überhaupt erst [rechtfertigt], einen Raub bei der Verwendung einer Scheinwaffe als schwer einzustufen“[405]. Eine Strafschärfung kann jedoch nach der Rechtsprechung angenommen werden, sofern *mehrere* Tatopfer durch einen Überfall mit einer Scheinwaffe in Angst und Schrecken versetzt werden.[406] Auch eine Maskierung des Täters kann nach der Rechtsprechung als strafschärfender Umstand angesehen werden, da „die Konfrontation mit einem maskierten Gewalttäter gerade wegen der Maskierung zu besonderen psychischen Schäden beim Opfer [führen kann]“[407]. Zudem berücksichtigt die Rechtsprechung die psychische Alteration des Tatopfers innerhalb des Zusammenhanges bei einem Raub mit Todesfolge gemäß § 251 StGB. Diesbezüglich hat etwa das OLG Nürnberg explizit darauf abgestellt, dass das Tatopfer des § 251 StGB aufgrund der „Aufregung“[408], welche mit einem Überfall verbunden war, eine

---

399 BT-Drs. 7/3030, S. 9; siehe dazu auch Schönke/Schröder/*Eisele*, StGB, § 241, Rn. 2.

400 So *Steinberg*, Strafe für das Versetzen in Todesangst, S. 55.

401 Siehe dazu auch eingehend *Steinberg*, Strafe für das Versetzen in Todesangst, S. 55–59.

402 NK/*Kindhäuser*, StGB, § 249, Rn. 1 m.w.N.; MüKo/*Sander*, StGB, § 249, Rn. 2 sieht darüber hinaus ebenfalls den Gewahrsam als geschütztes Rechtsgut an.

403 Siehe unter 3. Teil: II 4.

404 Siehe dazu ebenfalls *Steinberg*, Strafe für das Versetzen in Todesangst, S. 56–59.

405 BGH StV 1986, 342 (342); siehe auch etwa BGH StV 1999, 597 (597); BGH NStZ 1998, 404 (405); BGH StV 1996, 206 (206); BGH StV 1993, 241 (241); BGH GA 1990, 316 (316); BGH, BGHR StGB § 250 Abs. 2 Wertungsfehler 2 (Gründe); BGH StV 1986, 19 (19); dagegen jedoch strafschärfend berücksichtigt in BGH NStZ-RR 2019, 311 (313); BGH, Urt. v. 26.05.1993- 3 StR 119/93, bei BeckRS 1993, 31079786; LG Kiel, Urt. v. 18.05.2010 – KLs 24/08, bei BeckRS 2011, 22956, unter Gründe V. 2.

406 BGH NJW 1990, 2570 (2570); so auch etwa BGH NJW 2003, 76 (77); BGH NStZ 1998, 404 (405); BGH MDR 1992, 932 (932).

407 BGH NStZ 1998, 188 (188).

408 OLG Nürnberg NStZ 1986, 556.

tödliche Herzattacke erlitten hat.[409]

Eine Bedrohungssituation des Tatopfers ist ebenfalls innerhalb des erpresserischen Menschenraubes nach § 239a StGB und der Geiselnahme gemäß § 239b StGB gegeben.[410] In der Kommentarliteratur wird weitgehend vertreten, dass die geschützten Rechtsgüter der §§ 239a, b StGB die Freiheit und die Unversehrtheit des Entführungsopfers sowie die Freiheit und das Vermögen des Erpressungsopfers darstellen.[411] Teilweise wird darüber hinaus auf den Schutz der seelischen Unversehrtheit des Tatopfers abgestellt.[412] Auch der Gesetzgeber bezeichnet in der Gesetzesbegründung zum Vorgänger des heutigen § 239a StGB, der Kindesentführung nach § 239a StGB a.F., das Geschäft mit der Angst der Eltern, übertragen auf den heutigen Tatbestand der Sorge des Dritten, als spezifisches Unrecht.[413] Zudem sei die hohe Strafandrohung u.a. aufgrund der Verwerflichkeit gerechtfertigt, dass die persönlichen Gefühle des Erpressungsopfers für das Entführungsopfer ausgenutzt werden.[414] Jedoch muss die Sorge um das Wohl der entführten Person lediglich nach der *Vorstellung* des Täters ausgenutzt werden, sodass ein tatsächliches Sorgen oder die Furcht vor der Verwirklichung der Drohung nicht erforderlich ist.[415] Zudem ist es unerheblich, inwiefern das Opfer die Bemächtigungslage erkennt bzw. in der Lage ist, diese zu bemerken.[416] Auch sind dem Dritten vorgespiegelte Entführungen, innerhalb derer keine Gefahr für Rechtsgüter des Entführungsopfers bestehen, trotz identischer Sorge oder Furcht des Dritten nicht unter den Tatbestand des § 239a Abs. 1 StGB zu fassen, sodass lediglich der Tatbestand der Erpressung nach § 253 StGB in Betracht kommt.[417] Ebenso soll § 239a StGB nicht erfüllt sein, wenn der Täter das Entführungsopfer vor Beginn der Erpressung der Dritten tötet will, das Erpressungsopfer diesen Umstand allerdings nicht kennt.[418] Jedoch finden sich auch diesbezüglich dieselben Sorgen und psychischen Bedrängnisse seitens der erpressten Person wieder. Der Schutz der psychischen Gesundheit ist innerhalb der §§ 239a, b StGB demnach allenfalls auf einen abstrakten Schutz zu begrenzen.[419] In der Rechtsprechung finden sich bezüglich des Schutzes der psychischen Integrität im

---

409 Siehe dazu auch eingehend etwa NK/*Kindhäuser*, StGB, § 251, Rn. 5 f.; MüKo/*Sander*, StGB, § 251, Rn. 6.

410 Siehe dazu auch eingehend *Steinberg*, Strafe für das Versetzen in Todesangst, S. 59 f.; *Knauer, F.*, Der Schutz der Psyche im StrafR, S. 63 f., 213.

411 Bezüglich § 239a StGB siehe etwa Schönke/Schröder/*Eisele*, StGB, § 239a, Rn. 2; Kühl/Heger/*ders.*, StGB, § 239a, Rn. 1; NK/*Sonnen*, StGB, § 239a, Rn. 11; bezüglich § 239b StGB siehe etwa Schönke/Schröder/*Eisele*, StGB, § 239b, Rn. 1; Kühl/Heger/*ders.*, StGB, § 239b, Rn. 1; NK/*Sonnen*, StGB, § 239b, Rn. 5 f.

412 So etwa BeckOK/*Valerius*, StGB, § 239a, Rn. 1 (Stand: 01.02.2021).

413 BT-Drs. VI/2139, S. 3; siehe dazu ebenfalls *Knauer, F.*, Der Schutz der Psyche im StrafR, S. 213, welcher vertritt, dass lediglich die psychische Integrität des Erpressungsopfers geschützt wird.

414 Schönke/Schröder/*Eisele*, StGB, § 239a, Rn. 15.

415 BGH NStZ-RR 2002, 213 (214); BGH NStZ 1985, 455 (455); Schönke/Schröder/*Eisele*, StGB, § 239a, Rn. 13.

416 BeckOK/*Valerius*, StGB, § 239a, Rn. 3 (Stand: 01.02.2021) m.w.N.

417 BeckOK/*Valerius*, StGB, § 239a, Rn. 5 (Stand: 01.02.2021) m.w.N.

418 MüKo/*Renzikowski*, StGB, § 239a, Rn. 44 m.w.N.

419 So zutreffend *Steinberg*, Strafe für das Versetzen in Todesangst, S. 60.

Rahmen des erpresserischen Menschenraubes nach § 239a StGB und der Geiselnahme gemäß § 239b StGB wenig Ausführungen. Auch im Rahmen der Todeserfolgsqualifikation des § 239a Abs. 3 StGB bzw. §§ 239b Abs. 2 i.V.m. 239a Abs. 3 StGB ist nach herrschender Kommentarliteratur nahezu unumstritten, dass auch selbstschädigende Handlungen des Opfers umfasst werden, sofern etwa waghalsige Fluchtversuche auf der spezifischen Zwangslage beruhen oder das Tatopfer der Belastung der Geiselnahme nicht mehr standhält und Suizid begeht.[420] Dies zeigt auf, dass als wesentliches Bindeglied zwischen Handlung des Täters und Eintritt der Todesfolge auch in den §§ 239a Abs. 3, b Abs. 2 StGB auf die psychische Alteration des Tatopfers abzustellen ist.

6. Durch Einschnitte in die Lebensgestaltung des Opfers

Der Tatbestand der Nachstellung gemäß § 238 StGB a.F. wurde in seiner ursprünglichen Form im Jahr 2007 zur Erreichung eines besseren Opferschutzes sowie zur Schließung von Strafbarkeitslücken im StGB eingeführt.[421] Nach den Ausführungen des Gesetzgebers sind zwar aufgrund des tiefen Eingriffs in den persönlichen Lebensbereich des Opfers diverse seelische Auswirkungen wie Angst oder Unwohlsein bis hin zu Schlaflosigkeit und Depressionen regelmäßige Tatfolgen der Nachstellung.[422] Eine Strafbarkeit nach § 238 StGB a.F. war wegen der Ausgestaltung als Erfolgsdelikt nach der Gesetzesbegründung erst dann anzunehmen, wenn die Tathandlungen zu objektivierbaren Beeinträchtigungen i.S.v. erzwungenen Veränderungen der Lebensumstände geführt haben.[423] Einem Entwurf des § 238 StGB als Eignungsdelikt[424] wurde explizit nicht entsprochen.[425] Innerhalb einiger Urteile wurden psychische Schädigungen jedoch als schwerwiegende Lebensbeeinträchtigung i.S.d. § 238 StGB a.F. berücksichtigt. So hat etwa das AG Löbau angemerkt, dass der Nachstellungstatbestand im Falle von Schlafstörungen des Opfers erfüllt sein kann, sofern diese das „Ergebnis anhaltender psychosomatischer Störungen bei der Geschädigten"[426] darstellen. Auch das AG Augsburg hat Angstzustände des Tatopfers als schwerwiegende Beeinträchtigung der Lebensgestaltung angesichts zahlreicher persönlicher sowie telefonischer Kontaktaufnahmen durch den Täter ausreichen lassen.[427] Zudem hat das LG Heidelberg den Tatbestand des § 238 StGB a.F. als erfüllt angesehen, wenn bei dem Tatopfer infolge vielfältiger persönlicher und telefonischer Kontaktversuche seitens des Täters, Verfolgungen des Tatopfers sowie dem

---

420 Siehe etwa eingehend zu § 239a StGB MüKo/*Renzikowski*, StGB, § 239a, Rn. 71; S/S/*Eisele*, StGB, § 239a, Rn. 30; BeckOK/Valerius, StGB, § 239a, Rn. 20 (Stand: 01.02.2021); zu § 239b StGB etwa MüKo/*Renzikowski*, StGB, § 239b, Rn. 31; BeckOK/*Valerius*, StGB, § 239b, Rn. 9 (Stand: 01.02.2021) mit Verweis auf die Auslegung zu § 239a StGB.

421 BT-Drs. 16/575, S. 1; siehe zu § 238 StGB auch eingehend *Steinberg*, Strafe für das Versetzen in Todesangst, S. 60–71; *Knauer, F.*, Der Schutz der Psyche im StrafR, S. 59–62, 210 f.

422 BT-Drs. 16/575, S. 6.

423 BT-Drs. 16/575, S. 8.

424 Siehe dazu BT-Drs. 16/1030, S. 5.

425 BT-Drs. 16/3641, S. 3.

426 AG Löbau StV 2008, 646 (647), eine solche Strafbarkeit wurde lediglich mangels sachlichen Vorliegens einer schwerwiegenden Beeinträchtigung der Lebensführung des Opfers verneint.

427 AG Augsburg, Urt. v. 17.12.2007 – 2 Ds 407 Js 129019/07, bei BeckRS 2008, 4824, unter Gründe Rn. 6, 17; überzeugend kritisiert durch *Steinberg*, Strafe für das Versetzen in Todesangst, S. 67 aufgrund unzureichender Sachverhaltsermittlungen des Gerichts.

Unterbreiten von Briefen und Geschenken eine „generalisierte Angststörung (ICD-10: F41.1) mit überdauernder nervlicher Anspannung bis hin zu Angstzuständen bei Verlassen der Wohnung, Zittern, erheblichen Schlafstörungen und Konzentrationsmängeln [...] [sowie eine] mittelgradige Einschränkung der Arbeitsfähigkeit"[428] eingetreten ist und dieses Orte meidet, die für das Tatopfer mit dem Beschuldigten verbunden sind, sowie auf den Gebrauch seines Fahrrads verzichtet, welches der Beschuldigte zeitweise an sich genommen hat.[429] Der Strafbarkeit wegen § 238 StGB a.F. hat nach Ansicht des Gerichts nicht entgegengestanden, dass Schutzvorkehrungen wie ein Wohnungswechsel aus finanziellen Gründen nicht realisiert wurden.[430] Das LG Arnsberg hat den § 238 StGB a.F. anlässlich der Beeinträchtigung des Tatopfers infolge wiederholter Anrufe und SMS des Täters bejaht, sein „Haus aus Angst vor dem Angeklagten nur [in] Begleitung Dritter zu verlassen"[431] sowie der Notwendigkeit einer psychotherapeutischen Behandlung.[432] Dagegen hat das OLG Rostock eine Strafbarkeit gemäß § 238 StGB a.F. abgelehnt, sofern das Tatopfer angesichts persönlicher sowie telefonischer Kontaktaufnahmen durch den Täter „in einer Atmosphäre der ständigen Bedrohung gelebt"[433] hat, da auch „gravierende psychische Folgen [...] den Tatbestand des § 238 StGB nicht [erfüllen], solange dadurch nicht deren Lebensgestaltung objektivierbar beeinträchtigt wird"[434]. Zudem hat das OLG Hamm eine Strafbarkeit wegen Nachstellung gemäß § 238 StGB a.F. durch vielfache Kontaktaufnahmen des Täters u.a. durch die Hinterlegung von Briefen oder Verfolgungen mit einhergehenden Drohungen verneint, obwohl „der Geschädigte [...] ‚mit seinen Nerven am Ende' gewesen [ist]"[435]. Dies stellt nach Ansicht des Gerichts lediglich „eine rein subjektive Einschätzung [dar], die nicht weiter objektiviert worden ist"[436]. Auch der BGH hat § 238 StGB a.F. im Falle schwerer psychischer Beeinträchtigungen des Tatopfers wie „Schlafstörungen, Panikattacken, Unruhezustände, Atemnot, schwere Magen-Darm-Probleme, Tinnitus"[437], die Entwicklung einer Essstörung sowie der Einnahme von Anti-Depressiva in akuten Phasen und die Notwendigkeit einer therapeutischen Behandlung aufgrund vielfältiger Kontaktversuche, Verfolgungen sowie dem Unterbreiten von Geschenken durch den

---

428 LG Heidelberg, Urt. v. 06.05.2008 – 2 KLs 22 Js 6935/07, bei BeckRS 2009, 11137, unter Gründe II.

429 LG Heidelberg, Urt. v. 06.05.2008 – 2 KLs 22 Js 6935/07, bei BeckRS 2009, 11137, unter Gründe IV.

430 LG Heidelberg, Urt. v. 06.05.2008 – 2 KLs 22 Js 6935/07, bei BeckRS 2009, 11137, unter Gründe IV.

431 LG Arnsberg, Urt. v. 27.02.2012 – II-6 KLs-294 Js 32/11-17/11, bei BeckRS 2012, 10685, unter Gründe IV.

432 LG Arnsberg, Urt. v. 27.02.2012 – II-6 KLs-294 Js 32/11-17/11, bei BeckRS 2012, 10685, unter Gründe IV.

433 OLG Rostock, Beschl. v. 27.05.2009 – 1 Ss 96-09 I 40/09, bei BeckRS 2009, 19346, unter Gründe II. 1. c. aa.

434 OLG Rostock, Beschl. v. 27.05.2009 – 1 Ss 96-09 I 40/09, bei BeckRS 2009, 19346, unter Gründe II. 1. b.

435 OLG Hamm StRR 2009, 234 (235).

436 OLG Hamm StRR 2009, 234 (235).

437 BGH NStZ-RR 2013, 145 (145).

Täter mangels schwerwiegender Beeinträchtigungen der äußeren Lebensgestaltung als nicht erfüllt angesehen.[438]

Innerhalb der Literatur wurde der Tatbestand des 238 StGB a.F. in Hinblick auf das Erfordernis einer objektiv vorliegenden Beeinträchtigung der Lebensgestaltung stark kritisiert. So hat etwa *Steinberg* zurecht moniert, dass lediglich die Symptome einer psychischen Schädigung – wie etwa ein Wechsel des Wohnortes – durch § 238 StGB a.F. erfasst seien,[439] wobei eine Orientierung an äußeren Umständen „verfehlt und misslich"[440] sei. Auch könne das Tatopfer bestimmen, inwiefern der Taterfolg eintritt oder nicht, da nicht die Nachstellung als solche unter § 238 StGB a.F. falle, sondern vielmehr die Veränderung der Lebensumstände durch das Tatopfer.[441] Diesbezüglich hat *Schöch* ausgeführt, dass der Tatbestand § 238 StGB a.F. in Kontrast zu dem seitens des Gesetzgebers verfolgten Zwecks des Opferschutzes zu Schutzlücken etwa bei besonders standhaften Opfern oder ökonomisch und sozial Benachteiligten führe,[442] weswegen die fehlende Strafbarkeit in diesem Rahmen als „dysfunktionales Ergebnis der Einschränkungsbemühungen des Gesetzgebers"[443] zu bewerten sei. *Seher* hat dazu treffend dargestellt, dass „eine Gestaltung des Taterfolgs, die allein sekundäre Folgereaktionen auf die eigentlichen Beeinträchtigungen durch Stalking berücksichtigt, [...] sowohl das einschlägige psychologische Phänomen als auch einen effektiven Opferschutz [vernachlässigt]"[444]. Vielmehr ist nach seiner Ansicht „eine schwerwiegende *Beeinträchtigung* der Lebensgestaltung [...] nicht erst gegeben, wenn bisherige Handlungsweisen *verändert* werden, sondern bereits dann, wenn die Bewältigung des Alltags durch psychische Belastungen erheblich *erschwert* wird"[445]. Auch *Kinzig* hat das „Freisein vor Furcht"[446] des Tatopfers als das durch einen Nachstellungstatbestand primär zu schützendes Rechtsgut bewertet.

Zur Erreichung eines besseren Opferschutzes wurde die Nachstellung gemäß § 238 StGB a.F. im Jahr 2017 dahingehend geändert, dass das Opfer seine Lebensumstände nicht mehr tatsächlich ändern muss, sondern es vielmehr ausreicht, dass die Handlung des Täters *geeignet* ist, eine solche Reaktion im des Opfers zu bewirken.[447] Dies soll nach Ausführungen des Gesetzgebers zu einem effektiveren Opferschutz führen, da der Schutz durch § 238 StGB bereits vor einer Veränderung der Lebensumstände eingreifen soll.[448] In dem Gesetzesantrag des Freistaats Bayern wird diesbezüglich betont, dass die primäre Folge von Nachstellungshandlungen erheblicher psychischer Druck seitens des

---

438 BGH NStZ-RR 2013, 145 (145 f.).

439 *Steinberg*, Strafe für das Versetzen in Todesangst, S. 63, 128 f.; so auch *Seher*, JZ 2010, S. 582 ff., 583.

440 *Steinberg*, Strafe für das Versetzen in Todesangst, S. 66.

441 *Steinberg*, Strafe für das Versetzen in Todesangst, S. 69; so auch etwa MüKo/*Gericke*, StGB, § 238, Rn. 2; *Mosbacher*, NJW 2017, S. 983 ff., 983.

442 *Schöch*, NStZ 2013, S. 221 ff., 223; so auch Mitsch, NJW 2007, S. 1237 ff., 1240; *Seher*, JZ 2010, S. 582 ff., 583.

443 *Schöch*, NStZ 2013, S. 221 ff., 223.

444 *Seher*, JZ 2010, S. 582 ff., 583.

445 *Seher*, JZ 2010, S. 582 ff., 583 (Hervorhebungen dort).

446 *Kinzig*, ZRP 2006, S. 255 ff., 257.

447 Gesetz zur Verbesserung des Schutzes gegen Nachstellung vom 01.03.2017 (BGBl. I 2017, 386); dazu auch Schönke/Schröder/*Eisele*, StGB, § 238, Rn. 30.

448 BT-Drs. 18/9946, S. 9.

Tatopfers darstelle, der häufig mit psychischen oder körperlichen Beeinträchtigungen verbunden sei, sodass das äußerliche Verhalten des Tatopfers zumeist kein geeignetes Indiz für dessen psychische Belastung sei.[449] Eine strafwürdige Nachstellung des Täters soll nach dem Gesetzgeber jedoch erst dann vorliegen, wenn ein objektivierbarer Anlass für eine Änderung des Verhaltens seitens des Tatopfers besteht.[450] Die Eignung zur Veränderung der Lebensumstände soll dementsprechend gleichbleibend anhand eines objektivierenden Beurteilungsmaßstabs gemessen werden, wobei psychische Folgen des Tatopfers jedoch als Indiz für eine Eignung gelten können.[451] An dieser Stelle wird die seitens der Literatur vorgebrachte Kritik deutlich, dass sich die im Gesetzgebungsverfahren betonte Schutzwürdigkeit des Opfers[452] nicht im Gesetzestext wiederfindet.[453] Innerhalb des § 238 StGB wird parallel zur vorherigen Fassung dem Begriff der „Lebensgestaltung" weiterhin ein objektiver Beurteilungsmaßstab zu Grunde gelegt.[454] Dementsprechend führt *Steinberg* treffend aus, dass „die neue Gesetzesfassung [...] die Ausübung psychischen Drucks (im Sinne einer Tathandlung) sanktionieren [will], ohne sich mit dem im Einzelfall verwirklichten psychischen Schaden (als Tatbestandserfolg) befassen zu müssen"[455]. Die Neufassung sei aufgrund simultaner Auslegung zur vorherigen Fassung nicht zielführend, da die psychische Schädigung des Opfers als solche bereits als schwere Beeinträchtigung der Lebensgestaltung eingestuft werden könne.[456] Auch nach der Ansicht von *Wolters* wurden keine wesentlichen Änderungen im Vergleich zur alten Fassung des § 238 StGB bewirkt, sodass dieser von einer „Fehlleistung der Legislaturperiode"[457] spricht. *Knauer* hingegen schlägt vor, den Tatbestand des § 238 StGB (a.F.) dahingehend zu ändern, dass derjenige strafbar ist, welcher einer Person insoweit nachstellt, als dieser an seiner psychischen Gesundheit geschädigt wird.[458] Aus diesen Gründen ist ebenfalls die Bestimmung des geschützten Rechtsguts des § 238 StGB in der herrschenden Kommentarliteratur umstritten. So wird als geschütztes Rechtsgut der individuelle Lebensbereich,[459] die Handlungs- und Entschlussfreiheit des Opfers hinsichtlich seiner persönlichen Lebensgestaltung[460] oder der Schutz der physischen sowie psychischen Gesundheit[461] angesehen. Rechtsprechung zu den in Diskussion stehenden Fallgestaltungen zu § 238 StGB ist bisher nicht veröffentlicht. Es bleibt abzuwarten, inwiefern die Rechtsprechung den Tatbestand des § 238 StGB dahingehend auslegt, dass in Übereinstimmung mit der Gesetzesbegründung auch psychische Beeinträchtigungen des Opfers Berücksichtigung finden. Innerhalb der Erfolgsqualifikation gemäß § 238

---

449 BR-Drs. 193/14, S. 1.
450 BT-Drs. 18/9946, S. 13.
451 BT-Drs. 18/9946, S. 14.
452 BT-Drs. 18/99446, S. 9.
453 SK/*Wolters*, StGB, § 238, Rn. 5.
454 MüKo/*Gericke*, StGB, 238, Rn. 51 m.w.N.
455 *Steinberg*, JZ 2017, S. 676 ff., 678.
456 *Steinberg*, JZ 2017, S. 676 ff., 678 f.
457 SK/*Wolters*, StGB, § 238, Rn. 6.
458 *Knauer, F.*, Der Schutz der Psyche im StrafR, S. 240 f.
459 MüKo/*Gericke*, StGB, § 238, Rn. 1; *Fischer*, StGB, § 238, Rn. 2; Kühl/Heger/*Kühl*, StGB, § 238, Rn. 1; SK/*Wolters*, StGB, § 238, Rn. 5.
460 Satzger/Schluckebier/Widmaier/*Schluckebier*, StGB, § 238, Rn. 2; Schönke/Schröder/*Eisele*, StGB, § 238, Rn. 4; BeckOK/*Valerius*, StGB, § 238, Rn. 1 (Stand: 01.02.2021).
461 Satzger/Schluckebier/Widmaier/*Schluckebier*, StGB, § 238, Rn. 2.

Abs. 3 StGB bezieht die Rechtsprechung die psychische Alteration des Tatopfers als Bindeglied zwischen Nachstellung und Todeserfolg ein. So hat der BGH dem Täter der Nachstellung durch vielfache persönliche sowie telefonische Kontaktaufnahmen, Beleidigungen und Bedrohungen den Todeserfolg des Opfers durch Suizid zugerechnet, „wenn das Verhalten des Opfers motivational auf die Verwirklichung des Grundtatbestands zurückzuführen ist und diese Motivation für sein selbstschädigendes Verhalten handlungsleitend war“[462]. Diesbezüglich hat der BGH explizit darauf abgestellt, dass das Opfer „infolge intensiver Nachstellungshandlungen unter einer sich verstärkenden posttraumatischen Belastungsstörung“[463] leidet. Dabei wird ausgeführt, dass „die Tathandlung der Nachstellung [...] die Gefahr selbstschädigenden Verhaltens bis hin zur Selbsttötung infolge einer dadurch ausgelösten schweren psychischen Erkrankung des Opfers als naheliegende und deliktstypische Reaktion in sich [birgt]“[464].

7. Durch Einschnitte in die Privatsphäre des Opfers

Nach herrschender Ansicht der Kommentarliteratur ist das geschützte Rechtsgut des Hausfriedenbruchs gemäß § 123 StGB das Hausrecht, wobei das Interesse des Hausrechtsinhabers geschützt wird, zu bestimmen, welche Personen die jeweilige Räumlichkeit betreten bzw. sich darin aufhalten dürfen.[465] In der Literatur wird insbesondere von *Amelung* vertreten, dass der Strafgrund des Hausfriedenbruchs in der Verunsicherung bestehe, welche im Falle einer Missachtung des Vertrauens auf den Schutz der physischen Schranken droht, weshalb eine Einordnung neben der Bedrohung gemäß § 241 StGB angemessen erschiene.[466]
Gegen eine derartige Einordnung spricht zunächst der Gesetzeswortlaut des § 123 StGB, welcher sich nicht auf eine Verletzung der psychischen Gesundheit des Einzelnen bezieht. Zudem steht der Hausfriedensbruch im 7. Abschnitt des StGB im Zusammenhang mit den Straftaten gegen die öffentliche Ordnung. Zwar haben Reformentwürfe eine Verschiebung des § 123 StGB vorgesehen, diesbezüglich sollte der Standort aufgrund des systematischen Kontextes zu den Freiheitsdelikten in den 18. Abschnitt verlegt werden,[467] wodurch ebenfalls kein Schutz der psychischen Integrität impliziert wäre. Parallel dazu findet sich auch in der Rechtsprechung weitgehend sowohl auf Tatbestands- als auch auf Strafzumessungsebene keine Berücksichtigung der psychischen Gesundheit des Tatopfers.[468] Überzeugend wird der Bezug zwischen Hausrecht und psychischer Integrität demnach in der Literatur als „lose“[469] eingestuft.

Jedoch erlangt die psychische Integrität innerhalb des Wohnungseinbruchdiebstahles nach § 244 Abs. 1 Nr. 3, Abs. 4 StGB eine nicht unerhebliche Bedeutung. Der

---

462 BGHSt 62, 49 (57) = NJW 2017, 2211 (2213).

463 BGHSt 62, 49 (59) = NJW 2017, 2211 (2213).

464 BGHSt 62, 49 (55) = NJW 2017, 2211 (2212).

465 BeckOK/*Rackow*, StGB, § 123, Rn. 4 (Stand: 01.02.2021); Schönke/Schröder/*Sternberg-Lieben/Schittenhelm*, StGB, § 123, Rn. 1; MüKo/*Schäfer*, StGB, § 123, Rn. 1; Kühl/Heger/*ders*, StGB, § 123, Rn. 1; siehe dazu auch eingehend *Steinberg*, Strafe für das Versetzen in Todesangst, S. 71–73.

466 *Amelung*, ZStW 98 (1986), S. 355 ff., 407 f.

467 Siehe BT-Drs. IV/650, S. 5, 310 f.

468 Siehe dazu auch *Steinberg*, Strafe für das Versetzen in Todesangst, S. 73 m.w.N.

469 *Steinberg*, Strafe für das Versetzen in Todesangst, S. 72; so auch etwa *Nisco*, ZIS 2021, 1 ff., 2.

Wohnungseinbruchdiebstahl nach § 244 Abs. 1 Nr. 3 StGB wurde durch das 6. StrRG im Jahr 1998 von einem Regelbeispiel nach § 243 Abs. 1 S. 2 Nr. 1 StGB a.F. zur Qualifikation aufgewertet.[470] Dies wurde durch den Gesetzgeber mit dem Risiko der Eskalationsgefahr aufgrund von Gewalttätigkeiten gegen Menschen und Verwüstungen der Einrichtungsgegenstände sowie dem tiefen Eindringen des Täters in die Privatsphäre des Opfers und der Möglichkeit ernster psychischer Störungen sowie langwieriger Angstzustände des Opfers begründet.[471] In Übereinstimmung mit den Ausführungen in der Gesetzesbegründung werden als geschützte Rechtsgüter neben dem Schutz des Eigentums[472] ebenfalls die räumliche Privatsphäre[473], die häusliche Integrität[474] sowie der Schutz der häuslichen Intimsphäre[475] betrachtet. Teilweise wird ebenfalls die psychische Integrität[476] oder auch das Sicherheitsgefühl des Tatopfers[477] als geschütztes Rechtsgut des § 244 Abs. 1 Nr. 3 StGB genannt. Im Wortlaut der Norm hat der Schutz der psychischen Integrität jedoch keinen Niederschlag gefunden.
Die Rechtsprechung gibt kein einheitliches Bild wieder, inwiefern psychische Folgen des Tatopfers im Rahmen der Strafzumessung nach § 46 Abs. 2 StGB berücksichtigt werden können oder einem solchen Vorgehen vielmehr das Doppelverwertungsverbot nach § 46 Abs. 3 StGB entgegensteht. Das OLG Köln hat die strafschärfende Berücksichtigung, dass die Opfer durch die Wohnungseinbruchdiebstähle des Täters „psychisch stark beeinträchtigt“[478] wurden, als Verstoß gegen § 46 Abs. 3 StGB gewertet.[479] Eine hohe psychische Belastung sei nach Ausführungen des Gerichtes bereits durch die Umwandlung in den § 244 StGB pönalisiert worden.[480] Dieser Ansicht stellt sich der BGH entgegen, indem dieser die konkret festgestellten „psychischen Belastungen“[481] der Opfer der Wohnungseinbruchdiebstähle unter expliziter Abwendung der Ansicht des OLG Kölns strafschärfend berücksichtigt hat.[482] Diese Ansicht hat der BGH in einer weiteren Entscheidung bestätigt, da „die Erfüllung des Tatbestands [...] nicht voraus[setzt], dass es im Einzelfall tatsächlich zum Eintritt einer schweren psychischen Belastung eines Geschädigten gekommen ist“[483]. Demgegenüber

---

470 Siehe dazu Sechstes Gesetz zur Reform des StrafR (6. StrRG) vom 26.01.1998 (BGBl. I 1998, 177 f.); Schönke/Schröder/*Bosch*, StGB, § 244, Rn. 30; siehe zu § 244 Abs. 1 Nr. 3 StGB auch eingehend *Steinberg*, Strafe für das Versetzen in Todesangst, S. 73 f.; *Knauer, F.*, Der Schutz der Psyche im StrafR, S. 75–77, 223.

471 BT-Drs. 13/8587, S. 43.

472 BGH NStZ 2020, 484 (484); BGH NJW 2017, 1186 (1187); BGH NStZ 2008, 514 (515); OLG Hamburg NStZ-RR 2017, 72 (73); BeckOK/*Wittig*, StGB, § 244, Rn. 22 (Stand: 01.02.2021).

473 BGH NJW 2017, 1186 (1187); BGH NStZ 2008, 514 (515); OLG Hamburg NStZ-RR 2017, 72 (73); OLG Hamburg NStZ-RR 2017, 72 (73); BeckOK/*Wittig*, StGB, § 244, Rn. 22 (Stand: 01.02.2021); MüKo/*Schmitz*, StGB, § 244, Rn. 3.

474 BGH NStZ 2020, 484 (484).

475 BGH NJW 2017, 1186 (1187); BGH NStZ 2008, 514 (515); OLG Hamburg NStZ-RR 2017, 72 (73); BeckOK/*Wittig*, StGB, § 244, Rn. 22 (Stand: 01.02.2021).

476 OLG Hamburg NStZ-RR 2017, 72 (73); LK/*Vogel*, StGB, § 244, Rn. 74.

477 *Bloy*, in FS-Eser, S. 233 ff., 245; auch Arzt/Weber/Heinrich/Hilgendorf/*Heinrich*, StrafR BT, § 14, Rn. 7 stellt auf das Sicherheitsgefühl der Bevölkerung ab.

478 OLG Köln NStZ-RR 2002, 247 (248).

479 OLG Köln NStZ-RR 2002, 247 (248).

480 OLG Köln NStZ-RR 2002, 247 (248).

481 BGH NStZ-RR 2010, 374 (375).

482 BGH NStZ-RR 2010, 374 (375).

483 BGH, Beschl. v. 31.03.2011 – 2 StR 39/11, bei BeckRS 2011, 8169.

hat das OLG Köln in einer weiteren Entscheidung auf einen Verstoß gegen § 46 Abs. 3 StGB beharrt, da psychische Beeinträchtigungen des Tatopfers bereits durch § 244 StGB pönalisiert seien.[484] Aufgrund des Doppelverwertungsverbotes nach § 46 Abs. 3 StGB sei demgemäß in der Strafzumessung nicht berücksichtigungsfähig, dass die Tatopfer „mit dem unguten Gefühl leben müssen, dass ein Fremder in ihre persönliche Sphäre eingedrungen war und auch mit dem Ekel, dass fremde Personen, die man nicht kennt, die eigenen, persönlichen Sachen und Kleidung angefasst haben"[485]. In Kontrast zu dieser Feststellung hat das OLG Hamburg mit Bezug auf die erläuterten Urteile des BGH ausgeführt, dass eine durch die Begegnung zwischen Täter und Opfer bewirkte Gefährdung für die Rechtsgüter des Opfers – auch in psychischer Hinsicht – einen Anhaltspunkt für eine strafschärfend zu bewertende Beeinträchtigung darstellen kann.[486]

Im Jahr 2017 wurde durch das 55. StrÄndG der Wohnungseinbruchdiebstahl in eine dauerhaft genutzte Privatwohnung nach § 244 Abs. 4 StGB eingeführt.[487] Der Gesetzgeber begründet diese Strafschärfung eines Diebstahles in einer dauerhaft genutzten Privatwohnung mit dem „schwerwiegenden Eingriff in den persönlichen Lebensbereich von Bürgern, der [...] gravierende psychische Folgen und eine massive Schädigung des Sicherheitsgefühls zur Folge haben kann"[488]. Innerhalb des Gesetzgebungsverfahrens wurde seitens der Fraktion der *CDU/CSU* sowie der Fraktion *DIE LINKE* betont, dass der Wohnungseinbruchdiebstahl eine einschneidende psychologische Belastung für das Tatopfer darstelle und die Strafandrohung primär den Opferschutz bezwecke.[489] Die hohe Schutzbedürftigkeit begründet etwa *Esposito* mit der „Wohnung als letzte[...][n] Rückzugs- und Schutzraum in einer als unsicher empfundenen und medial ständig dramatisierten Welt"[490]. Die Änderung ist in der Literatur jedoch vermehrt auf Kritik gestoßen.[491] Die Regelung wird diesbezüglich etwa als „verzichtbar"[492] bezeichnet. Aufgrund der Aktualität der Einführung der Norm finden sich in der Rechtsprechung noch keine Urteile, welche die Berücksichtigung einer psychischen Beeinträchtigung des Tatopfers durch Wohnungseinbruch thematisieren.

8. Durch Belästigung des Opfers

Im Rahmen der Strafbarkeit Exhibitionistischer Handlungen gemäß § 183 StGB ist in

---

484 OLG Köln, Beschl. v. 09.02.2016 – 1 RVs 46/15, bei BeckRS 2016, 126206, unter Gründe Rn. 18.

485 OLG Köln, Beschl. v. 09.02.2016 – 1 RVs 46/15, bei BeckRS 2016, 126206, unter Gründe Rn. 18.

486 OLG Hamburg NStZ-RR 2017, 72 (73).

487 55. Gesetz zur Änderung des Strafgesetzbuches – Wohnungseinbruchdiebstahl vom 17.07.2017 (BGBl. I 2017, 2442).

488 BT-Drs. 18/12359, S. 7; siehe auch BT-Drs. 18/12729, S. 1.

489 BT-Drs. 18/12995, S. 3.

490 *Esposito*, ZRP 2017, S. 30.

491 Eingehend etwa BeckOK/*Wittig*, StGB, § 244, Rn. 25.1 (Stand: 01.02.2021); Schönke/Schröder/*Bosch*, StGB, § 244, Rn. 31; *Fischer*, StGB, § 244, Rn. 53–55; *Esser/Herz*, JuS 2017, S. 997 ff., 997; *Bosch*, Jura 2018, S. 50 ff., 57 f., 59.

492 Schönke/Schröder/*Bosch*, StGB, § 244, Rn. 31.

der Literatur umstritten, welches Rechtsgut geschützt wird.[493] So wird angenommen, dass als geschütztes Rechtsgut die Bewahrung des Einzelnen vor ungewollter Konfrontation mit sexuellen Handlungen von anderen Personen[494] oder auch die Privatsphäre und sexuelle Selbstbestimmung einer Person[495] anzuerkennen ist. Auch wird vertreten, dass zudem die psychische Integrität geschützt wird.[496] Darüber hinaus bezieht sich ebenfalls der Gesetzgeber auf die Verletzung des sittlichen und ästhetischen Empfindens des Opfers und den erlittenen Schaden, welcher in der Beeinträchtigung des psychischen Wohlbefindens etwa durch einen nachhaltigen seelischen Schock liegt.[497] Zwar wird im Rahmen des § 183 StGB das Belästigen, also eine negative Gefühlsempfindung des Opfers wie etwa ein Schock, Angst oder Ekel verlangt,[498] jedoch führt *Hörnle* zutreffend aus, dass „negative Gefühlsreaktionen auf ein bestimmtes Verhalten als solche [...] keine hinreichende Rechtfertigung eines Strafverbots [sind]"[499]. Exhibitionistische Handlungen führen in der Regel nicht zu dauerhaft psychischen Folgen,[500] sodass der Schutz der psychischen Gesundheit demgemäß als fernliegend eingestuft werden kann.[501] Auch innerhalb der Erregung öffentlichen Ärgernisses nach § 183a StGB wird verlangt, dass das Tatopfer durch die Handlung des Täters in seinem Scham- sowie Anstandsgefühl verletzt wird.[502] Diesbezüglich wird im Gegensatz zu den Ausführungen zu § 183 StGB nahezu übereinstimmend davon ausgegangen, dass das geschützte Rechtsgut das Interesse des Einzelnen ist, intimes Verhalten anderer Personen nicht ungewollt zur Kenntnis zu nehmen.[503]

---

493 Siehe dazu auch eingehend *Steinberg*, Strafe für das Versetzen in Todesangst, S. 47–49; *Knauer, F.*, Der Schutz der Psyche im StrafR, S. 67, 216 f.

494 Schönke/Schröder/*Eisele*, StGB, § 183, Rn. 1; SK/*Wolters*, StGB, § 183, Rn. 2; BeckOK/*Ziegler*, StGB, § 183, Rn. 2 (Stand: 01.02.2021).

495 MüKo/*Hörnle*, StGB, § 183, Rn. 1 f.; SK/*Wolters*, StGB, § 183, Rn. 2.

496 NK/*Frommel*, StGB, § 183a, Rn. 1; Kühl/Heger/*ders.*, StGB, § 183, Rn. 1, dort als „h.M." tituliert; Dölling/Duttge/König/Rössner/*Laue*, StGB, § 183, Rn. 1; *Horstkotte*, JZ 1974, S. 84 ff., 90; *Bloy*, in FS-Eser, S. 233 ff., 241.

497 BT-Drs. VI/3521, S. 53.

498 Schönke/Schröder/*Eisele*, StGB, § 183, Rn. 4.

499 MüKo/*Hörnle*, StGB, § 183, Rn. 1.

500 MüKo/*Hörnle*, StGB, § 183, Rn. 1; *Knauer, F.*, Der Schutz der Psyche im StrafR, S. 67, 216 f. jeweils m.w.N.; siehe dazu auch *Steinberg*, Strafe für das Versetzen in Todesangst, S. 48 f.

501 So auch etwa MüKo/*Hörnle*, StGB, § 183, Rn. 1; *Knauer, F.*, Der Schutz der Psyche im StrafR, S. 216 f.

502 Schönke/Schröder/*Eisele*, StGB, § 183a, Rn. 5; siehe dazu auch eingehend *Knauer, F.*, Der Schutz der Psyche im StrafR, S. 68 f., 218 f.

503 Schönke/Schröder/*Eisele*, StGB, § 183a, Rn. 1; MüKo/*Hörnle*, StGB, § 183a, Rn. 1; BeckOK/*Ziegler*, StGB, § 183a, Rn. 2 (Stand: 01.02.2021); Dölling/Duttge/König/Rössner/*Laue*, StGB, § 183a, Rn. 1; Kühl/Heger/*ders.*, StGB, § 183a, Rn. 1 spricht von einem Schutz des Allgemeininteresses an der Respektierung der verbreiteten sozial-moralischen Grundanschauung, dass sexuelle Handlungen nicht in die Öffentlichkeit gehören; *Horstkotte*, JZ 1974, S. 84 ff., 90 nennt als Schutzgut den Anspruch des Einzelnen auf Achtung seiner Anschauungen; lediglich NK/*Frommel*, StGB, § 183a, Rn. 1 sowie *Bloy*, in FS-Eser, S. 233 ff., 241 vertreten analog zu § 183 StGB die Ansicht, dass (auch) das psychische Wohlbefinden des Einzelnen geschützt ist.

9. Durch Einschnitte in die sexuelle Selbstbestimmung des Opfers

Neben dem bereits erörterten unmittelbaren Schutz zum einen innerhalb des § 176a Abs. 2 Nr. 3 Var. 3 StGB durch das Erfordernis einer Gefahr der Schädigung der psychischen Entwicklung[504] sowie zum anderen im Rahmen des Erfordernisses der Gefahr einer schweren Gesundheitsschädigung in §§ 176a Abs. 2 Nr. 3 Var. 1, 177 Abs. 7 Nr. 3 StGB[505] wird im Folgenden erörtert, inwiefern die psychische Integrität im Rahmen der Sexualdelikte nach §§ 174 ff. StGB ebenfalls mittelbar geschützt ist.[506]

Nach herrschender Ansicht in der Rechtsprechung und Kommentarliteratur ist das geschützte Rechtsgut des Sexuellen Missbrauchs von Schutzbefohlenen gemäß § 174 StGB der Schutz der sexuellen Entwicklung Minderjähriger[507] sowie zum Teil das sexuelle Selbstbestimmungsrecht[508]. Die Rechtsprechung bezieht psychische Beeinträchtigungen des Tatopfers in die Strafzumessung ein. So hat der BGH im Rahmen der Strafzumessung der Strafbarkeit wegen Sexuellen Missbrauchs von Schutzbefohlenen gemäß § 174 StGB zwar die strafschärfende Berücksichtigung psychischer Folgen mehrerer Tathandlungen kritisiert, jedoch die „posttraumatische Belastungsstörung“[509] und die „erhebliche[n] psychische[n] Folgen“[510] der Tatopfer infolge des mehrfachen sexuellen Missbrauchs als strafschärfend gewürdigt. Zudem hat der BGH innerhalb des Sexuellen Missbrauchs von Schutzbefohlenen sowie des Schweren sexuellen Missbrauchs von Kindern gemäß §§ 174, 176a StGB a.F. die Zeugung eines Kindes zu Zwecken eines späteren Missbrauches strafschärfend berücksichtigt, da dadurch eine „die gesamte Existenz des Tatopfers umfassende Herabwürdigung“[511] vorliege. Dagegen hat der BGH das Ausbleiben der „durch die Tat typischerweise eintretenden seelischen Schäden“[512] des Opfers im Rahmen des Sexuellen Missbrauchs von Schutzbefohlenen gemäß § 174 StGB a.F. als strafmildernd bewertet.[513] Jedoch soll nach Ansicht des BGH die bloße *Möglichkeit* einer psychischen Beeinträchtigung des Tatopfers aufgrund des Sexuellen Missbrauchs von Schutzbefohlenen sowie des Sexuellen Missbrauch von Kindern gemäß §§ 174, 176 StGB a.F. nicht strafschärfend berücksichtigt werden können, da der Schutz vor solchen abstrakten Gefahren einer psychischen Schädigung bereits der Zweck der Norm bzw. deren regelmäßige Begleiterscheinung darstellt.[514] Auch soll nach Ansicht der

---

504 Siehe unter 3. Teil: I 1.

505 Siehe unter 3. Teil: I 3.

506 Siehe dazu auch eingehend *Steinberg*, Strafe für das Versetzen in Todesangst, S. 79–89; *Knauer, F.*, Der Schutz der Psyche im StrafR, S. 64–70, 213–220.

507 Siehe etwa BGH NStZ 2001, 194; BGH NStZ 2001, 28 (29); BGH NStZ-RR 1998, 236 (236); BGH StV 1998, 656 (657); BGH NJW 1995, 2234 (2235); BGH NStZ 1983, 553 (553); Schönke/Schröder/*Eisele*, StGB, § 174, Rn. 1; SK/*Wolters*, StGB, § 174, Rn. 6; Kühl/Heger/*ders.*, StGB, § 174, Rn. 1.

508 Schönke/Schröder/*Eisele*, StGB, § 174, Rn. 1; dagegen sieht MüKo/*Renzikowski*, StGB, § 174, Rn. 1 die sexuelle Selbstbestimmung als alleiniges geschütztes Rechtsgut an.

509 BGH Beschl. v. 18.02.2021 – 2 StR 7/21, bei juris Rn. 4.

510 BGH Beschl. v. 18.02.2021 – 2 StR 7/21, bei juris Rn. 4.

511 BGH NStZ 2013, 224 (224).

512 BGH NStZ-RR 2007, 71 (72).

513 BGH NStZ-RR 2007, 71 (72).

514 BGH StV 1998, 656 (657); BGH, Beschl. v. 09.12.1997 – 4 StR 596/97, bei BeckRS 1997, 31360145.

Rechtsprechung innerhalb des § 174 StGB a.F. nicht strafschärfend zu Lasten des Täters berücksichtigt werden, dass „durch das Verhalten des [...] [Täters] die Familie zerstört [...] und das Vertrauensverhältnis zu seiner Tochter aufs massivste beeinträchtigt worden ist“[515], da „es Zweck dieser Vorschrift ist [...], die ungestörte sexuelle Entwicklung von Kindern dadurch zu schützen, dass die Familie, in der das Kind angesichts der Abhängigkeit von den Eltern in erhöhtem Maße gegen sexuelle Übergriffe anfällig ist, von solchen Übergriffen freigehalten wird“[516]. Ebenso hat der BGH in einer weiteren Entscheidung verdeutlicht, dass eine strafschärfende Berücksichtigung, dass der Täter „systematisch das von den [...] Geschädigten [...] in ihn gesetzte Vertrauen für die jeweilige Tatbegehung missbrauchte“[517] gegen das Doppelverwertungsverbot verstößt.

Darüber hinaus ist die Erörterung des Schutzes der psychischen Gesundheit im Rahmen des Sexuellen Missbrauchs von Kindern nach § 176 StGB von Interesse. In der zugehörigen Qualifikation wird die psychische Integrität ausdrücklich gemäß § 176a Abs. 2 Nr. 3 Var. 1, 3 StGB berücksichtigt.[518] Nach herrschender Ansicht ist das geschützte Rechtsgut des § 176 StGB die sexuelle Entwicklung von Kindern,[519] vermehrt explizit in Hinblick auf die Beeinträchtigung der Gesamtentwicklung[520]. Zur Annahme einer Strafschärfung nach § 46 Abs. 2 Nr. 4 Var. 2 StGB lässt die Rechtsprechung nicht ausreichen, dass psychische Beeinträchtigungen des Tatopfers „möglicherweise eintreten können“[521], lediglich die Vermutung besteht, dass „bei den Kindern zur Zeit sicher noch traumatische Folgen in Form von Ängsten im Umgang mit Mitmenschen und in alltäglichen Situationen u.ä. vorhanden sind“[522] oder das Tatopfer „auf unbestimmte Zeit dem Risiko ausgesetzt [war], psychische Beeinträchtigungen infolge der Taten zu erleiden“[523]. Eine Strafschärfung aufgrund verschuldeter Auswirkungen der Tat gemäß § 46 Abs. 2 Nr. 4 Var. 2 StGB wurde durch die Rechtsprechung jedoch etwa bei „psychotraumatischen Belastungsstörungen“[524] des Tatopfers aufgrund der Sexualtat oder im Falle familiärer und sozialer Isolation insbesondere „aus dem

---

515 BGH StV 1994, 306 (306).

516 BGH StV 1994, 306 (306); dazu auch etwa BGH, Beschl. v. 25.02.1997 – 4 StR 409/96, bei BeckRS 1997, 1569, unter Gründe 3.; OLG Bamberg, Beschl. v. 09.10.2017 – 3 OLG 6 Ss 94/17, bei BeckRS 2017, 127410, unter Gründe Rn. 12 f.

517 BGH, Beschl. v. 02.02.2021 – 2 StR 461/20, bei BeckRS 2021, 5751, unter Gründe 10.

518 Siehe hinsichtlich § 176a Abs. 2 Nr. 3 Var. 1 StGB unter 3. Teil: I 3 sowie hinsichtlich § 176a Abs. 2 Nr. 3 Var. 3 StGB unter 3. Teil: I 1.

519 BGH, Beschl. v. 28.08.2018 – 4 StR 320/18, bei BeckRS 2018, 22802, unter Gründe 3. a.; BGHSt 53, 118 (119) = NStZ 2009, 262 (262); BGH NStZ-RR 2004, 41 (42); BGH StV 2002, 74 (75); BGHSt 45, 131 (132) = NJW 1999, 2977 (2977); BGH StV 1998, 656 (657); BGHSt 38, 68 (69) = NStZ 1992, 178 (179); Kühl/Heger/*ders.*, StGB, § 176, Rn. 1; *Fischer*, StGB, § 176, Rn. 2.

520 BT-Drs. VI/3521, S. 34; BGH NStZ-RR 2017, 43 (44); BGHSt 53, 283 (285) = NJW 2009, 1892 (1892); BGH NJW 2000, 3726 (3726); BGH StV 1989, 432 (432); BGH NStZ 1983, 553 (553); BGHSt 29, 336 (340) = NJW 1981, 134 (135); Schönke/Schröder/*Eisele*, StGB, § 176, Rn. 1a; LK/*Hörnle*, StGB, § 176, Rn. 2.

521 BGH StV 1988, 250 (250).

522 BGH NStZ-RR 1997, 281 (281).

523 BGH, Beschl. v. 08.10.2013 – 4 StR 379/13, bei BeckRS 2013, 19425, unter Gründe Rn. 8 m.w.N.

524 BGH NStZ-RR 1998, 107 (107).

Bekanntwerden der Taten zwangsläufig ergebenden Wirkungen der Durchführung des Strafverfahrens“[525] angenommen. Der BGH nimmt strafschärfend auch „etwaige aus der Verdrängung und Verschweigung des Tatgeschehens in der Familie resultierende psychische Beeinträchtigungen [...] [an], weil auch sie ihren Grund in den Handlungen und dem weiteren Verhalten des Angeklagten haben, der bis zur Hauptverhandlung die Taten bestritten hat“[526]. Dahingegen soll nach der Rechtsprechung das Prozessverhalten des Täters als solches nicht strafschärfend zu berücksichtigen sein, auch wenn das Tatopfer aufgrund der wiederholten Vernehmung besonderen Belastungen ausgesetzt ist.[527] Demgegenüber hat der BGH jedoch ein Geständnis des Täters als strafmildernd berücksichtigt, weil „den jungen [...] [Geschädigten] eine belastende Vernehmung erspart geblieben [ist]“[528]. Auch wertet der BGH als strafmildernden Umstand, „dass davon auszugehen ist, [...] [das Tatopfer] habe keinen nachhaltigen seelischen Schaden erlitten“[529], da in einem solchen Fall „die konkret verschuldeten Auswirkungen der Tat im Verhältnis zur Schwere des Delikts gering sind“[530]. Zudem soll nach dem BGH für die Annahme einer Strafmilderung im Rahmen der §§ 176, 176a StGB a.F. die Feststellung ausreichen, dass „die Taten für die Opfer keine psychischen oder physischen Auswirkungen hatten und haben“[531].

Innerhalb des Sexuellen Übergriffs; Sexueller Nötigung; Vergewaltigung nach § 177 StGB ist das geschützte Rechtsgut nach herrschender Ansicht die sexuelle Selbstbestimmung.[532] In qualifizierter Weise schützt § 177 Abs. 7 Nr. 3 StGB wie bereits erläutert im Rahmen der Gefahr einer schweren Gesundheitsschädigung vor psychischen Beeinträchtigungen des Tatopfers.[533] Qualifizierend wirkt ebenfalls das Ausnutzen einer schutzlosen Lage des Opfers gemäß § 177 Abs. 5 Nr. 3 StGB, wobei nach jüngster Rechtsprechung nicht mehr erforderlich ist, dass das Tatopfer seine schutzlose Lage erkennt und aufgrund einer psychischen Alteration wie etwa aus Angst auf einen körperlichen Widerstand verzichtet.[534] Auf Strafzumessungsebene wird durch den BGH in § 177 StGB in der jeweils geltenden Fassung etwa strafschärfend berücksichtigt, dass das Tatopfer infolge „seines seelischen Zustandes nach dem Tatgeschehen einen Selbstmordversuch unternommen und sich außerdem von seinem Ehemann getrennt

525 BGH NJW 2001, 2983 (2983).

526 BGH, Urt. v. 09.07.2003 – 2 StR 106/03, bei BeckRS 2003, 6794.

527 BGH StV 2014, 413 (413); BGH StV 2002, 74 (74 f.); BGH NJW 2001, 2983 (2983).

528 BGH NStZ-RR 2009, 307 (307).

529 BGH StV 1986, 149 (149).

530 BGH StV 1986, 149 (149).

531 BGH NStZ-RR 2012, 143 (143); kritisch etwa MüKo/*Renzikowski*, StGB, § 176, Rn. 72, da seiner Ansicht nach das Fehlen einer psychischen Beeinträchtigung nicht auch garantiere, dass keine Schädigung mehr eintrete.

532 BT-Drs. 18/9097, S. 22; OLG Brandenburg NStZ-RR 2010, 45 (45); OLG Köln NStZ-RR 2004, 168 (168) spricht von der freien Selbstbestimmung über den eigenen Körper; SK/*Wolters*, StGB, § 177, Rn. 8; Kühl/Heger/*ders.*, StGB, § 177, Rn. 1; *Fischer*, StGB, § 177, Rn. 2; MüKo/*Renzikowski*, StGB, § 177, Rn. 1; Schönke/Schröder/*Eisele*, StGB, § 177, Rn. 6.

533 Siehe unter 3. Teil: I 3.

534 BGH NStZ 2020, 662 (663); siehe zur alten Auffassung etwa BGH NStZ-RR 2019, 309 (309); BGH NStZ 2012, 209 (210); BGH NStZ 2006, 395 (398); *Steinberg*, Strafe für das Versetzen in Todesangst, S. 84; siehe dazu auch eingehend etwa BeckOK/*Ziegler*, StGB, § 177, Rn. 43 (Stand: 01.02.2021) m.w.N.

hat“[535] oder dieses angesichts der Sexualtat „unter ganz erheblichen seelischen Beeinträchtigungen [...] [leidet und] psychisch zermürbt [ist]“[536] und dermaßen „in Todesangst versetzt [...] [wurde, sodass es] in der Folgezeit nicht nur mehrfach an Selbstmord dachte, sondern auch bereits alles für einen Selbstmordversuch vorbereitet hatte“[537]. Nach Ansicht des BGH kann strafschärfend berücksichtigt werden, dass das vor der Tat fröhliche und aufgeschlossene Tatopfer eine „signifikante Wesensveränderung [...] [erlitten und] sich wegen einer reaktiven Depression in ständiger nervenärztlicher Behandlung [befunden hat] und [...] kurz vor der Hauptverhandlung einen Selbstmordversuch begangen [hat]“[538]. Der BGH hat zudem die „besonders massive[...] Gewalt [...] aufgrund der überraschenden und außerordentlich beängstigenden Vorgehensweise“[539] des Täters wegen der Ausführung der Taten zu Nachtzeiten auf einsamer Straße sowie der körperlichen Unterlegenheit der angegriffenen Frauen strafschärfend berücksichtigt. Strafzumessungsrelevant ist nach dem BGH zudem eine zusätzliche, über das durchschnittliche Tatbild hinausgehende Demütigung des Tatopfers.[540] Das LG Hannover wertet als strafschärfend, dass das Tatopfers während der Sexualtat des Täters „große Angst [hatte] und [...] nicht gleich nach dem Abitur anfangen [konnte] zu studieren, weil [...] [es] fast ein Jahr lang unter erheblichen psychischen Problemen litt“[541]. Sofern es dem Tatopfer möglich ist, „das Tatgeschehen alsbald und ohne bleibende Schäden zu verarbeiten“[542], soll dies strafmildernd zu berücksichtigen sein.[543]

In der herrschenden Kommentarliteratur wird die psychische Alteration des Tatopfers innerhalb der Zurechnung der Todeserfolgsqualifikationen des Sexuellen Missbrauchs von Kindern mit Todesfolge gemäß § 176b StGB sowie des Sexuellen Übergriffs, sexueller Nötigung sowie Vergewaltigung mit Todesfolge gemäß § 178 StGB berücksichtigt. So soll zur Erfüllung der §§ 176b, 178 StGB beispielhaft ausreichen, dass das Tatopfer einen Suizid aufgrund der Traumatisierung durch die Tat begeht[544] oder den Todeserfolg durch eine panikartige Flucht herbeiführt[545]. Auch der BGH hat eine Strafbarkeit wegen versuchter Vergewaltigung mit Todesfolge angenommen,

535 BGH StV 1987, 100 (100), eine solche Strafschärfung wurde lediglich mangels Vorhersehbarkeit verneint.

536 BGH, Urt. v. 09.11.1988 – 3 StR 372/88, bei BeckRS 1988, 31105715.

537 BGH, Urt. v. 09.11.1988 – 3 StR 372/88, bei BeckRS 1988, 31105715.

538 BGH NStZ-RR 1997, 304 (304), eine solche Strafschärfung wurde lediglich mangels Vorhersehbarkeit verneint; strafschärfende Berücksichtigung eines Suizidversuchs ebenfalls in BGH, Beschl. v. 10.08.2000 – 1 StR 328/00, bei BeckRS 2000, 7576.

539 BGH, Urt. v. 10.07.2001 – 5 StR 240/01, bei juris Rn. 8.

540 BGH NStZ-RR 2002, 165 (165).

541 LG Hannover, Urt. v. 11.11.2010 – 33 KLs 4/09, bei BeckRS 2011, 7420, unter Gründe VI.

542 BGH StV 1993, 25 (25).

543 BGH StV 1993, 25 (25).

544 Bezüglich § 176b StGB etwa BeckOK/*Ziegler*, StGB, § 176b, Rn. 2 (Stand: 01.02.2021); MüKo/*Renzikowski*, StGB, § 176b, Rn. 7; Matt/Renzikowski/*Eschelbach*, StGB, § 176b, Rn. 4; bezüglich § 178 StGB etwa BeckOK/*Ziegler*, StGB, § 178, Rn. 3 (Stand: 01.02.2021); MüKo/*Renzikowski*, StGB, § 178, Rn. 8; Matt/Renzikowski/*Eschelbach*, StGB, § 178, Rn. 10.

545 Siehe etwa MüKo/*Renzikowski*, StGB, § 178, Rn. 8; Matt/Renzikowski/*Eschelbach*, StGB, § 178, Rn. 10.

nachdem sich das vor einer Vergewaltigung fliehende Opfer auf einem Bahngleis versteckt hat und sodann tödlich von einem Zug erfasst wurde.[546]

10. Post mortem

Von der Literatur sowie einem Teil der früheren Rechtsprechung wird innerhalb der Verunglimpfung des Andenkens Verstorbener gemäß § 189 StGB das in einem engen Kontext zum Schutz der psychischen Integrität stehende Pietätsempfinden der Angehörigen sowie teilweise auch der Allgemeinheit, mitunter explizit abstellend auf die *Gefühle* der Angehörigen,[547] als geschütztes Rechtsgut erachtet.[548] Zum einen läuft jedoch das angebrachte Argument der Ausgestaltung als Strafantragsdelikt nach § 194 Abs. 1 S. 1 StGB leer,[549] da auch andere Gründe einer Antragsstellung zugrunde gelegt werden können[550] und diese außerhalb des Tatbestandes steht[551]. Darüber hinaus sind Angehörige des Verstorbenen nicht aus dem potentiellen Täterkreis des § 189 StGB ausgenommen.[552] Es kann jedoch keine Verletzung des Pietätsgefühl des Angehörigen angenommen werden, sofern dieser selbst Täter des § 189 StGB ist.[553] Daneben sieht *Bloy* den Schutz des Pietätsgefühls der Angehörigen durch den Wortlaut der Norm angelegt.[554] Durch die Wortwahl des „Andenkens Verstorbener“ sei der Schutz des Andenkens und damit die Wertschätzung des Verstorbenen durch die Angehörigen impliziert.[555] Diesbezüglich kann der Wortlaut gleichwohl ebenfalls dahingehend verstanden werden, dass sich das Andenken auf die Lebensleistung des Verstorbenen bezieht.[556] Zudem würde die dargestellte Ansicht dazu führen, dass § 189 StGB bereits dann nicht realisiert werden kann, sofern keine Angehörigen des Täters existieren.[557] Auch der Schutz des Pietätsempfindens der Allgemeinheit überzeugt nicht, da dies dem systematischen Kontext der Ehrdelikte nach §§ 185 ff. StGB als Individualrechtsgüter schützende Delikte widersprechen würde und zudem die Ausgestaltung als Antragsdelikt nicht erklären könnte.[558] Dementsprechend wird durch die Kommentarliteratur vermehrt vertreten, dass durch § 189 StGB ein Persönlichkeitsrecht eigener Art geschützt wird, welches in der postmortalen Respektierung dessen liegt, was

---

546 BGH, Urt. v. 28.06.1960 – 1 StR 203/60.

547 *Forkel*, in FS-Krause, S. 297 ff., 307.

548 OLG Düsseldorf NJW 1967, 1142 (1143); BayObLG JZ 1951, 786 (786); Kühl/Heger/*Kühl*, StGB, § 189, Rn. 1; Maurach/Schroeder/Maiwald/Hoyer/Momsen/*Maiwald*/*Momsen*, StrafR BT 1, § 25, Rn. 38; *Gössel*/*Dölling*, StrafR BT 1, § 32, Rn. 4; *Rengier*, StrafR BT 2, § 29, Rn. 43; *Bloy*, in FS-Eser, S. 233 ff., 240; *Rüping*, GA 1977, S. 299 ff., 305; *Geppert*, Jura 1983, S. 580 ff., 590; siehe dazu auch eingehend *Steinberg*, Strafe für das Versetzen in Todesangst, S. 77 f.; *Knauer, F.*, Der Schutz der Psyche im StrafR, S. 73 f., 222.

549 *Gössel*/*Dölling*, StrafR BT 1, § 32, Rn. 4; *Rüping*, GA 1977, S. 299 ff., 305.

550 *Steinberg*, Strafe für das Versetzen in Todesangst, S. 77 f., welcher als Beispiel die Befürchtung wirtschaftlicher Nachteile für das Familienunternehmen anführt.

551 Siehe dazu auch Schönke/Schröder/*Eisele*/*Schittenhelm*, StGB, § 189, Rn. 1.

552 Schönke/Schröder/*Eisele*/*Schittenhelm*, StGB, § 189, Rn. 1.

553 Siehe dazu auch MüKo/*Regge*/*Pegel*, StGB, § 189, Rn. 4.

554 *Bloy*, in FS-Eser, S. 233 ff., 240.

555 *Bloy*, in FS-Eser, S. 233 ff., 240.

556 MüKo/*Regge*/*Pegel*, StGB, § 189, Rn. 8.

557 MüKo/*Regge*/*Pegel*, StGB, § 189, Rn. 4.

558 Schönke/Schröder/*Eisele*/*Schittenhelm*, StGB, § 189, Rn. 1.

den Verstorbenen während seiner Lebzeiten ausgemacht hat.[559] Auch die Rechtsprechung hat als geschütztes Rechtsgut die Nachwirkungen des Schutzes der Persönlichkeit angesehen, welche „in der postmortalen Respektierung der menschlichen und sozialen Leistung des Verstorbenen ihren Ausdruck finden“[560] sowie den Kernbereich dessen darstellen „was den Verstorbenen in seinem Leben ausmachte und prägte“[561].

Darüber hinaus vertritt *Berster* bezüglich der Störung der Totenruhe gemäß § 168 StGB die Ansicht, dass das geschützte Rechtsgut ebenfalls die psychische Integrität der Trauernden sei,[562] da das Trauern des Einzelnen durch eine Störung der Totenruhe dermaßen erschwert werden könne, dass die Gefahr einer psychischen Erkrankung etwa in Form von traumatischer Trauer bestehe.[563] In einem engen Kontext zum Schutz der psychischen Integrität steht die weit verbreitete Ansicht, das Pietätsempfinden der Trauernden oder auch der Allgemeinheit sei geschütztes Rechtsgut des § 168 StGB.[564] Dagegen kann jedoch analog zu den obigen Erörterungen eingewendet werden, dass auch die Totenruhe alleinstehender Verstorbener durch § 168 StGB geschützt wird und Angehörige ebenfalls als Täter in Betracht kommen.[565] Eine Gefühlsbeeinträchtigung oder sogar die Gefahr oder der Eintritt einer psychischen Krankheit des Trauernden oder einer anderen Person ist kein Erfordernis des Tatbestandes, sondern lediglich die Wegnahme eines in § 168 Abs. 1 StGB bezeichneten Tatobjekts (Var. 1) oder das Betreiben von beschimpfendem Unfug (Var. 2).[566] Auch das OLG Frankfurt a.M. sieht etwa die Beeinträchtigung des Pietätsempfinden als für die Auslegung und Begrenzung des § 168 StGB ungeeignet.[567] Diesbezüglich spricht sich die Rechtsprechung sowie die

---

559 BeckOK/*Valerius*, StGB, § 189, Rn. 1 (Stand: 01.02.2021); MüKo/*Regge*/*Pegel*, StGB, § 189, Rn. 12; Schönke/Schröder/*Eisele*/*Schittenhelm*, StGB, § 189, Rn. 1 m.w.N.

560 BGH NStZ 1994, 390 (392).

561 LG Bonn NStZ-RR 2014, 79 (79).

562 *Berster*, ZIS 2017, 139 ff., 145 f., 147.

563 *Berster*, ZIS 2017, 139 ff., 145.

564 BGHSt 60, 302 (306) = NStZ 2016, 92 (93); BGHSt 50, 80 (89) = NJW 2005, 1876 (1878); OLG Bamberg NJW 2008, 1543 (1546); KG NJW 1990, 782 (782); OLG München NJW 1976, 1805 (1806); OLG Frankfurt a.M. NJW 1975, 271 (272); Kühl/Heger/*ders.*, StGB, § 168, Rn. 1; LPK-StGB/*Kindhäuser*/*Hilgendorf*, Vorbemerkungen zu den §§ 166-168 Rn. 1; BeckOK/*Heuchemer*, StGB, § 168, Rn. 1 (Stand: 01.02.2021); Schönke/Schröder/*Bosch*/*Schittenhelm*, StGB, Vorbemerkungen zu den §§ 166 ff., Rn. 2; so auch der Gesetzgeber in BT-Drs. 13/8587, S. 22 f., während der Gesetzgeber im Rahmen des 24. StrÄndG die über den Tod hinausgehende Menschenwürde als Rechtsgut angesehen hat, siehe BT-Drs. 10/6568, S. 4; siehe dazu auch eingehend *Steinberg*, Strafe für das Versetzen in Todesangst, S. 78 f.

565 Siehe dazu auch MüKo/*Hörnle*, StGB, § 168, Rn. 1 m.w.N.; Matt/Renzikowski/*Kuhli*, StGB, § 168, Rn. 1; *Fischer*, StGB, § 168, Rn. 2.

566 So auch *Steinberg*, Strafe für das Versetzen in Todesangst, S. 78 f.; *Bloy*, in FS-Eser, S. 233 ff., 240.

567 OLG Frankfurt a.M. NJW 1975, 271 (272).

Literatur teilweise für einen postmortalen Persönlichkeitsschutz (zumindest in ergänzender Weise) aus.[568]
Dies gilt abschließend ebenfalls für den Tatbestand der Störung einer Bestattungsfeier gemäß § 167a StGB,[569] da auch diesbezüglich eine psychische Beeinträchtigung keine Tatbestandsvoraussetzung ist.[570] Das Schutzgut der psychischen Gesundheit ist demgemäß im Rahmen der §§ 167a, 168, 189 StGB fernliegend.[571]

11. Zwischenergebnis

Die vorstehende Erörterung hat aufgezeigt, dass die psychische Gesundheit durch einige Straftatbestände mittelbar geschützt wird.
Auf Tatbestandsebene wird die psychische Integrität insofern geschützt, als sich psychische Beeinträchtigungen durch eine somatische – auch nervliche – Gesundheitsschädigung insbesondere in den §§ 223 Abs. 1 Var. 2, 225 Abs. 1 Var. 3, 306a Abs. 2 StGB äußern. Dies gilt ebenfalls für die Auslegung des Begriffes der (Gefahr einer) Gesundheitsschädigung einer Großzahl von Menschen. Innerhalb der Nachstellung gemäß § 238 StGB sind diejenigen Ansätze in der Rechtsprechung und Literatur vorzuziehen, welche psychische Beeinträchtigungen des Opfers bereits tatbestandlich einbeziehen, jedoch findet sich zur aktuellen Fassung des § 238 StGB keine hinreichende Rechtsprechung, inwiefern psychische Schädigungen des Tatopfers tatbestandlich von der Nachstellung umfasst sind. Darüber hinaus erlangt die psychische Gesundheit auf Strafzumessungsebene an Relevanz. Zur Bedrohung gemäß § 241 StGB finden sich in der Rechtsprechung zwar kaum Fallgestaltungen wieder, im Zuge derer psychische Folgen einer Bedrohung in der Strafzumessung erörtert werden, was jedoch zutreffend damit begründet werden kann, dass psychische Beeinträchtigungen des Tatopfers in zugleich verwirklichten gewichtigeren Tatbeständen wie §§ 174 ff., 223 ff., 238, 249 ff. StGB einbezogen werden. Hinsichtlich §§ 244 Abs. 1 Nr. 3, 249, 252, 255, 263 StGB werden psychische Beeinträchtigungen des Opfers wie etwa Angst als verschuldete Auswirkungen der Tat nach § 46 Abs. 2 Nr. 4 Var. 2 StGB berücksichtigt. Auch innerhalb der Sexualdelikte werden psychische Beeinträchtigungen der Tatopfer insbesondere innerhalb der §§ 174, 176, 177 StGB strafschärfend erfasst. Zudem wird die psychische Alteration des Tatopfers als Bindeglied zwischen Handlung und Todeseintritt insbesondere in den Erfolgsqualifikationen §§ 176b, 178, 227 Abs. 1, 239a

---

568 BGHSt 60, 302 (306) = NStZ 2016, 92 (93); BGHSt 50, 80 (89) = NJW 2005, 1876 (1878); OLG Bamberg NJW 2008, 1543 (1546); Matt/Renzikowski/*Kuhli*, StGB, § 168, Rn. 1; zum postmortale Persönlichkeitsschutz als alleiniges Rechtsgut siehe etwa MüKo/*Hörnle*, StGB, § 168, Rn. 2; LPK-StGB/*Kindhäuser*/*Hilgendorf*, Vorbemerkungen zu §§ 166-168, Rn. 1; differenzierend: NK/*Stübinger*, StGB, § 168, Rn. 2 f.

569 Zum Schutz des Pietätsempfinden siehe etwa BeckOK/*Valerius*, StGB, § 167a, Rn. 1 (Stand: 01.02.2021); Schönke/Schröder/*Bosch*/*Schittenhelm*, StGB, Vorbemerkungen zu den §§ 166 ff., Rn. 2; Kühl/Heger/*ders.*, StGB, § 167a, Rn. 1; kritisch etwa MüKo/*Hörnle*, StGB, § 167a, Rn. 1; NK/*Stübinger*, StGB, § 167a, Rn. 1; siehe dazu auch eingehend *Steinberg*, Strafe für das Versetzen in Todesangst, S. 78 f.

570 SK/*Rogall*, StGB, § 167a, Rn. 1; *Steinberg*, Strafe für das Versetzen in Todesangst, S. 78 f.; *Bloy*, in FS-Eser, S. 233 ff., 240; siehe zum Streitstand um das geschützte Rechtsgut LK/*Dippel*, StGB, § 167a, Rn. 3–6.

571 So verdeutlicht *Knauer, F.*, Der Schutz der Psyche im StrafR, S. 222, dass § 189 StGB nicht mit dem Schutz der Psyche legitimiert werden kann; *Steinberg*, Strafe für das Versetzen in Todesangst, S. 79; *Bloy*, in FS-Eser, S. 233 ff., 240.

Abs. 3, b Abs. 2, 238 Abs. 3 StGB gewürdigt. Sofern ein Schutz der psychischen Gesundheit ebenfalls innerhalb der Nötigung gemäß § 240 StGB angenommen wird, ist dieser Ansicht nicht zu folgen. Überdies ist der Zusammenhang mit der psychischen Integrität im Rahmen der Tatbestände §§ 123, 167a, 168, 189, 183, 183a, 185 ff., 239a, b StGB lediglich als lose einzustufen.

Demgemäß kann hinsichtlich des Schutzes der psychischen Gesundheit des Tatopfers festgestellt werden, dass diese zwar auch in mittelbare Weise berücksichtigt wird, der Schutz jedoch analog zum unmittelbaren Schutz der psychischen Verfassung stets an spezifische Anforderungen geknüpft ist. Somit wird ein Tatopfer, welches durch eine Handlung des Täters eine psychische Beeinträchtigungen oder sogar eine psychische Krankheit erleidet, nur dann mittelbar geschützt, sofern sich die psychische Beeinträchtigung somatisch äußert oder spezifische Tatumstände vorliegen.

III. Resümee

Nach alledem wird der unmittelbare sowie mittelbare Schutz der psychischen Gesundheit des Opfers durch das StGB stets an spezifische Tatumstände geknüpft. So werden in § 226 Abs. 1 Nr. 3 StGB sowie der schweren Gesundheitsschädigung eine hochgradig gewichtige psychische Beeinträchtigung bzw. sogar das *Verfallen* in eine psychische Krankheit vorausgesetzt. Innerhalb der erheblichen Schädigung der psychischen Entwicklung sowie des Quälens gemäß §§ 225 Abs. 1 Var. 1, 343 Abs. 1 Var. 4 StGB wird ein bestimmter Täter- oder Opferkreis verlangt. Im Rahmen des grausamen Mordes gemäß § 211 Abs. 2 Gr. 2 Var. 2 StGB, der Bedrohung gemäß § 241 StGB oder auch der Nachstellung nach § 238 StGB werden spezifische Tatumstände vorausgesetzt. Zudem wird innerhalb der Gesundheitsschädigung (einer Großzahl von Menschen) die somatische Auswirkung einer psychischen Schädigung gefordert. Teilweise wird die psychische Gesundheit durch die Rechtsprechung etwa im Rahmen der §§ 174 ff., 244 Abs. 1 Nr. 3, 249, 252, 255, 263 StGB nur auf Strafzumessungsebene angenommen. Als Bindeglied zwischen Handlung und Todeseintritt findet die psychische Alteration des Tatopfers in den Erfolgsqualifikationen §§ 227 Abs. 1, 238, 239a, b, 238 Abs. 3, 176b, 178 StGB Berücksichtigung.
Nach der Sichtweise der Rechtsprechung sowie der herrschenden Literatur ist daher das Erleiden einer psychischen Beeinträchtigung des Tatopfers, insbesondere einer psychischen Krankheit nach den naturwissenschaftlichen Standards, abseits spezifischer Umstände, vor allem des *Verfallens* in eine solche Krankheit (§ 226 Abs. 1 Nr. 3 StGB) oder der *somatischen Äußerung* einer solchen (insbesondere §§ 223 Abs. 1 Var. 2, 229 StGB), weder in unmittelbarer oder mittelbarer Weise strafrechtlich geschützt.

4. Teil: Konzept eines Schutzes bei psychischer Krankheit des Opfers

Dieses Ergebnis führt zu der Folgefrage, aus welchem Grund nicht *jede erhebliche* psychische Gesundheitsschädigung des Tatopfers auch abseits solcher Erfordernisse durch das StGB geschützt ist. Diesbezüglich gilt es zu analysieren, inwiefern solche Schädigungen des Tatopfers unter den Tatbestand der Körperverletzung nach §§ 223, 229 StGB subsumiert werden können.

Dazu wird zunächst anhand des Tatbestandes der Körperverletzung untersucht, inwiefern und ab welchem Gewicht psychische Schädigungen des Opfers unter §§ 223, 229 StGB gefasst werden können. Anschließend wird die Feststellung der Kausalität im Rahmen von psychischen Schädigungen untersucht, woran sich eine Analyse der Grenzziehung der Sozialadäquanz innerhalb der Zufügung psychischer Schädigungen auf der Ebene der objektiven Zurechnung anschließt.

I. Psychische Schädigung als Tatbestandserfolg, §§ 223, 229 StGB

1. Körperliche Misshandlung

Nach der Rechtsprechung sowie der herrschenden Literatur wird unter dem Begriff der körperlichen Misshandlung gemäß § 223 Abs. 1 Var. 1 StGB jede üble und unangemessene Behandlung verstanden, die zu einer nicht unerheblichen Beeinträchtigung des körperlichen Wohlbefindens oder der körperlichen Unversehrtheit führt.[572] Sowohl die Rechtsprechung als auch die Literatur lehnen die Subsumtion psychischer Schädigungen des Tatopfers unter die Misshandlungsvariante gemäß § 223 Abs. 1 Var. 1 StGB ab und fordern einen körperlichen Bezug der eingetretenen Beeinträchtigung.[573] Selbst Ansichten innerhalb der Literatur, welche sich für einen Schutz der psychischen Gesundheit im Rahmen der §§ 223, 229 StGB aussprechen, stellen nicht auf die Misshandlungsvariante ab.[574] Dies wird überzeugend damit begründet, dass eine Subsumtion der psychischen Gesundheit unter die Misshandlungsvariante angesichts der Begrenzung des Gesetzestextes auf *körperliche* Misshandlungen aufgrund der auf

---

572 BGH NStZ 2016, 27 (27); BGH NStZ-RR 2015, 211 (211); BGH NStZ-RR 2012, 340 (340); BGH, Urt. v. 15.09.2010 – 2 StR 400/10, bei BeckRS 2010, 24058, unter Gründe Rn. 14; OLG München NStZ 2014, 706 (708); OLG Köln NJW 1997, 2191 (2191); BeckOK/*Eschelbach*, StGB, § 223, Rn. 17 (Stand: 01.02.2021); NK/*Paeffgen*/*Böse*, StGB, § 223, Rn. 8; Kühl/Heger/*Kühl*, StGB, § 223, Rn. 4; MüKo/*Joecks* (*Hardtung*), StGB, § 223, Rn. 4; Schönke/Schröder/*Sternberg-Lieben*, StGB, § 223, Rn. 3 jeweils m.w.N.

573 So explizit hervorgehoben etwa in BGH NStZ 2016, 27 (27); BGH NStZ-RR 2012, 340 (340 f.); BGH NStZ 1986, 166 (166); OLG Düsseldorf NJW 2002, 2118 (2118); AG Lübeck, Urt. v. 08.06.2011 – 746 Js 13196/11, bei BeckRS 2011, 19102, unter Gründe III. 1.; NK/*Paeffgen*/*Böse*, StGB, § 223, Rn. 8, 11b; Kühl/Heger/*Kühl*, StGB, § 223, Rn. 4; *Rengier*, StrafR BT 2, § 13, Rn. 13.

574 Schönke/Schröder/*Sternberg-Lieben*, StGB, § 223, Rn. 4,; *Wessels*/*Hettinger*/*Engländer*, StrafR BT 1, Rn. 210; *Welzel*, StrafR, S. 288; *Joecks*/*Jäger*, StGB, § 223, Rn. 5; Maurach/Schroeder/Maiwald/Hoyer/Momsen/*Schroeder*/*Hoyer*, StrafR BT 1, § 9, Rn. 5; Arzt/Weber/Heinrich/Hilgendorf/*ders.*, StrafR BT, § 6, Rn. 21; *Krey*/*Hellmann*/*Heinrich*, StrafR BT 1, Rn. 189; *Fehr*, Mobbing, S. 79; *Mühe*, Mobbing, S. 81 f.; *Utsch*, Strafrechtliche Probleme des Stalking, S. 40; *Wolfslast*, Psychotherapie in den Grenzen des Rechts, S. 5; *Steinberg*, Strafe für das Versetzen in Todesangst, S. 93; *Hardtung*, JuS 2008, S. 864 ff., 866; *Hoffmann*, GA 2002, S. 385 ff., 396 f.; *Haft*, StrafR BT 2, S. 145 bezieht demgegenüber auch psychische Schädigungen in die Misshandlungsvariante gemäß § 223 Abs. 1 Var. 1 StGB mit ein.

den Wortlaut begrenzten zulässigen Auslegung gegen das Analogieverbot verstoßen würde,[575] da der Gesetzgeber seinen Willen, nur *körperliche* Misshandlungen zu umfassen, im Wortlaut verdeutlicht hat und zudem im StGB strikt zwischen psychischen und körperlichen Beeinträchtigungen des Tatopfers unterscheidet.[576] Unabhängig von der Beurteilung, inwiefern „*alle* seelischen Leiden und jede Schmerzempfindung somatische Grundlagen haben"[577], würde eine Subsumtion psychischer Schädigungen unter die körperliche Misshandlung dem historischen Willen des Gesetzgebers entgegenlaufen.[578] Dieser beschränkt sich nicht nur etwa auf die *körperliche* Misshandlung in § 223 Abs. 1 Var. 1 StGB, auf das Verfallen in eine *geistige* Krankheit gemäß § 226 Abs. 1 Nr. 3 Var. 4 StGB, sondern trennt insbesondere im unmittelbaren Umfeld der Körperverletzung in § 225 Abs. 3 Nr. 2 StGB explizit zwischen der Gefahr einer erheblichen Schädigung der *körperlichen* und *seelischen* Entwicklung.[579] Psychische Beeinträchtigungen können sodann § 223 Abs. 1 Var. 1 StGB nur unterfallen, sofern sich diese somatisch äußern.[580]

2. Gesundheitsschädigung

Daher steht im Mittelpunkt der Analyse, ob psychische Beeinträchtigungen des Opfers unter die Gesundheitsschädigung gemäß § 223 Abs. 1 Var. 2 StGB subsumiert werden können. Nach der Rechtsprechung sowie der herrschenden Literatur wird unter dem Begriff der Gesundheitsschädigung i.S.d. § 223 Abs. 1 Var. 2 StGB das Hervorrufen, Steigern oder Intensivieren eines krankhaften Zustandes verstanden, wobei psychische Schädigungen nur insoweit umfasst sind, sofern sich diese in einem somatisch objektivierbaren pathologischen Zustand äußern.[581] Nur von einer Mindermeinung in der Literatur wird vertreten, dass psychische Schädigung abseits des Erfordernisses

---

575 Schönke/Schröder/*Sternberg-Lieben*, StGB, § 223, Rn. 4, 6; *Mühe*, Mobbing, S. 81; *Wolfslast*, Psychotherapie in den Grenzen des Rechts, S. 5; *Hardtung*, JuS 2008, S. 864 ff., 866.

576 Siehe etwa *Mühe*, Mobbing, S. 81; *Hardtung*, JuS 2008, S. 864 ff., 866.

577 *Bublitz*, RW 2011, S. 28 ff., 36 m.w.N. (Hervorhebung dort).

578 Siehe insbesondere *Mühe*, Mobbing, S. 81; *Hardtung*, JuS 2008, S. 864 ff., 866.

579 Siehe insbesondere *Hardtung*, JuS 2008, S. 864 ff., 866.

580 So auch herrschende Meinung, siehe etwa BGH NStZ 2016, 27 (27); BGH NStZ-RR 2012, 340 (340 f.); BGH NStZ 1986, 166 (166); OLG Düsseldorf NJW 2002, 2118 (2118); AG Lübeck, Urt. v. 08.06.2011 – 746 Js 13196/11, bei BeckRS 2011, 19102, unter Gründe III. 1.; aus der Literatur etwa Schönke/Schröder/*Sternberg-Lieben*, StGB, § 223, Rn. 4; NK/*Paeffgen*/*Böse*, StGB, § 223, Rn. 8, 11b; Kühl/Heger/*Kühl*, StGB, § 223, Rn. 4.

581 Siehe etwa BGH JR 2020, 134 (135); BGH NJW 2013, 3383 (3383); BGHSt 48, 34 (37) = NJW 2003, 150 (153); BGH NStZ 1997, 123 (123); BGHSt 41, 285 (nicht abgedruckt) = NJW 1996, 1068 (1069); BGH NStZ 1986, 166 (166); OLG Düsseldorf NJW 2002, 2118 (2118); StA Hannover NStZ 1987, 175 (176) jeweils m.w.N.; so auch etwa BeckOK/*Eschelbach*, StGB, § 223, Rn. 1–3 (Stand: 01.02.2021); LK/*Grünewald*, StGB, § 223, Rn. 12; Satzger/Schluckebier/Widmaier/*Momsen-Pflanz*/*Momsen*, StGB, § 223, Rn. 9.

einer somatischen Auswirkung durch § 223 Abs. 1 Var. 2 StGB geschützt sind.[582] Im Folgenden wird anhand der gängigen Auslegungsmethoden untersucht, inwiefern psychische Schädigungen auch ohne somatische Äußerung unter dem Begriff der Gesundheitsschädigung i.S.d. § 223 Abs. 1 Var. 2 StGB zu subsumieren sind.

a. Grammatikalische Auslegung

Zunächst ist der Wortlaut des § 223 Abs. 1 Var. 2 StGB heranzuziehen, da dieser die absolute Grenze der Auslegung bildet.[583]

aa. Begriff der Gesundheit

Im Mittelpunkt der grammatikalischen Auslegung steht das Begriffsverständnis von Gesundheit in der Alltags- sowie Fachsprache.[584] Im *Duden* wird Gesundheit als „Zustand oder bestimmtes Maß körperlichen, psychischen oder geistigen Wohlbefindens; Nichtbeeinträchtigung durch Krankheit“[585] beschrieben. Der *Brockhaus* definiert den Begriff Gesundheit als „das ‚normale' (beziehungsweise nicht ‚krankhafte') subjektive Befinden, Aussehen und Verhalten sowie das Fehlen von der Norm abweichender ärztlicher Befunde“[586]. Im *Digitalen Wörterbuch der deutschen Sprache* wird unter dem Begriff der Gesundheit der „Zustand des Gesundseins, körperliches und geistiges Wohlbefinden“[587] aufgefasst. In der Präambel der Satzung der *WHO* als Herausgeber der ICD-10 wird Gesundheit als Zustand vollkommenen körperlichen, geistigen und sozialen Wohlbefindens definiert, welche nicht nur allein bei Fehlen von Krankheit und Gebrechen vorliegt.[588] Gemäß des klinischen Wörterbuchs von *Pschyrembel* ist Gesundheit anzunehmen, „wenn das subjektive Empfinden

---

582 Schönke/Schröder/*Sternberg-Lieben*, StGB, § 223, Rn. 6; MüKo/*Joecks* (*Hardtung*), StGB, § 223, Rn. 31; Arzt/Weber/Heinrich/Hilgendorf/*ders.*, StrafR BT, § 6, Rn. 25; *Joecks/Jäger*, StGB, § 223, Rn. 9; *Krey/Hellmann/Heinrich*, StrafR BT 1, Rn. 193; *Wessels/Hettinger/Engländer*, StrafR BT 1, Rn. 213; Maurach/Schroeder/Maiwald/Hoyer/Momsen/*Schroeder/Hoyer*, StrafR BT 1, § 9, Rn. 5; *Küper/Zopfs*, StrafR BT, Rn. 281; *Haft*, StrafR BT 2, S. 145; *Welzel*, StrafR, S. 288; *Buß*, Der Weg zu einem deutschen Stalkingstraftatbestand, insbesondere S. 140; *Mühe*, Mobbing, S. 105–107; *Wolfslast*, Psychotherapie in den Grenzen des Rechts, S. 19; *Fehr*, Mobbing, S. 81 f.; *Steinberg*, Strafe für das Versetzen in Todesangst, S. 128; *Utsch*, Strafrechtliche Probleme des Stalking, S. 40; *Doerbeck*, Cybermobbing, S. 228; *Hoffmann*, GA 2002, S. 385 ff., 397; *Hardtung*, JuS 2008, S. 864 ff., 867; *Doerbeck*, JR 2020, S. 135 ff., 136; *Rengier*, StrafR BT 2, § 13, Rn. 18 will nur endogene Psychosen einbeziehen, also solche, die auf vermuteten körperlichen Prozessen beruhen.

583 *Krey/Esser*, StrafR AT, Rn. 80.

584 *Hoffmann-Holland*, StrafR AT, Rn. 28; *Gropp/Sinn*, StrafR AT, § 3, Rn. 36.

585 *Duden*-Online unter „Gesundheit", URL: https://www.duden.de/rechtschreibung/Gesundheit (Abrufdatum: 27.04.2021).

586 *Brockhaus* unter „Gesundheit", URL: https://brockhaus.de/ecs/enzy/article/gesundheit (Abrufdatum: 27.04.2021).

587 *Digitales Wörterbuch der deutschen Sprache* unter „Gesundheit", URL: https://www.dwds.de/wb/Gesundheit (Abrufdatum: 27.04.2021).

588 Im Original: „Health is a state of complete physical, mental and social wellbeing and not merely the absence of disease or infirmity", siehe die Präambel der Satzung der *WHO*, URL: https://apps.who.int/gb/bd/PDF/bd47/EN/constitution-en.pdf (Abrufdatum: 27.04.2021); siehe dazu auch *Benecke*, Klinische Psychologie und Psychotherapie, S. 241.

des Fehlens körperlicher, geistiger [...] [und] psychischer Störungen“[589] vorliegt. Zwar wird in der psychologischen Wissenschaft vertreten, dass der Begriff „Gesundheit [...] offensichtlich ein idealtypischer Begriff [ist], der sich einer befriedigenden Gesamtdefinition entzieht“[590], jedoch wird unabhängig von der Reichweite der jeweiligen Definition die psychische Gesundheit durch den vorherrschenden Gesundheitsbegriff umfasst.

bb. Körperlichkeitsbezug der Misshandlungsvariante

Gegen die Subsumtion der psychischen Gesundheit unter den Gesundheitsbegriff des § 223 Abs.1 Var. 2 StGB wird angebracht, dass der Körperlichkeitsbezug der Misshandlungsvariante gemäß § 223 Abs. 1 Var. 1 StGB vor der Klammer stehe und dementsprechend ebenfalls für den Begriff der Gesundheitsschädigung gelte.[591] Jedoch setzt der Wortlaut der Gesundheitsschädigung im Vergleich zur Misshandlungsalternative keinen Körperlichkeitsbezug voraus.[592] Vielmehr gebietet die Ausgestaltung der Misshandlungsvariante gemäß § 223 Abs. 1 Var. 1 StGB als Tatbestandsalternative zur Gesundheitsschädigung gemäß § 223 Abs. 1 Var. 2 StGB eine inhaltlich voneinander differenzierte Auslegung, sodass sich das Merkmal „körperlich“ nur auf die erste Tatbestandsvariante bezieht. Für eine solche Auslegung spricht ebenfalls das Verständnis durch den Gesetzgeber. So verwendet der Gesetzgeber innerhalb der Gefährlichen Körperverletzung gemäß § 224 Abs. 1 Nr. 1 StGB die Formulierung „Gift oder *anderen* gesundheitsschädlichen Stoffen“, wobei der Begriff des Giftes lediglich einen Beispielsfall für einen gesundheitsschädlichen Stoff darstellen soll.[593] Auch in der Gewässerverunreinigung gemäß § 324 StGB wird die Formulierung der Tathandlungen „verunreinigt oder *sonst* dessen Eigenschaft nachteilig verändert“ verwendet, wobei das Verunreinigen als Spezialfall der nachteiligen Veränderung hervorgehoben wird.[594] Eine solche Ausdrucksweise ist durch den Gesetzgeber innerhalb der Körperverletzung gemäß § 223 StGB ausgeblieben und lediglich der Wortlaut „körperlich misshandelt oder an der Gesundheit schädigt“ verwendet worden und nicht „körperlich misshandelt oder *sonst* an der Gesundheit schädigt“. Dadurch wird anhand der Formulierung des Gesetzestextes deutlich, dass die Tatvarianten des § 223 StGB nebeneinanderstehen und die Gesundheitsschädigung gerade keinen Unterfall der körperlichen Misshandlung darstellt. Diese Sichtweise wird ebenfalls dadurch gestützt, dass das Tatobjekt der Körperverletzung nach ausdrücklichem Wortlaut eine „andere Person“ ist. Da die Person als solche das Tatobjekt ist, wird deutlich, dass nicht nur der Körper, sondern vielmehr die Person in ihrer Ganzheit geschützt wird. Da zu einem gesunden Zustand einer Person neben der Körpersphäre ebenfalls die psychische Gesundheit zählt, spricht der Wortlaut dafür, den Schutzbereich der Gesundheit nicht auf die Körpersphäre des Betroffenen zu beschränken.

---

589 *Margraf/Maier*, Pschyrembel Psychiatrie, klinische Psychologie, Psychotherapie, S. 364, unter „Gesundheit“.

590 Hoyer/Knappe/*dies.*/*Wittchen*, Klinische Psychologie und Psychotherapie, S. 31.

591 In diese Richtung geht etwa *Sowada*, Jura 2003, S. 549 ff., 550; auch in der Rechtsprechung wird gegen den Einbezug psychischer Schädigungen der Wortlaut der Vorschrift angebracht, siehe explizit hervorgehoben etwa in BGHSt 48, 34 (36) = NJW 2003, 150 (153).

592 So ebenfalls *Hardtung*, JuS 2008, S. 864 ff., 867; *Hoffmann*, GA 2002, S. 385 ff., 397.

593 Siehe etwa BeckOK/*Eschelbach*, StGB, § 224, Rn. 10 (Stand: 01.02.2021).

594 Siehe etwa BeckOK/*Witteck*, StGB, § 324, Rn. 13 (Stand: 01.02.2021) m.w.N.

cc. Gesundheitsbegriff in anderen Strafrechtsnormen

Zur grammatikalischen Auslegung des Begriffs der Gesundheit kann ebenfalls das Verständnis in anderen Strafrechtsnormen herangezogen werden. Zwar unterliegt der Vergleich mit anderen Strafrechtsnormen systematischen Aspekten. Vorliegend wird jedoch die *Bedeutung* des Begriffes der Gesundheit in anderen Strafrechtsnormen analysiert, sodass die Erörterung in der grammatikalischen Auslegung zu verorten ist.

Wie bereits erläutert, wird zur Auslegung des Gesundheitsbegriffes in anderen Strafrechtsnormen vorwiegend auf die Auslegung der Körperverletzung gemäß § 223 Abs. 1 Var. 2 StGB verwiesen, wodurch ein einheitlicher, somatisch verstandener Gesundheitsbegriff verwendet wird.[595] Nur vereinzelt wird in der Variante der Gesundheitsschädigung innerhalb der Misshandlung von Schutzbefohlenen nach § 225 Abs. 1 Var. 3 StGB[596] sowie der Gesundheitsschädigung einer großen Zahl von Menschen in der Besonders schweren Brandstiftung gemäß § 306b Abs. 1 StGB[597] vertreten, dass auch die Verletzung der psychischen Gesundheit des Opfers umfasst sei. Dies wird damit begründet, dass § 225 Abs. 1 Var. 3 StGB durch die Eingrenzung des Täter- sowie Opferkreises sowie auf vorsätzliche und böswillige Begehung hinreichend bestimmt sei.[598] Zudem wird im Rahmen des Begriffs der schweren Gesundheitsschädigung übereinstimmend vertreten, dass auch die psychische Gesundheit des Tatopfers umfasst ist.[599] Die Rechtsprechung fasst unter den Begriff der schweren Gesundheitsschädigung innerhalb der Nachstellung gemäß § 238 Abs. 2 Var. 2 StGB a.F. eine generalisierte Angststörung mit überdauernder nervlicher Anspannung mit Angstzuständen im Falle des Verlassens der Wohnung, ein Zittern, eine erhebliche Schlafstörung, einen Konzentrationsmangel sowie einen psychischen Zusammenbruch, wobei allerdings die Arbeitsfähigkeit dermaßen eingeschränkt war, dass aufgrund der Wahrscheinlichkeit einer Verfestigung und Chronifizierung der Störung mit der Herabsetzung der Erwerbsfähigkeit um mindestens 50 % gerechnet wurde.[600] Auch psychosomatische Beschwerden mit depressiven Erschöpfungszuständen und Arbeitsbeeinträchtigung sind nach Ansicht des BGH ausreichend.[601] Zudem wird eine schwere Gesundheitsschädigung i.S.d. § 238 Abs. 2 Var. 2 StGB a.F. im Falle einer chronifizierten posttraumatischen Belastungsstörung des Tatopfers mit extremen Stress und Panikreaktionen bei einem möglichen Anruf oder Zusammentreffen mit dem Angeklagten angenommen, wenn das Opfer während der Verhandlung einen Nervenzusammenbruch erlitten hat, im Rahmen dessen neben einer umfangreichen und langwierigen Behandlung zur Wiederherstellung der Gesundheit die sehr hohe

---

595 Siehe unter 3. Teil: II 1.

596 Etwa MüKo/*Hardtung*, StGB, § 225, Rn. 22 m.w.N.; *Knauer, F.*, Der Schutz der Psyche im StrafR, S. 209.

597 Etwa MüKo/*Radtke*, StGB, § 306b, Rn. 10 mit Verweis auf das Gesundheitsverständnis in § 223 StGB, im Rahmen dessen nach MüKo/*Joecks* (*Hardtung*), StGB, § 223, Rn. 31 ebenfalls die psychische Gesundheit einbezogen ist.

598 *Knauer, F.*, Der Schutz der Psyche im StrafR, S. 209.

599 Siehe unter 3. Teil: I 3.

600 LG Heidelberg, Urt. v. 06.05.2008 – 2 KLs 22 Js 6935/07, bei BeckRS 2009, 11137.

601 BGH NStZ-RR 2011, 12 (13).

Wahrscheinlichkeit bestanden hat, dass das Tatopfer bei weiteren vergleichbaren Einwirkungen durch den Täter dauerhaft erwerbsunfähig wird.[602]
Da die Auslegung zum Begriff der schweren Gesundheitsschädigung aufgrund des spezifischen Gewichts der Verletzung nicht ohne weiteres auf den Begriff der (einfachen) Gesundheitsschädigung übertragen werden kann, ergibt die vorstehende Erörterung zwar nicht zwingend, dass die psychische Gesundheit unter den Gesundheitsbegriff des § 223 Abs. 1 Var. 2 StGB zu subsumieren ist. Jedoch bleibt bei gegenteiliger Auffassung offen, aus welchem Grund der Begriff der schweren Gesundheitsschädigung die psychische Gesundheit umfasst, der Begriff der einfachen Gesundheitsschädigung diese jedoch nicht enthalten soll. Zwar besteht zwischen den beiden Begriffen ein Stufenverhältnis, jedoch bezieht sich dieses lediglich auf die Intensität der Gesundheitsschädigung. Dieser Unterschied kann jedoch anhand der jeweiligen Erheblichkeitsschwelle getroffen werden.[603] Durch die Berücksichtigung der psychischen Gesundheit im Rahmen der schweren Gesundheitsschädigung wird deutlich, dass diese erst recht innerhalb der (einfachen) Gesundheitsschädigung zu subsumieren ist.[604]

dd. Gesundheitsbegriff im rechtsgebietsübergreifenden Vergleich

Analog zum vorherigen Absatz unterliegt auch der rechtsübergreifende Vergleich des Begriffsverständnisses der Gesundheit systematischen Aspekten, ist jedoch aufgrund der Analyse der *Wortbedeutung* des Begriffes der Gesundheit innerhalb der grammatikalischen Auslegung zu verorten.
Im Zivilrecht wird die Gesundheit des Einzelnen insbesondere innerhalb der Schadensersatzpflicht gemäß § 823 Abs. 1 Var. 3 BGB geschützt, unter welcher sowohl nach der Rechtsprechung als auch der herrschenden Literatur nicht nur das körperliche, sondern ebenfalls das psychische Wohlbefinden des Geschädigten zu verstehen ist.[605]
Auch im Versicherungsrecht wird eine Krankheit als Antonym zur Gesundheit etwa in § 27 SGB V als „regelwidriger körperlicher oder geistiger Zustand [...] [verstanden], dessen Eintritt entweder die Notwendigkeit einer Heilbehandlung des Versicherten oder lediglich seine Arbeitsunfähigkeit oder beides zugleich zur Folge hat“[606], sodass dem Begriff der Krankheit auch psychische Erkrankungen unterfallen.[607] Darüber hinaus werden im Recht der gesetzlichen Unfallversicherung unter dem Begriff des Gesundheitsschadens in § 8 SGB VII psychische Krankheitszustände als Folge eines

---

602 LG München I, Urt. v. 18.12.2012 – 9 KLs 235 JS, bei BeckRS 2013, 16679, unter Gründe C., E.

603 Etwa BT-Drs. 18/10145, S. 10 f. verdeutlicht, dass der Begriff der schweren Gesundheitsschädigung aufgrund der hohen Mindeststrafe nicht weit auszulegen sei.

604 Siehe dazu auch *Mühe*, Mobbing, S. 93.

605 Siehe etwa BGH NJW 2021, 925 (925); BGHZ 218, 220 (223) = NJW 2018, 3250 (3250 f.); BGH NJW 2015, 2246 (2247); BGHZ 201, 263 (266 f.) = NJW 2014, 2190 (2190); BGHZ 172, 263 (265 f.) = NJW 2007, 2764 (2765); BGHZ 132, 341 (344) = NJW 1996, 2425 (2426); zur Literatur siehe etwa BeckOK/*Förster*, BGB, § 823, Rn. 112 f. (Stand: 01.02.2021); MüKo/*Wagner*, BGB, § 823, Rn. 204 f.; Palandt/*Sprau*, BGB, § 823, Rn. 4; Jauernig/*Teichmann*, BGB, § 823, Rn. 3 jeweils m.w.N.

606 BT-Drs. 11/2237, S. 170; siehe auch etwa LPK-SGB-V/*Kraftberger*, § 27, Rn. 10 m.w.N.

607 LPK-SGB-V/*Kraftberger*, § 27, Rn. 40 m.w.N.

Arbeitsunfalls gefasst.[608] Auch im Opferentschädigungsrecht wird die psychische Gesundheit unter die gesundheitliche Schädigung i.S.d. § 1 Abs. 1 OEG gefasst, sodass beispielsweise ein Schockschaden als posttraumatische Belastungsstörung infolge der Überbringung einer Todesnachricht umfasst ist, wobei eine seelische Reaktion von einigem Gewicht als ausreichend erachtet wird.[609] Anhand des Rechtsvergleiches wird deutlich, dass unter dem Begriff der Gesundheit innerhalb anderer Rechtsgebiete sowohl die physische als auch die psychische Gesundheit gefasst wird.[610] Dadurch zeigt sich, dass das Wortverständnis der Gesundheit nicht auf die physische Sphäre beschränkt ist.

b. Systematische Auslegung

Zudem ist zur Auslegung des Gesundheitsbegriffs die systematische Auslegung anzuwenden, im Rahmen derer die Stellung der Norm im Gesetz (Gesetzessystematik) sowie die Stellung des Gesetzes innerhalb der Rechtsordnung (Rechtssystematik) herangezogen werden.[611]

aa. Paragraphen- und Abschnittsüberschrift

Gegen eine Subsumtion psychischer Gesundheit unter den Begriff der Gesundheitsschädigung gemäß § 223 Abs. 1 StGB wird seitens der Literatur vorgebracht, dass die Wortwahl der Paragraphen- sowie Abschnittsüberschrift explizit nur auf die körperliche Sphäre des Betroffenen abstellt.[612] Der Verweis auf die Paragraphenüberschrift lässt sich jedoch durch eine Bezugnahme auf die Schwere Körperverletzung gemäß § 226 StGB entkräften.[613] Die Schwere Körperverletzung bezieht das Verfallen in eine geistige Krankheit gemäß § 226 Abs. 1 Nr. 3 Var. 4 StGB ein, obwohl die Paragraphenüberschrift analog zu § 223 StGB explizit auf eine (schwere) *Körper*verletzung abstellt. Dies zeigt, dass der Begriff der Körperverletzung in der Paragraphenüberschrift nicht zwingend die Berücksichtigung der psychischen Gesundheit ausschließt, da sich ansonsten die Überschrift sowie der Inhalt der Schweren Körperverletzung gemäß § 226 Abs. 1 Nr. 3 Var. 4 StGB widersprechen würden. Auch innerhalb anderer Normen beschreibt die Überschrift das tatbestandliche Verhalten nicht abschließend, wie etwa die Urkundenfälschung gemäß § 267 StGB, welche ebenfalls den Gebrauch gefälschter Urkunden normiert, die Urkundenunterdrückung gemäß § 274 StGB, wobei auch technische Aufzeichnung umfasst sind, oder die Datenveränderung gemäß § 303a StGB, innerhalb derer auch das Unterdrücken, Löschen oder Unbrauchbarmachen erfasst sind.[614] Zudem würde im Falle des expliziten Ausschlusses psychischer Beeinträchtigungen im Rahmen der §§ 223, 229 StGB aufgrund der Paragraphenüberschrift der Körperlichkeitsbezug in der

---

608 Siehe etwa BeckOK/*Wietfeld*, SozialR, SGB VII, § 8, Rn. 137 m.w.N. (Stand: 01.03.2021).

609 Siehe etwa BSGE 91, 107 = NJW 2004, 1476 (1477) m.w.N.

610 Siehe dazu ebenfalls eingehend LK/*Grünewald*, StGB, § 223, Rn. 7; *Mühe*, Mobbing, S. 95 f.; *Knauer, F.*, Der Schutz der Psyche im StrafR, S. 116–119, 199; *Tag*, Körperverletzungstatbestand, S. 78–81.

611 *Hoffmann-Holland*, StrafR AT, Rn. 29.

612 LK/*Grünewald*, StGB, § 223, Rn. 10; NK/*Paeffgen*/*Böse*, StGB, § 223, Rn. 11b; AK/*Zöller*/*Petry*, StGB, § 223, Rn. 14; BeckOK/*Eschelbach*, StGB, § 223, Rn. 1 (Stand: 01.02.2021); *Lorenz*/*Flaig*, JA 2019, 108 ff., 109; *Bloy*, in FS-Eser, S. 233 ff., 235.

613 *Mühe*, Mobbing, S. 90.

614 So ebenfalls *Hardtung*, JuS 2008, S. 864 ff., 867, insbesondere unter Fn. 32.

Misshandlungsvariante nach § 223 Abs. 1 Var. 1 StGB leerlaufen. Sofern die Vorschrift der Körperverletzung schon durch den Körperbezug in der Überschrift auf die körperliche Sphäre beschränkt werden sollte, bleibt offen, aus welchen Gründen der Gesetzgeber innerhalb der Misshandlungsvariante explizit nur körperliche Beeinträchtigungen normieren wollte.[615]

Gegen eine Beschränkung des Gesundheitsbegriffes gemäß §§ 223 Abs. 1 Var. 2, 229 StGB auf die Körpersphäre aufgrund der Stellung im 17. Abschnitts des StGB – den Straftaten gegen die *körperliche* Unversehrtheit – kann ebenfalls ein Vergleich mit anderen Normen in diesem Abschnitt angebracht werden. So ist innerhalb der Misshandlung von Schutzbefohlenen in der Variante des Quälens gemäß § 225 Abs. 1 Var. 1 StGB sowie in der Variante der Gefahr einer schweren Gesundheitsschädigung gemäß § 225 Abs. 3 Nr. 1 Var. 2 StGB ebenfalls die Zufügung einer seelischen Beeinträchtigung umfasst.[616] Auch in den Qualifikationen der Verursachung der Gefahr einer erheblichen Schädigung der *seelischen* Entwicklung gemäß § 225 Abs. 3 Nr. 2 StGB sowie innerhalb des Hervorrufens einer *geistigen* Krankheit gemäß § 226 Abs. 1 Nr. 3 Var. 4 StGB bezieht der Gesetzgeber explizit den Schutz vor psychischen Beeinträchtigungen des Tatopfers in den 17. Abschnitt des StGB ein.[617] Die Paragraphen- sowie Abschnittsüberschrift spricht demgemäß nicht gegen die Berücksichtigung der psychischen Gesundheit innerhalb des Gesundheitsbegriffes i.S.d. § 223 Abs. 1 Var. 2 StGB.[618]

bb. Vergleich mit § 225 StGB

Unter Verweis auf den Schutz der psychischen Gesundheit innerhalb der Misshandlung von Schutzbefohlenen in der Tatvariante des Quälens gemäß § 225 Abs. 1 Var. 1 StGB sowie in der Variante der Gefahr einer schweren Gesundheitsschädigung gemäß § 225 Abs. 3 Nr. 1 Var. 2 StGB wird teilweise vertreten, dass lediglich den dort genannten Personengruppen psychischer Gesundheitsschutz zukommen soll, sodass ein genereller Schutz vor psychischen Beeinträchtigungen durch § 223 Abs. 1 Var. 2 StGB dem speziell gelagerten Schutz aus § 225 StGB widersprechen würde.[619] Durch § 225 StGB soll den jeweils geschützten Personengruppen aufgrund des besonderen Abhängigkeitsverhältnisses gegenüber dem Täter ein weitergehender Schutz zugesprochen werden als durch den Tatbestand der Körperverletzung gemäß § 223 Abs. 1 Var. 2 StGB erreicht wird.[620] Der Tatbestand der Misshandlung von Schutzbefohlenen gemäß

---

615 So ebenfalls *Mühe*, Mobbing, S. 89; *Doerbeck*, JR 2020, S. 135 ff., 137.

616 Siehe hinsichtlich des Quälens gemäß § 225 Abs. 1 Var. 1 StGB unter 3. Teil: I 4; hinsichtlich der Gefahr einer schweren Gesundheitsschädigung gemäß § 225 Abs. 3 Nr. 1 Var. 2 StGB unter 3. Teil: I 3.

617 So ebenfalls *Küper/Zopfs*, StrafR BT, Rn. 281; *Hardtung*, JuS 2008, S. 864 ff., 867; *Mühe*, Mobbing, S. 90.

618 So ebenfalls etwa *Küper/Zopfs*, StrafR BT, Rn. 281; *Mühe*, Mobbing, S. 90; *Hardtung*, JuS 2008, S. 864 ff., 867; *Doerbeck*, JR 2020, S. 135 ff., 136; *Steinberg*, Strafe für das Versetzen in Todesangst, S. 128 führt diesbezüglich ebenfalls aus, dass der Rekurs auf die Abschnittsüberschrift historisch überholt sei, da eine strikte Trennung zwischen Körper und Psyche nicht mehr der heutigen Vorstellung von Gesundheit entspreche.

619 NK/*Paeffgen/Böse*, StGB, § 223, Rn. 11b; in diese Richtung auch SK/*Wolters*, StGB, § 225, Rn. 11.

620 Explizit hervorgehoben in BGHSt 41, 113 (116) = NJW 1995, 2045 (2046); so ebenfalls *Mühe*, Mobbing, S. 92; *Wolfslast*, Psychotherapie in den Grenzen des Rechts, S. 18 f.

§ 225 Abs. 1 Var. 1 StGB bezweckt jedoch nicht den Schutz vor psychischen Krankheiten, sondern ist bereits bei psychischen Beeinträchtigungen unterhalb dieser Schwelle wie etwa im Falle eines seelischen Leidens erfüllt.[621] Die Abgrenzung hat dabei über die Erheblichkeitsschwelle stattzufinden.

Zudem wird gegen die Subsumtion der psychischen Gesundheit unter den Begriff der Gesundheit i.S.d. §§ 223 Abs. 1 Var. 2, 229 StGB argumentiert, dass der Gesetzestext in § 225 Abs. 3 Nr. 2 StGB explizit zwischen der Gefahr einer erheblichen Schädigung der körperlichen und seelischen Entwicklung trennt, demgegenüber aber eine solche ausdrückliche Differenzierung auf den Schutz der *seelischen* Gesundheit in § 223 Abs. 1 Var. 2 StGB ausbleibt.[622] Einerseits wurde bereits herausgearbeitet, dass sich der Körperlichkeitsbezug in § 223 StGB lediglich auf die Misshandlungsvariante gemäß § 223 Abs. 1 Var. 1 StGB bezieht, da auf diesen innerhalb der Gesundheitsschädigung gemäß § 223 Abs. 1 Var. 2 StGB explizit verzichtet wurde.[623] Andererseits bedeutet der Umstand, dass der Gesetzgeber in § 225 Abs. 3 Nr. 2 StGB explizit zwischen körperlicher und seelischer Entwicklung trennt, im Umkehrschluss nicht zwingend, dass im Falle der Auslassung einer solchen expliziten Unterscheidung stets nur die körperliche Verfassung des Opfers geschützt ist. Zudem sei angemerkt, dass mit der Schädigung der körperlichen und seelischen Entwicklung gemäß § 225 Abs. 3 Nr. 2 StGB etwas anderes gemeint ist als mit der Gesundheitsschädigung gemäß § 223 Abs. 1 Var. 2 StGB. Ein erheblicher Entwicklungsschaden liegt vor, wenn die physische oder psychische Entwicklung des Betroffenen andauernd und nachhaltig gestört ist.[624] Für die Annahme von psychischen Schädigungen wird eine Beeinträchtigung des biologischen Entwicklungsprozesses vorausgesetzt, aus welchem die seelischen Fähigkeiten zur Bewältigung von Lebensaufgaben hervorgehen.[625] Als Anknüpfungspunkt der Schädigung werden etwa fehlende Ernährung, Pflege, ärztliche Behandlung, psychische Beeinflussung, Vernachlässigungen, Intoxikationen sowie nichterfüllte Abwehrpflichten genannt.[626] Auch in der Rechtsprechung wird etwa darauf abgestellt, inwiefern die Schädigung des Tatopfers durch hinreichende Förderung, Betreuung und Versorgung hätte abgewendet werden können.[627] Diese Schädigung weicht von Fällen einer Gesundheitsschädigung gemäß § 223 Abs. 1 Var. 2 StGB insoweit ab, dass dort lediglich das Hervorrufen, Steigern oder Intensivieren eines pathologischen, also krankhaften Zustands der Gesundheit der betroffenen Person verlangt wird.[628] Somit bezieht sich der Schädigungsbegriff des § 225 Abs. 3 Nr. 2 StGB auf eine andere Art von Schädigung als derjenige des § 223 Abs. 1 Var. 2 StGB. Dadurch lässt sich ein direkter Vergleich zwischen § 223 Abs. 1 Var. 2 StGB und § 225 Abs. 3 Nr. 2 StGB nicht ziehen. Dementsprechend spricht der systematische Vergleich mit § 225 StGB nicht gegen die

---

621 BGH NStZ 2016, 95 (96) m.w.N; siehe dazu bereits unter 3. Teil: I 4.

622 Hervorgehoben etwa in BGHSt 48, 34 (36) = NJW 2003, 150 (153); LK/*Grünewald*, StGB, § 233, Rn. 10; *Hecker*, JuS 2012, S. 179 ff., 179; *Sowada*, Jura 2003, S. 549 ff., 559, *Drees*, NStZ 2015, S. 269 f, 270; *Lorenz/Flaig*, JA 2019, 108 ff., 109.

623 Siehe dazu auch bereits unter 4. Teil: I 2 a bb.

624 BGH NStZ 2017, 282 (283); BeckOK/*Eschelbach*, StGB, § 225, Rn. 36 (Stand: 01.02.2021) jeweils m.w.N.

625 NK/*Paeffgen*/*Böse*, StGB, § 225, Rn. 27 m.w.N.

626 NK/*Paeffgen*/*Böse*, StGB, § 225, Rn. 27 m.w.N.

627 BGH NStZ 2017, 282 (283).

628 Siehe bereits unter 4. Teil: I 2.

Berücksichtigung der psychischen Gesundheit unter den Gesundheitsbegriff des § 223 Abs. 1 Var. 2 StGB.[629]

cc. Vergleich mit § 226 StGB

Der direkte Vergleich der (einfachen) Körperverletzung gemäß § 223 StGB mit der Schweren Körperverletzung nach § 226 StGB ist nicht ergiebig. Sowohl die Norm der (einfachen) Körperverletzung gemäß § 223 StGB als auch die Schwere Körperverletzung gemäß § 226 StGB sind unter weitgehend unverändertem Wortlaut bereits seit dem Jahr 1871 im StGB normiert.[630] Die Anerkennung psychischer Beeinträchtigungen bis hin zu Krankheiten hat sich jedoch seit dem Jahr 1871 stark gewandelt,[631] sodass dem Begriff der Gesundheit heutzutage herrschend ebenfalls die psychische Gesundheit unterfällt.[632] Dadurch ist der explizite Verweis auf geistige Krankheiten gemäß § 226 Abs. 1 Nr. 3 Var. 4 StGB bei gleichzeitigem Verzicht innerhalb der (einfachen) Körperverletzung nach § 223 Abs. 1 StGB zunächst historisch bedingt.

Darüber hinaus wird in der Literatur allerdings teilweise vertreten, dass eine geistige Krankheit dasselbe darstelle, wie ein Schaden an der psychischen Gesundheit gemäß § 223 Abs. 1 Var. 2 StGB,[633] sodass im Falle der Berücksichtigung psychischer Beeinträchtigungen unter den Begriff der Gesundheitsschädigung gemäß § 223 Abs. 1 Var. 2 StGB kein eigenständiger Anwendungsbereich der Schweren Körperverletzung in Form der geistigen Krankheit gemäß § 226 Abs. 1 Nr. 3 Var. 4 StGB verbleiben würde. Dies kann jedoch dadurch entkräftet werden, dass die Schwere Körperverletzung gemäß § 226 Abs. 1 Nr. 3 Var. 4 StGB eine weitaus gewichtigere psychische Beeinträchtigung verlangt als eine Gesundheitsschädigung gemäß § 223 Abs. 1 Var. 2 StGB. Die Schwere Körperverletzung gemäß § 226 Abs. 1 Nr. 3 Var. 4 StGB verlangt seitens des Gesetzeswortlauts das „Verfallen" des Tatopfers in eine psychische Krankheit. Vom umgangssprachlichen Wortsinn her wird das Wort Verfall mit dem Schwinden der Kräfte gleichgesetzt,[634] sodass ein solcher nicht bereits im Rahmen von vorübergehenden psychischen Erkrankungen vorliegt.[635] Der Anwendungsbereich des § 226 Abs. 1 Nr. 3 Var. 4 StGB ist vielmehr erst dann eröffnet, sofern der Betroffene eine derartige Beeinträchtigung auf Dauer erleidet.[636] Da die Schwere der geistigen Krankheit den übrigen Tatvarianten des § 226 StGB entsprechen muss, reicht eine

---

629 So ebenfalls *Mühe*, Mobbing, S. 92; *Steinberg*, Strafe für das Versetzen in Todesangst, S. 128; *Wolfslast*, Psychotherapie in den Grenzen des Rechts, S. 18 f.

630 Siehe zur Entstehungsgeschichte des § 223 StGB etwa LK/*Grünewald*, StGB, § 223, vor Rn. 1 unter „Entstehungsgeschichte" sowie hinsichtlich des § 226 StGB LK/*Grünewald*, StGB, § 226, vor Rn. 1 unter „Entstehungsgeschichte".

631 *Dorsch* Lexikon der Psychologie, unter „Gesundheitsbegriff, Geschichte", URL: https://dorsch.hogrefe.com/stichwort/gesundheitsbegriff-geschichte#search=9d67cf6aaee5e3dd39695ee2e6c5f6c5&offset=0 (Abrufdatum: 27.04.2021).

632 Siehe unter 4. Teil: I 2 a aa.

633 So etwa MüKo/*Hardtung*, StGB, § 226, Rn. 40; *Hardtung*, JuS 2008, S. 1060 ff., 1063; darauf weist ebenfalls Maurach/Schroeder/Maiwald/Hoyer/Momsen/*Schroeder/Hoyer*, StrafR BT 1, § 9, Rn. 5 hin.

634 *Duden* online unter „Verfall", URL: https://www.duden.de/rechtschreibung/Verfall (Abrufdatum: 27.04.2021).

635 So ebenfalls *Knauer, F.*, Der Schutz der Psyche im StrafR, S. 198.

636 BGH NStZ 2018, 102 (103) m.w.N.

lediglich vorübergehende psychische Krankheit nicht zur Annahme des § 226 Abs. 1 Nr. 3 Var. 4 StGB aus.[637]

Ein solches Erfordernis dauerhafter Schädigung der psychischen Gesundheit im Rahmen des Verfallens in eine geistige Krankheit gemäß § 226 Abs. 1 Nr. 3 Var. 4 StGB wird ebenfalls durch den Wortlaut der Variante der *dauerhaften* Entstellung in erheblicher Weise gemäß § 226 Abs. 1 Nr. 3 Var. 1 StGB gestützt. Für Fälle unterhalb dieser Schwelle ist bei Subsumtion der psychischen Gesundheit unter den Gesundheitsbegriff des § 223 Abs. 1 Var. 2 StGB der Anwendungsbereich der einfachen Körperverletzung eröffnet. Dadurch stellt die Schwere Körperverletzung als erfolgsqualifizierte Körperverletzung[638] auch im Falle einer Subsumtion psychischer Schädigungen ohne somatische Auswirkungen im Rahmen der § 223 Abs. 1 Var. 2 StGB ein erhöhtes Unrecht gegenüber der einfachen Körperverletzung unter Strafe.

Darüber hinaus ist nicht ersichtlich, aus welchem Grund die psychische Gesundheit zu den geschützten Gütern der Schweren Körperverletzung gemäß § 226 StGB gezählt werden soll, ein solcher Schutz jedoch innerhalb des Grundtatbestandes nach § 223 StGB verneint wird. Die Strafschärfung des § 226 StGB gründet auf der Herbeiführung einer dermaßen schweren Folge durch die (einfache) Körperverletzung gemäß § 223 StGB, dass der Verletzte in der Lebensqualität dauerhaft und auf empfindliche Weise beeinträchtigt ist.[639] Dadurch kann durch den Schutz der psychischen Gesundheit innerhalb der Schweren Körperverletzung gemäß § 226 Abs. 1 Nr. 3 Var. 4 StGB vielmehr der Rückschluss gezogen werden, dass diese erst recht ebenfalls innerhalb der Körperverletzung nach § 223 Abs. 1 StGB umfasst wird.[640] Dies gilt umso mehr, als im Rahmen der Schweren Körperverletzung gemäß § 226 Abs. 1 Nr. 3 Var. 4 StGB keine somatische Auswirkung der psychischen Krankheit verlangt wird, sondern das Verfallen in eine psychische Schädigung des Tatopfers ohne Bezugnahme auf körperliche Schäden ausreicht.[641]

c. Teleologische Auslegung

In der Literatur wird der Schutz der psychischen Gesundheit durch die Körperverletzung gemäß § 223 Abs. 1 Var. 2 StGB zum Teil aufgrund der teleologischen Auslegung abgelehnt.[642] Bei dieser ist der Sinn und Zweck der jeweiligen Vorschrift zu berücksichtigen,[643] wobei insbesondere das tatbestandlich geschützte Rechtsgut maßgeblich ist[644]. Der Schutzzweck der Körperverletzung nach § 223 Abs. 1 StGB wird in der Kommentarliteratur jedoch uneinheitlich bewertet. So wird in der Literatur als

---

637 So ebenfalls *Knauer, F.,* Der Schutz der Psyche im StrafR, S. 198.

638 Kühl/Heger/*Kühl*, StGB, § 226, Rn. 1 m.w.N.

639 BeckOK/*Eschelbach*, StGB, § 226, Rn. 1 (Stand: 01.02.2021); Schönke/Schröder/*Sternberg-Lieben*, StGB, § 226, Rn. 1.

640 So ebenfalls *Rengier*, StrafR BT 2, § 13, Rn. 18; *Hardtung*, JuS 2008, S. 864 ff., 867; *Bublitz*, RW 2011, S. 28 ff., 48; auch *Steinberg*, Strafe für das Versetzen in Todesangst, S. 128 sieht den Verweis auf § 226 StGB als nicht zwingend und nicht plausibel an.

641 Siehe dazu bereits 3. Teil: I 5.

642 So etwa *Tag*, Körperverletzungstatbestand, S. 92.

643 *Gropp*/*Sinn*, StrafR AT, § 3, Rn. 45.

644 *Tag*, Körperverletzungstatbestand, S. 65 m.w.N.

geschütztes Rechtsgut des § 223 StGB die körperliche Unversehrtheit[645], das körperliche Wohl[646], die körperliche Integrität[647], der Körper[648] sowie zum Teil ebenfalls die Gesundheit[649], teilweise unter Einschränkung auf die physische Gesundheit[650] eines anderen Menschen genannt. Dadurch lässt sich nicht eindeutig feststellen, inwiefern auch die psychische Gesundheit vom Normzweck des § 223 StGB umfasst ist. Sofern jedoch die Gesundheit des Betroffenen das geschützte Rechtsgut darstellen soll, ist aufgrund des bereits erörterten Verständnisses des Gesundheitsbegriffs[651] nicht nur die körperliche, sondern ebenfalls die psychische Gesundheit in den Schutzzweck eingeschlossen. Zudem ist auch nicht zu befürchten, dass §§ 223, 229 StGB durch den Einbezug psychischer Schädigungen ohne somatische Auswirkungen des Tatopfers zu „Auffangtatbeständen"[652] würden. Vielmehr ist einem solchen Bedenken durch die Anwendung einer Erheblichkeitsschwelle zu begegnen, damit nicht jedwede psychische Beeinträchtigung des Tatopfers unter §§ 223, 229 StGB subsumierbar ist.

d. Historische Auslegung

Gegner des Schutzes der psychischen Gesundheit unter den Tatbestand der Körperverletzung gemäß § 223 Abs. 1 Var. 2 StGB berufen sich auf die historische Auslegung.[653] Allerdings ist dieser Auslegung umso weniger Gewicht beizumessen, je mehr sich das Normgepräge sowie das Verständnis der Tatbestandsmerkmale weiterentwickelt hat.[654] Demgemäß hat das BVerfG die geringere Bedeutung der historischen Auslegung im Vergleich zum Wortlaut sowie dem Sinnzusammenhang betont.[655] Die Entstehungsgeschichte ist für die Auslegung einer Norm nach Ansicht des BVerfG nur insoweit relevant, als diese die Richtigkeit der bereits vorgenommenen Auslegung bestätigt oder Zweifel behebt.[656]

Nichtsdestotrotz könnten die Gesetzgebungsmaterialien und die rechtspolitische Diskussion Aufschluss über die Motive des Gesetzgebers hinsichtlich der Reichweite des Begriffes Gesundheit i.S.d. § 223 Abs. 1 Var. 2 StGB geben.[657] Jedoch soll aufgrund der geringen Bedeutung der historischen Auslegung insbesondere vor dem Hintergrund,

---

645 *Fischer*, StGB, § 223, Rn. 2; SK/*Wolters*, StGB, § 223, Rn. 3; LPK-StGB/*Kindhäuser*/*Hilgendorf*, Vorbemerkungen zu §§ 223-231, Rn. 1; BeckOK/*Eschelbach*, StGB, § 223, Rn. 1 (Stand: 01.02.2021); Kühl/Heger/*Kühl*, StGB, § 223, Rn. 1; Matt/Renzikowski/*Engländer*, StGB, § 223, Rn. 2.

646 Schönke/Schröder/*Sternberg-Lieben*, StGB, § 223, Rn. 1; MüKo/*Joecks* (*Hardtung*), StGB, § 223, Rn. 1; Matt/Renzikowski/*Engländer*, StGB, § 223, Rn. 2; NK/*Paeffgen*/*Böse*, StGB, § 223, Rn. 2.

647 Schönke/Schröder/*Sternberg-Lieben*, StGB, § 223, Rn. 1; NK/*Paeffgen*/*Böse*, StGB, § 223, Rn. 2; MüKo/*Joecks* (*Hardtung*), StGB, § 223, Rn. 1.

648 LK/*Grünewald*, StGB, § 223, Rn. 2.

649 *Fischer*, StGB, § 223, Rn. 2; Schönke/Schröder/*Sternberg-Lieben*, StGB, § 223, Rn. 1; Matt/Renzikowski/*Engländer*, StGB, § 223, Rn. 2; NK/*Paeffgen*/*Böse*, StGB, § 223, Rn. 2; LK/*Grünewald*, StGB, § 223, Rn. 2; MüKo/*Joecks* (*Hardtung*), StGB, § 223, Rn. 1.

650 BeckOK/*Eschelbach*, StGB, § 223, Rn. 1 (Stand: 01.02.2021).

651 Siehe unter 4. Teil: I 2 a aa.

652 *Tag*, Körperverletzungstatbestand, S. 93.

653 So etwa LK/*Grünewald*, StGB, § 223, Rn. 10; *Tag*, Körperverletzungstatbestand, S. 92.

654 Siehe dazu etwa Matt/Renzikowski/*Basak*, StGB, § 1, Rn. 23 m.w.N.

655 BVerfGE 1, 283 (299 f.) = NJW 1952, 737 (737).

656 BVerfGE 1, 283 (299 f.) = NJW 1952, 737 (737).

657 Zur historischen Auslegung siehe *Hoffmann-Holland*, StrafR AT, Rn. 30.

dass die Gesundheitsschädigung im Rahmen des Körperverletzungstatbestandes bereits im Jahr 1871 eingeführt wurde und seitdem weitgehend unter dem gleichen Wortlaut besteht, auf eine intensive Auseinandersetzung mit der Historie des § 223 StGB verzichtet und lediglich wesentliche Umstände aufgeführt werden.[658]
Bei der Erstellung des RStGB haben zwar einzelne Mitglieder der Bundeskommission zu einer Berücksichtigung auch psychischer Beeinträchtigungen unter den Körperverletzungstatbestand tendiert,[659] allerdings beschränkt sich dieser seit der Einführung im Jahr 1871 bis auf redaktionelle Änderungen auf die körperliche Misshandlung sowie Gesundheitsschädigung des Opfers.[660] Bezüglich der Auslegung des Begriffes der Gesundheitsschädigung wird beispielsweise im Kommentar von *Schwarze* aus dem Jahr 1873 erläutert, dass der Begriff der Gesundheitsschädigung in § 223 Abs. 1 Var. 2 StGB durch seine allgemeine Formulierung nicht auf die körperliche Sphäre beschränkt sei.[661] Diese Auslegung wird durch den Kommentar von *Rubo* aus dem Jahr 1879 gestützt, welcher hervorhebt, dass der Tatbestand der Köperverletzung gemäß § 223 Abs. 1 StGB mangels Unterscheidung zwischen körperlicher und geistiger Gesundheit die Schädigung beider Varianten erfasse.[662] Eine explizite Klarstellung, inwiefern psychische Gesundheitsschäden des Tatopfers unter den Tatbestand der Körperverletzung nach § 223 Abs. 1 StGB zu subsumieren sind, ist durch den Gesetzgeber jedoch ausgeblieben.[663] Analog zur vorherrschenden Rechtsprechung hat das RG psychische Schädigungen des Tatopfers unter den Tatbestand der Körperverletzung in Form der Gesundheitsschädigung gefasst, sofern diese mit somatischen Auswirkungen verbunden sind.[664] Entsprechend führt das RG aus, dass „eine bloß psychische Einwirkung, durch die lediglich das seelische Wohlbefinden berührt ist, [nicht] genügt“[665]. Allerdings stellt das RG zugleich dar, dass in den Fällen, in denen „eine psychische Einwirkung die innere Lebensfunktion stört und das körperliche Wohlbefinden beeinträchtigt, wenn insbesondere die die sinnlichen Eindrücke vermittelnden Nerven in einen krankhaften, also nicht nur in einen ganz vorübergehenden gereizten Zustand versetzt werden, [...] die Gesundheit beschädigt [ist]“[666]. Dementsprechend wurde durch das RG eine Strafbarkeit wegen Körperverletzung in Form der Gesundheitsschädigung gemäß § 223 Abs. 1 Var. 2 StGB angenommen, sofern das Tatopfer aufgrund des plötzlichen Aufschreckens aus einer Hypnose, während derer sich der Täter an dem Opfer sexuell erregt hat, „völlig verändert, völlig gebrochen gewesen sei, ohne ersichtlichen Grund Kopfschmerzen und

---

658 Siehe zur historischen Entwicklung des Schutzes der Psyche im StrafR eingehend etwa die eingehende Erörterung von *Korn*, Körperverletzungsdelikte; *Knauer, F.*, Der Schutz der Psyche im StrafR, S. 11–38; *Mühe*, Mobbing, S. 96–100.

659 *Schwarze*, Commentar zum Strafgesetzbuch für das Deutsche Reich, S. 555.

660 Siehe zur Entstehungsgeschichte des § 223 StGB etwa LK/*Grünewald*, StGB, § 223, vor Rn. 1 unter „Entstehungsgeschichte“.

661 *Schwarze*, Commentar zum Strafgesetzbuch für das Deutsche Reich, S. 555.

662 *Rubo*, Kommentar über das Strafgesetzbuch, S. 769.

663 Siehe dazu auch eingehend *Mühe*, Mobbing, S. 96–100; *Tag*, Körperverletzungstatbestand, S. 48–62; *Bublitz*, RW 2011, S. 28 ff., 47; eingehende Erläuterung der historischen Entwicklung des Schutzes der Psyche im StrafR *Knauer, F.*, Der Schutz der Psyche im StrafR, S. 11–38.

664 Siehe etwa eingehend RGSt 64, 113 (119).

665 RGSt 64, 113 (119).

666 RGSt 64, 113 (119).

Weinkrämpfe gehabt und an Schlaflosigkeit und tiefer seelischer Niedergeschlagenheit gelitten habe, dass [...] [sein] ganzes Wesen gedrückt, [...] [seine] Spannkraft, Arbeitsfreudigkeit und Arbeitsfähigkeit für lange Zeit stark eingeschränkt gewesen sei, [...] [es] auch eine beträchtliche Menge Haupthaar verloren habe“[667]. Aus der historischen Auslegung ergibt sich daher zwar nicht explizit die Subsumtion der psychischen Gesundheit unter § 223 Abs. 1 Var. 2 StGB. Jedoch zeigt sich, dass nicht nur bei der Erstellung des RStGB zu einem solchen Schutz tendiert wurde, sondern ebenfalls die historische Kommentarliteratur die psychische Gesundheit als umfasst ansieht.

3. Zwischenergebnis

Es kann daher festgehalten werden, dass psychische Schädigungen vom Tatbestand der Gesundheitsschädigung gemäß § 223 Abs. 1 Var. 2 StGB umfasst sind.
Nach dem allgemeinen Wortverständnis sowie der Fachsprache innerhalb der Naturwissenschaften wird herrschend unter dem Begriff der Gesundheit auch die psychische Gesundheit verstanden. Für die Berücksichtigung der psychischen Gesundheit des Opfers im Rahmen der §§ 223 Abs. 1 Var. 2, 229 StGB spricht ebenfalls, dass die Gesundheitsvariante im Vergleich zur Misshandlungsalternative gemäß § 223 Abs. 1 Var. 1 StGB gerade keinen Körperlichkeitsbezug voraussetzt. Zudem wird die psychische Gesundheit durch die herrschende Rechtsprechung sowie Literatur in den Begriff der schweren Gesundheitsschädigung einbezogen, sodass sich anhand eines Erst-Recht-Schlusses ergibt, dass auch die (einfache) Gesundheitsschädigung die psychische Gesundheit beinhaltet. Daneben deutet der rechtsgebietsübergreifende Vergleich des Begriffes der Gesundheit, etwa durch die Subsumtion der psychischen Gesundheit unter § 823 Abs. 1 Var. 3 BGB, § 8 SGB VII oder auch § 1 OEG, auf die Berücksichtigung derer im Rahmen der §§ 223 Abs. 1 Var. 2, 229 StGB hin. Auch spricht der systematische Vergleich mit der Schweren Körperverletzung gemäß § 226 Abs. 1 Nr. 3 StGB für den Schutz der psychischen Gesundheit im Rahmen der §§ 223 Abs. 1 Var. 2, 229 StGB, da aufgrund des Schutzes der psychischen Gesundheit in der Erfolgsqualifikation offen bleibt, warum dieser nicht ebenfalls für den Grundtatbestand der (einfachen) Körperverletzung nach § 223 Abs. 1 Var. 2 StGB gilt. Zwar werden innerhalb der historischen Auslegung die Motive des Gesetzgebers hinsichtlich der Reichweite des Begriffes Gesundheit i.S.d. § 223 Abs. 1 Var. 2 StGB nicht deutlich, da eine explizite Klarstellung hinsichtlich der Subsumtion psychischer Gesundheitsschäden des Tatopfers unter § 223 Abs. 1 StGB durch den Gesetzgeber ausgeblieben ist. Jedoch sprechen sich die Kommentare aus Zeiten der Einführung des Körperverletzungstatbestandes für die Subsumtion der psychischen Gesundheit unter den Gesundheitsbegriff gemäß § 223 Abs. 1 Var. 2 StGB aus.

II. Erheblichkeit psychischer Schädigungen, §§ 223, 229 StGB

Vorstehend wurde dargelegt, dass unter den Begriff der Gesundheitsschädigung gemäß § 223 Abs. 1 Var. 2 StGB auch psychische Beeinträchtigungen des Tatopfers fallen. Sowohl bei einer physischen als auch bei einer psychischen Körperverletzung ist als Ausdruck des Grundsatzes ultima ratio dem Taterfolg eine bestimmte

---

[667] RGSt 64, 113 (119).

Erheblichkeitsgrenze immanent.[668] Nachstehend wird erörtert, ab welchem Gewicht der Verletzung des Opfers von einer *erheblichen* psychischen Schädigung innerhalb der Körperverletzung §§ 223, 229 StGB auszugehen ist.

1. Erfordernis der Somatik innerhalb der Rechtsprechung

Die ständige Rechtsprechung verlangt, dass für eine Gesundheitsbeschädigung nach § 223 StGB „eine Einwirkung, die lediglich das seelische Wohlbefinden berührt, nicht [...] [ausreicht, sondern] die psychischen Folgen jedenfalls den Körper im weitesten Sinne in einen pathologischen, somatisch objektivierbaren Zustand versetzen [müssen]“[669]. Dazu sollen psycho-vegetative Störungen, also eine „erhebliche Reizung der die sinnlichen Eindrücke vermittelnden Empfindungsnerven [...], die in der Folge zu einer schweren, körperlich in Erscheinung tretenden Alteration, einem Kollaps oder einer so genannten Schrecklähmung führen kann“[670], ausreichen. Im Folgenden wird ein Überblick gegeben, inwiefern der Einzelne vor psychischen Schädigungen nach Ansicht der Rechtsprechung durch §§ 223, 229 StGB geschützt ist.[671] Diesbezüglich wird lediglich auf diejenigen Urteile eingegangen, welche das Vorliegen einer Gesundheitsschädigung i.S.d. § 223 Abs. 1 Var. 2 StGB behandeln bzw. innerhalb derer nicht zwischen den Tatbestandsvarianten des § 223 StGB unterschieden wird. Da etliche Urteile bereits innerhalb der Feststellbarkeit einer psychischen Beeinträchtigung des Tatopfers erörtert wurden,[672] wird der jeweilige Sachverhalt nur insoweit erneut erläutert, als dies für das Verständnis der Dogmatik der Rechtsprechung vonnöten ist. Allerdings findet keine Rekapitulation der Rechtsprechungsübersicht statt. Vielmehr hat die Rechtsprechungsanalyse einen eigenständigen argumentativen Wert, da nicht lediglich erörtert wird, welche Arten psychischer Beeinträchtigungen des Opfers durch die Rechtsprechung festgestellt werden, sondern vielmehr, welche psychische Schädigungen tatbestandlich für das Vorliegen eines Körperverletzungserfolges gemäß §§ 223, 229 StGB ausreichen sollen.

a. Körperverletzung bei psychischer Beeinträchtigung des Opfers

Zunächst wird dargestellt, inwiefern die Rechtsprechung eine psychische Beeinträchtigung, insbesondere Angst, Ekel, Schreck oder Unruhe des Tatopfers als Körperverletzung nach §§ 223, 229 StGB einstuft.

---

668 BeckOK/*Eschelbach*, StGB, § 223, Rn. 9 (Stand: 01.02.2021); NK/*Paeffgen*/*Böse*, StGB, § 223, Rn. 16; *Hardtung*, JuS 2008, S. 864 ff., 867.

669 BGH JR 2020, 134 (135); so auch etwa BGH NStZ 2015, 269 (269); BGH NJW 2013, 3383 (3383); BGHSt 48, 34 (37) = NJW 2003, 150 (153); BGH NStZ-RR 2000, 106 (106); BGH NStZ 1997, 123 (123); BGHSt 41, 285 (nicht abgedruckt) = NJW 1996, 1068 (1069); BGH NStZ 1986, 166 (166); OLG Düsseldorf NJW 2002, 2118 (2118); StA Hannover NStZ 1987, 175 (176); so ebenfalls bereits etwa RGSt 64, 113 (119).

670 OLG Düsseldorf NJW 2002, 2118 (2118); so auch etwa BGHSt 41, 285 (nicht abgedruckt) = NJW 1996, 1068 (1069); BayObLG NJW 2003, 371 (373); OLG Hamm MDR 1958, 939 (939); AG Lübeck, Urt. v. 08.06.2011 – 746 Js 13196/11, bei BeckRS 2011, 19102, unter Gründe III. 1.; so ebenfalls bereits etwa RGSt 64, 113 (119).

671 Siehe zu einer solchen Rechtsprechungsanalyse siehe auch etwa *Steinberg*, Strafe für das Versetzen in Todesangst, S. 93–107.

672 Siehe unter 2. Teil: II.

aa. Angst des Opfers

Der BGH hat eine Strafbarkeit wegen Körperverletzung gemäß § 223 StGB angenommen, sofern sich das Tatopfer zwar wegen eines bevorstehenden tätlichen Angriffes durch den Täter in ein Auto flüchten kann, jedoch „infolge des brutalen Vorgehens einer vom Angeklagten aufgehetzten Gruppe Angst verspürte und dadurch Magenschmerzen erlitt“[673]. Auch hat der BGH im Rahmen der Strafbarkeit wegen fahrlässiger Körperverletzung gemäß § 229 StGB aufgrund eines Raubüberfalles festgestellt, dass „anhaltende Herzrhythmusstörungen, wie sie bei dem Opfer infolge der durch den Überfall hervorgerufenen Angst und Erregung aufgetreten sind, eine Körperverletzung [darstellen]“[674]. Die Rechtsprechung nimmt eine Strafbarkeit wegen Körperverletzung gemäß §§ 223, 229 StGB ebenfalls im Rahmen von Angst des Tatopfers mit weitaus geringeren somatischen Auswirkungen an. So hat der BGH das Vorliegen einer Körperverletzung nach § 223 Abs. 1 StGB bejaht, sofern die „Opfer ‚am ganzen Körper zitterten und einem Nervenzusammenbruch nahe waren' und/oder ‚als Asmathikerin Atemnot' erlitten, ‚nächtelang nicht schlafen konnten', ‚Angstzustände hatten' [...], ‚Albträume hatten' oder einen 20-minütigen Weinkrampf erlitten“[675] haben, da der Täter die Entführung eines Familienmitgliedes unter Androhung der Vergewaltigung zur Erwirkung von Telefonsex vorgespiegelt hat. Eine Strafbarkeit wegen Körperverletzung gemäß § 223 StGB wurde vom BGH zudem anlässlich einer infolge von Nachstellungs- und Bedrohungshandlungen über mehrere Jahre entstandenen „massive[n] depressive[n] Verstimmung [des Tatopfers], die mit Schlaf- und Konzentrationsstörungen sowie Selbstmordgedanken verbunden war“[676], bejaht. Ebenfalls im Rahmen eines maskierten Überfalles auf eine Poststelle mit einer ungeladenen Schreckschusspistole hat der BGH den objektiven Tatbestand der Körperverletzung gemäß § 223 StGB angenommen, da das Tatopfer „psychisch stark beeinträchtigt und mehrere Wochen arbeitsunfähig krank geschrieben [war]“[677], sodass „sich die Einschüchterungshandlung mit der – scheinbar geladenen – Waffe nicht nur auf das seelische Gleichgewicht, sondern auch auf die körperliche Verfassung der Postangestellten ausgewirkt hat“[678]. Ebenso hat der BGH den objektiven Tatbestand der Körperverletzung gemäß § 223 StGB im Rahmen eines nicht einverständlichen Geschlechtsverkehres trotz Fehlens von körperlichen Auffälligkeiten oder Verletzungen abgesehen von einer leichten Rötung bejaht, da das Tatopfer „unter erheblichen Angstzuständen litt, in bestimmten Situationen am ganzen Körper zu zittern begann und unter Albträumen litt, in denen [...] [es] um sich schlug und nass geschwitzt aufwachte“[679]. Darüber hinaus hat das OLG Köln die Reaktion des Tatopfers auf einen Raubüberfall, dass es sich „nach dem Überfall ständig übergeben [...] [hat und] selbst am Vernehmungstag [...] noch zittrig und [...] [ihm] noch ein bisschen übel [war]“[680], als Körperverletzung gemäß § 223 StGB gewertet, da „solche körperlichen Reaktionen [...] eine Gesundheitsschädigung i.S.d.

---

673 BGH, Urt. v. 15.10.1974 – 1 StR 303/74, bei BeckRS 1974, 52, unter Gründe C. I. 5.
674 BGH StV 1994, 303 (303).
675 BGHSt 41, 285 (nicht abgedruckt) = NJW 1996, 1068 (1069).
676 BGH NStZ 2000, 25 (25).
677 BGH NStZ-RR 2000, 106 (106).
678 BGH NStZ-RR 2000, 106 (106).
679 BGH NStZ 2007, 218 (218).
680 OLG Köln, Beschl. v. 10.01.2012 – Ws 12/12, bei BeckRS 2012, 7682, unter Gründe II.

§ 223 Abs. 1 StGB dar[stellen]"[681]. Das LG München hat eine Strafbarkeit wegen Körperverletzung gemäß § 223 StGB aufgrund einer vermehrten Belästigung und Verfolgung durch den Täter bejaht, da das Tatopfer eine „posttraumatische Belastungsstörung [...], ausgeprägte depressive Symptome, eine Angstsymptomatik mit vermehrter Schreckhaftigkeit, deutliche Anspannung, innere Unruhe, teils abendliches und nächtliches Herzrasen, Ein- und Durchschlafstörungen sowie eine herabgeminderte Konzentrationsleistung [...] [mit] extremen Stress und Panikreaktionen"[682] erlitten hat.

Für eine Strafbarkeit wegen gefährlicher Körperverletzung nach § 223a StGB a.F. soll nach Ansicht des BGH dagegen nicht genügen, dass das Fallenlassen eines Föhns durch den Täter in eine mit Wasser gefüllte Badewanne, bei den sich in der Wanne befindlichen Tatopfer ausgelöst hat, dass sie „ausweislich der Feststellungen ‚nach diesem Vorfall Angst vor dem [...] [Angeklagten] hatten' und dass [...] ‚der Vorgang für die Kinder ein schockartiges Erlebnis' war und bei ihnen eine ‚starke Gemütsbewegung' auslöste"[683]. Auch soll nach Ansicht des OLG Köln für eine Strafbarkeit wegen Körperverletzung gemäß § 223 StGB nicht ausreichen, dass das Tatopfer aufgrund einer telefonischen Drohung eine „Durchfallerkrankung"[684] erleidet, da „Schreck, Angst und Aufregung [...] häufig zu Schweißausbruch, Herzklopfen oder verstärkter Verdauungstätigkeit [führen]. Dabei handelt es sich lediglich um Symptome psychosomatischer Vorgänge, die zwar auf den engen Zusammenhang von Seele und Körper hinweisen, im allgemeinen jedoch vom gesunden Menschen ohne weiteres vertragen und allenfalls als lästig empfunden werden"[685]. Eine Gesundheitsschädigung setze vielmehr „einen pathologischen Zustand von gewisser Schwere und nicht ganz vorübergehender Dauer voraus"[686]. Des Weiteren hat der BGH ausgeführt, dass eine Verfolgung mit angedrohten Gewalttätigkeiten zwar „Angst- und Panikgefühle"[687] der Tatopfer auslösen kann, jedoch „solche rein psychischen Empfindungen nicht [genügen], um eine Körperverletzung [...] [i.S.d.] § 223 StGB zu begründen"[688]. Der BGH hat zudem eine Strafbarkeit wegen Körperverletzung gemäß § 223 StGB verneint, sofern die Tatopfer aufgrund einer Nachstellung durch den Täter etwa unter einer „längerfristigen Anpassungsstörung"[689], einer „massive[n] depressive[n] Verstimmung"[690] oder „konkreten Ängsten als zeitlich begrenzte Reaktion"[691] mit einhergehenden „Schlafstörungen"[692], „Migräneanfälle[n], [...] Weinkrämpfe[n] und Herzrasen"[693] sowie „temporären Schwindelzustände[n], Albträume[n], Nervosität und

[681] OLG Köln, Beschl. v. 10.01.2012 – Ws 12/12, bei BeckRS 2012, 7682, unter Gründe II.
[682] LG München I, Urt. v. 18.12.2012 – 9 KLs 235 JS, bei BeckRS 2013, 16679, unter Gründe C., E.
[683] BGH NStZ 1997, 123 (123).
[684] OLG Köln NJW 1997, 2191 (2192).
[685] OLG Köln NJW 1997, 2191 (2192).
[686] OLG Köln NJW 1997, 2191 (2192).
[687] BGHSt 48, 34 (36) = NJW 2003, 150 (153).
[688] BGHSt 48, 34 (36) = NJW 2003, 150 (153).
[689] BGH NJW 2013, 3383 (3384).
[690] BGH NJW 2013, 3383 (3384).
[691] BGH NJW 2013, 3383 (3384).
[692] BGH NJW 2013, 3383 (3384).
[693] BGH NJW 2013, 3383 (3384).

erhöhte[r] Reizbarkeit"[694] gelitten haben, sodass diese etwa „auf Grund der Belastungssituation [...] für eine Woche krankgeschrieben"[695] waren oder sich „psychisch nicht dazu in der Lage [...] [gefühlt haben], zu arbeiten"[696]. Dies hat der BGH damit begründet, dass „Angst als solche [...] – insbesondere wenn die Reaktion ‚zeitlich begrenzt' bzw. ‚kurzfristig' auftritt – lediglich eine Beeinträchtigung des seelischen Wohlbefindens und eine normale Reaktion auf Bedrohungen, nicht aber einen pathologischen Zustand dar[stellt]"[697]. Des Weiteren hat der BGH das Vorliegen eines Körperverletzungserfolges i.S.d. § 223 StGB im Rahmen eines Überfalles auf einen Kiosk verneint, wobei der Täter einen Elektroschocker an die Schläfe des Tatopfers gehalten hat, welches aufgrund des Irrtums, ihm „werde eine Pistole an den Kopf gehalten, ‚große Angst' verspürte und regungslos liegen blieb"[698]. Auch in dieser Fallgestaltung hat der BGH verdeutlicht, dass „bloß emotionale Reaktionen auf Aufregungen, wie etwa starke Gemütsbewegungen oder andere Erregungszustände, insbesondere Angstzustände, [...] keinen pathologischen Zustand und damit keine Gesundheitsbeschädigung im Sinne des § 223 Abs. 1 StGB dar[stellen]"[699].

bb. Ekel des Opfers

Ebenso wird Ekel des Tatopfers von der Rechtsprechung als Körperverletzungserfolg i.S.d. § 223 StGB anerkannt. So hat das AG Lübeck eine Körperverletzung gemäß § 223 StGB wegen der psychischen Belastung des Tatopfers aufgrund des Bespritzens mit vorher abgefülltem Sperma durch den Täter angenommen, da die „infolge der zur Beurteilung stehenden Tat erlittene psychische Belastung der Zeugin durchaus einen objektivierbaren somatischen Zustand hervorgerufen [hat]"[700]. Das Tatopfer hat „nach der Tat jedenfalls für eine Woche unter einer Verschlimmerung der bei [...] [ihm] schon bekannten Schlafstörungen gelitten [...]; ebenso unter erneuten Krampfanfällen, welche zwar in einer vorbestehenden Erkrankung (Multiple Sklerose) angelegt waren, durch den infolge der Tat ausgelösten Stress indes wiederum aufgetreten sind"[701].

Hingegen hat das OLG Zweibrücken eine Strafbarkeit wegen Körperverletzung gemäß § 223 StGB im Falle eines Anspuckens des Tatopfers durch den Täter, welches mit dem Gefühl von Ekel einhergegangen ist, abgelehnt, da „die Einwirkung ‚nicht erheblich und nach dem Abwischen alsbald abgeklungen' [ist]"[702]. Dadurch habe „das Anspucken [...] bei dem Zeugen [...] nicht zu einer Gesundheitsbeschädigung geführt, weil er sich zwar ekelte, aber daraus kein weiterer pathologischer Zustand, wie etwa Übelkeit, resultierte"[703].

---

694 BGH NJW 2013, 3383 (3384).
695 BGH NJW 2013, 3383 (3384).
696 BGH NJW 2013, 3383 (3384).
697 BGH NJW 2013, 3383 (3384).
698 BGH NStZ 2015, 269 (269).
699 BGH NStZ 2015, 269 (269).
700 AG Lübeck, Urt. v. 08.06.2011 – 746 Js 13196/11, bei BeckRS 2011, 19102, unter Gründe III. 1.
701 AG Lübeck, Urt. v. 08.06.2011 – 746 Js 13196/11, bei BeckRS 2011, 19102, unter Gründe III. 1.
702 OLG Zweibrücken NJW 1991, 240 (241).
703 OLG Zweibrücken NJW 1991, 240 (241).

cc. Schreck des Opfers

Bereits das RG hat eine Strafbarkeit wegen Körperverletzung gemäß § 223 StGB angenommen, sofern das Tatopfer anlässlich des plötzlichen Aufschreckens aus einer Hypnose, während derer sich der Täter an dem Opfer sexuell erregt hat, „völlig verändert, völlig gebrochen gewesen sei, ohne ersichtlichen Grund Kopfschmerzen und Weinkrämpfe gehabt und an Schlaflosigkeit und tiefer seelischer Niedergeschlagenheit gelitten habe, dass [...] [sein] ganzes Wesen gedrückt, [...] [seine] Spannkraft, Arbeitsfreudigkeit und Arbeitsfähigkeit für lange Zeit stark eingeschränkt gewesen sei, [...] [es] auch eine beträchtliche Menge Haupthaar verloren habe“[704]. Eine Körperverletzung sei deshalb anzunehmen, weil infolge der Tat bei dem Tatopfer „durch Störung von Lebensfunktionen ein pathologischer, nur durch einen Heilungsprozess wieder zu beseitigender Zustand, also ein Krankheitszustand, verursacht worden ist“[705]. Des Weiteren hat das BayObLG eine Strafbarkeit wegen fahrlässiger Körperverletzung bejaht, da das Tatopfer aufgrund der ordnungswidrigen Fahrweise eines entgegenkommenden Autofahrers eine „Schreckwirkung“[706] erlitten hat, die mit einem „Nervenschock mit Übelkeit, Erbrechen, Schlaflosigkeit und Schwindelgefühl“[707] verbunden war. Des Weiteren hat das LG Aachen eine Strafbarkeit wegen Körperverletzung gemäß § 223 StGB im Rahmen einer wahrheitswidrigen Schilderung des Todes des Sohnes bzw. des Ehemannes durch den Täter angenommen, da die Schreckensnachricht die Ehefrau des vermeintlichen Todesopfers „derart aufgeregt [hat], dass sie einen Nervenzusammenbruch und einen Herzanfall erlitten habe“[708] und die Mutter des vermeintlichen Todesopfers „keine innere Ruhe mehr gehabt“[709] hat und „von Tag zu Tag weniger geworden sei [...] [und] wegen eines Leberleidens im Krankenhaus gelegen [habe]“[710]. Darüber hinaus hat der BGH eine Strafbarkeit wegen Gefährlicher Körperverletzung gemäß §§ 223, 223a StGB a.F. bejaht, da sich „die Einschüchterungshandlungen nicht nur auf das seelische Gleichgewicht, sondern auch auf die körperliche Verfassung [...] aus[gewirkt hat]: nach den Feststellungen zitterte [...] [das Tatopfer] noch Stunden nach der Tat“[711]. Das KG hat eine Strafbarkeit wegen Körperverletzung gemäß § 223 StGB aufgrund eines Zusammenstoßes des PKW des Tatopfers mit einem LKW angenommen, da das Tatopfer „bei dem Unfall einen Schock erlitten [hat]. [...] [Es] war in starke Gemütsbewegung und äußerlich sichtbare Erregung geraten und fühlte sich im Gegensatz zu vorher schlecht“[712]. Darüber hinaus hat das OLG Hamm eine Strafbarkeit wegen Körperverletzung bejaht, sofern das Tatopfer durch eine verkehrswidrige Fahrweise des Täters im Straßenverkehr erheblich gefährdet wird „und dadurch einen so großen Schreck erleidet, dass es ihm schwarz vor Augen wird und noch nach 20 Minuten das Blut aus seiner Gesichtshaut gewichen ist“[713]. Daneben hat das OLG Koblenz eine Strafbarkeit wegen fahrlässiger Körperverletzung

---

704 RGSt 64, 113 (119).
705 RGSt 64, 113 (119).
706 BayObLG JZ 1931, Sp. 368 (368).
707 BayObLG JZ 1931, Sp. 368 (368).
708 LG Aachen NJW 1950, 759 (759).
709 LG Aachen NJW 1950, 759 (759).
710 LG Aachen NJW 1950, 759 (759).
711 BGH, Urt. v. 24.02.1966 – 1 StR 601/65, bei BeckRS 1966, 143, unter Gründe I. 2. a.
712 KG VRS 1968 (Bd. 35), 353 (355).
713 OLG Hamm DAR 1972, 190 (190).

aufgrund eines Verkehrsunfalles angenommen, wodurch die Insassin eines Autos einen „Schock [erlitt], der zur Folge hatte, dass noch eine Woche später leichtere vegetative Störungen bei ihr vorhanden waren“[714]. Zudem hat der BGH einen Körperverletzungserfolg in Form der das Leben gefährdenden Behandlung gemäß §§ 223, 223a StGB a.F. im Falle eines Banküberfalles mit einer scheinbar geladenen Waffe angenommen, da der Bankkassierer „infolge des von den [...] [Angeklagten] verbreiteten Schreckens einen Herzinfarkt [erlitten hat]“[715], sodass sich „die Einschüchterungshandlung nicht nur auf das seelische Gleichgewicht, sondern auch auf die körperliche Verfassung des Bankkassierers aus[gewirkt hat]“[716]. Überdies hat der BGH betont, dass eine Strafbarkeit wegen Körperverletzung gemäß § 223 StGB angesichts eines vom Täter verursachten Verkehrsunfalles mit einem einhergehenden „Schock“[717] des Tatopfers in Betracht komme.
Mangels in Erscheinung getretenen körperlichen Folgen hat das OLG Hamm eine Strafbarkeit wegen fahrlässiger Körperverletzung verneint, obwohl das Tatopfer anlässlich eines Verkehrsunfalles „sehr schreckhaft und ängstlich geworden [ist]“[718] und „weinte“[719].

dd. Unruhe des Opfers

Ebenso wird Unruhe des Tatopfers innerhalb der Körperverletzung gemäß § 223 StGB durch die Rechtsprechung berücksichtigt. So hat das LG Hamburg eine Strafbarkeit wegen Körperverletzung gemäß § 223 StGB infolge der Störung der Nachtruhe durch mehrfache Telefonanrufe angenommen, wodurch die Tatopfer unter „Unruhe“[720] gelitten haben und „nervös“[721] waren. Zudem liegt nach Ansicht des LG Bad Kreuznach eine Körperverletzung vor, sofern das wiederholte nächtliche Starten von Lastzügen in einer Wohngegend „Störungen der Nachtruhe“[722] der Anwohner bewirkt sowie bei einem Tatopfer eine „vegetative Neurose [...] verschlimmert“[723] hat. Auch das OLG Koblenz hat eine Strafbarkeit wegen Körperverletzung gemäß § 223 StGB anerkannt, sofern eine mehrfache Störung der Nachtruhe aufgrund von Arbeitslärm bei dem Tatopfer bewirkt hat, dass „eine schwere Neurose [...] jedenfalls verschlimmert worden [ist]“[724]. Überdies hat das AG Hannover eine Strafbarkeit wegen Körperverletzung nach § 223 StGB anlässlich des Zulassens eines ausgiebigen Bellens eines Hundes bejaht, da dies zu „Schlafstörungen“[725] bei den Tatopfern geführt hat. Das BayObLG hat eine Strafbarkeit wegen Körperverletzung gemäß § 223 StGB im Rahmen von wiederholten Anrufen mit Beschimpfungen durch den Täter anerkannt, da „sich der Gesundheitszustand der [...] [Nebenklägerin], die an einer Schilddrüsenüberfunktion

---

714 OLG Koblenz VRS 1972 (Bd. 42), 29 (29).
715 BGH NStZ 1986, 166 (166).
716 BGH NStZ 1986, 166 (166).
717 BGH StV 2018, 408 (409).
718 OLG Hamm JMBl. NRW 1963, 274 (274).
719 OLG Hamm JMBl. NRW 1963, 274 (274).
720 LG Hamburg MDR 1954, 630 (630).
721 LG Hamburg MDR 1954, 630 (630).
722 LG Bad Kreuznach BB 1957, 93 (93).
723 LG Bad Kreuznach BB 1957, 93 (93).
724 OLG Koblenz ZMR 1965, 223 (223).
725 AG Hannover ZMR 1965, 223 (224).

litt, erheblich [verschlechtert hat]"[726]. Das AG Ratingen hat eine Strafbarkeit wegen Körperverletzung gemäß § 223 StGB angenommen, wenn ein Nachbar sein Radiogerät absichtlich mit überlauter Empfangsstärke betreibt und es deswegen bei dem Tatopfer zu Gesundheitsbeeinträchtigungen wie „Schlafstörungen, Herz- [...] [und] Magenbeschwerden"[727] kommt. Daneben hat das AG Dieburg als Körperverletzungserfolg i.S.d. § 223 StGB anerkannt, dass die Tatopfer aufgrund der Geräuschemissionen durch die Herstellung von Ledermappen durch den Täter in den Kellerräumen seiner Wohnung insbesondere an Sonn- und Feiertagen sowie zu Nachtzeiten „weder ruhen noch zu den erfolgten Betätigungen des [...] [Angeklagten] zur Nachtzeit schlafen [konnten]"[728], wodurch das „herz- und magenkranke [...] [Tatopfer] während dieser Zeit erheblich intensivere Beschwerden [hatte], indem sein Blutdruck deutlich anstieg, seine Magenbeschwerden sich verschlimmerten und [...] [es] deshalb ärztlich intensiver behandelt werde musste"[729], ein anderes Tatopfer „verstärkte Herzbeschwerden"[730] hatte sowie ein weiteres Tatopfer „unter Schlafentzug [gelitten hat] und [...] gelegentliche Kopfschmerzen während der Tatzeit [hatte]"[731].
Mangels Erheblichkeit der Unruhe des Tatopfers hat der BGH eine Strafbarkeit wegen Körperverletzung gemäß § 223 StGB angesichts eines vermehrten Aufweckens eines Kleinkindes zu Nachtzeiten durch den Täter abgelehnt, da nicht unerhebliche seelische Beeinträchtigungen die „an eine Gesundheitsschädigung zu stellenden Anforderungen allein noch nicht [erfüllen]"[732]. Ebenfalls hat das OLG Köln mangels Vorliegens eines pathologischen Zustandes eine Strafbarkeit wegen Körperverletzung abgelehnt, sofern das Tatopfer an „Schlafstörungen infolge [einer] Lärm- und Geruchsbelästigung"[733] aufgrund wiederholter Belieferungen einer Baustelle gelitten hat. Das OLG Düsseldorf hat zudem eine Strafbarkeit wegen Körperverletzung gemäß § 223 StGB im Rahmen von wiederholten nächtlichen Telefonanrufen abgelehnt, da diese zwar bei den Tatopfern dazu geführt haben, dass „die Familie des Zeugen [...] ‚durch die Telefonate jedesmal empfindlich in ihrer Nachtruhe gestört [war], aus dem Schlaf gerissen [wurde] und [...] zunächst nicht wieder einschlafen [konnte], da sie mit einem erneuten Anruf rechnen musste. Am jeweils nächsten Tag fühlten sie sich unausgeglichen, müde, gerädert und nervös'"[734]. Nach Ansicht des OLG Düsseldorf sind solche Beeinträchtigungen jedoch lediglich „reine Befindlichkeitsstörungen ohne einen medizinisch bedeutsamen Krankheitswert"[735].

b. Körperverletzung bei psychischer Krankheit des Opfers

Im Folgenden wird erörtert, inwiefern die Rechtsprechung das Erleiden einer psychischen Krankheit des Tatopfers als Körperverletzungserfolg i.S.d. §§ 223, 229 StGB ansieht.

726 BayObLG JZ 1974, 393 (393).
727 AG Ratingen, DWW 1989, 394 (394).
728 AG Dieburg NStZ-RR 1998, 73 (73).
729 AG Dieburg NStZ-RR 1998, 73 (73).
730 AG Dieburg NStZ-RR 1998, 73 (73).
731 AG Dieburg NStZ-RR 1998, 73 (73).
732 BGH, Beschl. v. 18.01.1978 – 3 StR 536/77, bei wolterskluwer Rn. 6.
733 OLG Köln VRS 1988 (Bd. 75), 104 (106).
734 OLG Düsseldorf NJW 2002, 2118 (2118).
735 OLG Düsseldorf NJW 2002, 2118 (2118).

Diesbezüglich wird sich zur Einstufung der psychischen Krankheit des Tatopfers an die naturwissenschaftlichen Standards und demnach an die Klassifikation der ICD-10 sowie deren Terminologie gehalten. Der BGH hat die „massive depressive Verstimmung, die mit Schlaf- und Konzentrationsstörungen sowie Selbstmordgedanken verbunden war"[736], aufgrund von Nachstellungen, Bedrohungen sowie Belästigungen des Tatopfers als Körperverletzung gemäß § 223 StGB gewertet.[737] Des Weiteren hat der BGH im Rahmen eines nicht einverständlichen Geschlechtsverkehres eine Gesundheitsschädigung gemäß § 223 StGB bei einem „nachhaltig traumatisierten Opfer[...]"[738] angenommen, da dieses angesichts der Tat „unter erheblichen Angstzuständen litt, in bestimmten Situationen am ganzen Körper zu zittern begann und unter Albträumen litt, in denen [...] [es] um sich schlug und nass geschwitzt aufwachte"[739]. Das LG München hat für eine Körperverletzung gemäß § 223 StGB ausreichen lassen, dass das Tatopfer einer Nachstellung durch zahlreiche Kontaktversuche eine „posttraumatische Belastungsstörung [...] [sowie] ausgeprägte depressive Symptome"[740] erlitten hat und die Tat eine „Angstsymptomatik mit vermehrter Schreckhaftigkeit, deutliche Anspannung, innere Unruhe, teils abendliches und nächtliches Herzrasen, Ein- und Durchschlafstörungen sowie eine herabgeminderte Konzentrationsleistung [...] [mit] extremen Stress und Panikreaktionen"[741] herbeigeführt hat.
Dahingegen wird innerhalb einer potentiell gewalttätigen Auseinandersetzung zwischen dem Täter und dem Opfer durch den BGH angezweifelt, inwiefern „auch ‚posttraumatische Belastungsstörungen' einen ‚pathologischen, somatisch objektivierbaren Zustand' begründen können"[742]. Zudem hat der BGH die Feststellung „eine[r] ‚krankheitswertige[n] Traumatisierung [...] [gemäß] § 223 Abs. 1 StGB'"[743] des Tatopfers aufgrund eines Angriffs durch den Täter mit einem Messer nicht für eine Strafbarkeit wegen Körperverletzung gemäß § 223 StGB ausreichen lassen, da die „psychischen Folgen jedenfalls den Körper im weitesten Sinne in einen pathologischen, somatisch objektivierbaren Zustand versetzen [müssen]"[744].

c. Zwischenergebnis

Die vorstehende Darstellung zeigt, dass die Rechtsprechung psychische Schädigungen erst dann als erheblichen Körperverletzungserfolg i.S.d. §§ 223, 229 StGB wertet, sofern damit ein pathologischer, somatisch objektivierbarer Zustand des Tatopfers einhergeht. Demgegenüber ist die Schwere der psychischen Beeinträchtigung des Opfers irrelevant;

---

736 BGH NStZ 2000, 25 (25); entspricht ICD-10-GM-2021: F32, Depressive Episode.
737 BGH NStZ 2000, 25 (25).
738 BGH NStZ 2007, 218 (218); entspricht ICD-10-GM-2021: F43.1, Posttraumatische Belastungsstörung.
739 BGH NStZ 2007, 218 (218).
740 LG München I, Urt. v. 18.12.2012 – 9 KLs 235 JS, bei BeckRS 2013, 16679, unter Gründe C.; entspricht ICD-10-GM-2021: F32, Depressive Episode.
741 LG München I, Urt. v. 18.12.2012 – 9 KLs 235 JS, bei BeckRS 2013, 16679, unter Gründe C.
742 BGHSt 48, 34 (37) = NJW 2003, 150 (153); entspricht ICD-10-GM-2021: F43.1, Posttraumatische Belastungsstörung.
743 BGH JR 2020, 134 (135); entspricht ICD-10-GM-2021: F43.1, Posttraumatische Belastungsstörung.
744 BGH JR 2020, 134 (135).

es ist unerheblich, inwiefern eine Befindlichkeitsstörung wie Angst, Ekel, Schreck oder eine Ruhestörung oder vielmehr eine psychische Krankheit des Tatopfers vorliegt. Ebenso wird deutlich, dass an das Gewicht der somatischen Auswirkung der psychischen Schädigung auf den Körper des Tatopfers keine umfangreichen Anforderungen gestellt werden. Die Rechtsprechung lässt vielmehr ausreichen, dass die Gefühlsbeeinträchtigung des Opfers etwa zu Magenschmerzen, Zittern, Übelkeit oder Schlafstörungen führt.

2. Kritik am Erfordernis der Somatik

Eine Bewertung durch Abgrenzung zwischen erheblichen und bagatellhaften Eingriffen anhand der Somatik erscheint jedoch nicht zielführend.

a. Somatik als vages Kriterium

Zunächst ist das Merkmal des pathologischen, somatisch objektivierbaren Zustandes der Beeinträchtigung des Tatopfers als Kriterium der Erheblichkeit seitens der Rechtsprechung inhaltlich sehr vage und schafft keine Eindeutigkeit, inwiefern ein Tatbestandserfolg unter §§ 223, 229 StGB zu subsumieren ist.[745] Dies begründet sich in der nur schwerlich zu ziehenden Grenze, welche somatischen Auswirkungen psychischer Beeinträchtigungen für die Annahme eines Körperverletzungserfolges ausreichen sollen. Die vorangegangene Auswertung hat aufgezeigt, dass keine in sich konsequente Rechtsprechungslinie existiert, ab welchem Grad der Verletzung des Tatopfers eine Körperverletzung gemäß §§ 223 Abs. 1 Var. 2, 229 StGB vorliegt. Dies gilt zunächst für die Beurteilung der Angst des Tatopfers mit ggf. somatischen Auswirkungen. So erkennt die Rechtsprechung keinen erheblichen Körperverletzungserfolg an, sofern die Angst des Tatopfers zu einer „Durchfallerkrankung“[746] führt, da „die Beeinträchtigung nicht über die Folgen hinausgeht, die häufig mit psychischen Einwirkungen verbunden sind [...], denn diese [Gesundheitsschädigung] setzt einen pathologischen Zustand von gewisser Schwere und nicht ganz vorübergehender Dauer voraus“[747]. Zwar kann etwa eine „Durchfallerkrankung“[748] eine typische Folge von Angstgefühlen des Betroffenen sein, sodass mangels Schwere und Dauer kein erheblicher Körperverletzungserfolg i.S.d. §§ 223, 229 StGB angenommen werden kann. Jedoch ist diese Begründung im Vergleich zu den Fallgestaltungen, innerhalb derer die Rechtsprechung eine Strafbarkeit wegen Körperverletzung angenommen hat, wenig stichhaltig. So wurde ein erheblicher Körperverletzungserfolg bejaht, sofern die Angst des Tatopfers mit „Magenschmerzen“[749] oder mit „anhaltende[n] Herzrhythmusstörungen“[750] einhergeht oder dazu führt, dass sich das Tatopfer „nach dem Überfall ständig übergeben [...] [hat und] selbst am Vernehmungstag [...] noch zittrig und [...] noch ein bisschen übel [war]“[751]. Worin eine Unterscheidung dieser Auswirkungen zu einer

---

745 So ebenfalls *Steinberg*, Strafe für das Versetzen in Todesangst, S. 95; *Knauer, F.*, Der Schutz der Psyche im StrafR, S. 204 f.; *Hoffmann*, GA 2002, S. 385 ff., 397.

746 OLG Köln NJW 1997, 2191 (2192).

747 OLG Köln NJW 1997, 2191 (2192).

748 OLG Köln NJW 1997, 2191 (2192).

749 BGH, Urt. v. 15.10.1974 – 1 StR 303/74, bei BeckRS 1974, 52, unter Gründe C. I. 5.

750 BGH StV 1994, 303 (303).

751 OLG Köln, Beschl. v. 10.01.2012 – Ws 12/12, bei BeckRS 2012, 7682, unter Gründe II.

„Durchfallerkrankung“[752] besteht, bleibt offen. Auch wurde als erheblicher Körperverletzungserfolg gewertet, dass das Tatopfer „psychisch stark beeinträchtigt und mehrere Wochen arbeitsunfähig krank geschrieben [war]“[753], jedoch abgelehnt, sofern das Tatopfer „'infolge der akuten Belastungssituation [...] unter konkreten Ängsten als zeitlich begrenzte Reaktion' gelitten [hat]“[754] mit der Folge, dass dieses „'auf Grund der Belastungssituation [...] für eine Woche krankgeschrieben' wurde [...] [und] nicht näher konkretisierte ‚Schlafstörungen'“[755] erlitten hat. Zudem wird eine „massive depressive Verstimmung, die mit Schlaf- und Konzentrationsstörungen sowie Selbstmordgedanken verbunden war“[756] als Körperverletzungserfolg gewertet, dagegen „eine ‚massive' depressive Verstimmung [...], dass die Zeugin sich hilflos und kraftlos sowie psychisch nicht dazu in der Lage fühlte, zu arbeiten, [...] nicht näher konkretisierte ‚Migräneanfälle', [...] Weinkrämpfe und Herzrasen“[757] nicht als erheblicher Körperverletzungserfolg gemäß §§ 223, 229 StGB angesehen. Der Tatbestand der Körperverletzung soll wiederum erfüllt sein, sofern das Tatopfer eine „posttraumatische Belastungsstörung [...], ausgeprägte depressive Symptome, eine Angstsymptomatik mit vermehrter Schreckhaftigkeit, deutliche Anspannung, innere Unruhe, teils abendliches und nächtliches Herzrasen, Ein- und Durchschlafstörungen sowie eine herabgeminderte Konzentrationsleistung [...] [mit] extremen Stress und Panikreaktionen“[758] erleidet, „die Opfer ‚am ganzen Körper zitterten und einem Nervenzusammenbruch nahe waren' und/oder [...] ‚Atemnot' erlitten, ‚nächtelang nicht schlafen konnten', ‚Angstzustände hatten' [...], ‚Albträume hatten' oder einen 20-minütigen Weinkrampf erlitten“[759] oder das Tatopfer „unter erheblichen Angstzuständen litt, in bestimmten Situationen am ganzen Körper zu zittern begann und unter Albträumen litt, in denen [...] [es] um sich schlug und nass geschwitzt aufwachte“[760]. Dagegen sollen nach Ansicht der Rechtsprechung „Flashbacks [...] [als] ‚krankheitswertige Traumatisierung'“[761] oder das Leiden unter „einer ‚deutlich längerfristigen Anpassungsstörung' [...] [sowie] ‚Schlafstörungen und Albträume'“[762] nicht zur Anerkennung eines erheblichen Körperverletzungserfolges i.S.d. §§ 223, 229 StGB ausreichen, da „Angst als solche [...] – insbesondere wenn die Reaktion ‚zeitlich begrenzt' bzw. ‚kurzfristig' auftritt – lediglich eine Beeinträchtigung des seelischen Wohlbefindens und eine normale Reaktion auf Bedrohungen, nicht aber einen pathologischen Zustand dar[stellt]“[763]. Zwar kann ein krankhafter Zustand im Falle von Empfinden von Angst durch das Tatopfer nur schwerlich angenommen werden, jedoch ist diese Begründung im Vergleich zu den Fallgestaltungen, in welchen eine Strafbarkeit wegen

752 OLG Köln NJW 1997, 2191 (2192).
753 BGH NStZ-RR 2000, 106 (106).
754 BGH NJW 2013, 3383 (3384).
755 BGH NJW 2013, 3383 (3384).
756 BGH NStZ 2000, 25 (25).
757 BGH NJW 2013, 3383 (3384).
758 LG München I, Urt. v. 18.12.2012 – 9 KLs 235 JS, bei BeckRS 2013, 16679, unter Gründe C.
759 BGHSt 41, 285 (nicht abgedruckt) = NJW 1996, 1068 (1069).
760 BGH NStZ 2007, 218 (218).
761 BGH JR 2020, 134 (135).
762 BGH NJW 2013, 3383 (3383 f.).
763 BGH NJW 2013, 3383 (3384).

Körperverletzung angenommen wird, wenig stichhaltig und wird durch die Rechtsprechung nur wenig konsequent angewendet.
Auch im Falle des Erleidens eines Schocks durch das Tatopfer wird durch die Rechtsprechung nicht einheitlich beurteilt, inwiefern ein erheblicher Körperverletzungserfolg vorliegt. So soll für eine Strafbarkeit gemäß § 223 StGB ausreichen, dass das Tatopfer „bei dem Unfall einen Schock erlitten [hat]. [...] [Es] war in starke Gemütsbewegung und äußerlich sichtbare Erregung geraten und fühlte sich im Gegensatz zu vorher schlecht“[764]. Auch soll genügen, dass das Tatopfer als Teilnehmer im Straßenverkehr durch eine verkehrswidrige Fahrweise des Täters erheblich gefährdet wird „und dadurch einen so großen Schreck erleidet, dass es ihm schwarz vor Augen wird und noch nach 20 Minuten das Blut aus seiner Gesichtshaut gewichen ist“[765]. Für die Annahme einer fahrlässigen Körperverletzung aufgrund eines Verkehrsunfalles reicht nach Ansicht der Rechtsprechung aus, dass die Insassin eines Autos einen „Schock [erlitt], der zur Folge hatte, dass noch eine Woche später leichtere vegetative Störungen bei ihr vorhanden waren“[766] oder durch eine ordnungswidrige Fahrweise des Täters eine „Schreckwirkung“[767] des Tatopfers hervorgerufen wurde, welche „einen Nervenschock mit Übelkeit, Erbrechen, Schlaflosigkeit und Schwindelgefühl zur Folge [hatte]“[768]. Auch für die Anerkennung eines Körperverletzungserfolges in Form der das Leben gefährdenden Behandlung gemäß §§ 223, 223a StGB a.F. im Falle eines Banküberfalles mit einer scheinbar geladenen Waffe soll ausreichen, dass der Bankkassierer „infolge des von den [...] [Angeklagten] verbreiteten Schreckens einen Herzinfarkt [erlitten hat]“[769]. Dagegen soll für eine Strafbarkeit wegen fahrlässiger Körperverletzung gemäß § 229 StGB nicht ausreichen, dass das Tatopfer aufgrund eines Verkehrsunfalles „sehr schreckhaft und ängstlich geworden [ist]“[770] und „weinte“[771].
Die Rechtsprechung bewertet zudem die Unruhe des Tatopfers innerhalb der Strafbarkeit wegen Körperverletzung uneinheitlich. So soll auf der einen Seite für eine Strafbarkeit gemäß § 223 StGB ausreichen, dass die Tatopfer aufgrund mehrfacher Störung unter Unruhe[772] gelitten haben und nervös[773] waren und eine schwere Neurose des Tatopfers[774] oder der Gesundheitszustand des an einer Schilddrüsenüberfunktion leidenden Tatopfers[775] jedenfalls verschlimmert worden ist und Schlafstörungen[776], Kopfschmerzen[777] sowie Herz- und Magenbeschwerden[778] aufgetreten sind. Dagegen soll für eine Strafbarkeit gemäß § 223 StGB infolge von Unruhe des Tatopfers nach

764 KG VRS 1968 (Bd. 35), 353 (355).
765 OLG Hamm DAR 1972, 190 (190).
766 OLG Koblenz VRS 1972 (Bd. 42), 29 (29).
767 BayObLG JZ 1931, Sp. 368 (368).
768 BayObLG JZ 1931, Sp. 368 (368).
769 BGH NStZ 1986, 166 (166).
770 OLG Hamm JMBl. NRW 1963, 274 (274).
771 OLG Hamm JMBl. NRW 1963, 274 (274).
772 LG Hamburg MDR 1954, 630 (630).
773 LG Hamburg MDR 1954, 630 (630).
774 OLG Koblenz ZMR 1965, 223 (223); LG Bad Kreuznach BB 1957, 93 (93).
775 BayObLG JZ 1974, 393 (393).
776 AG Dieburg NStZ-RR 1998, 73 (73); AG Ratingen, DWW 1989, 394 (394); AG Hannover ZMR 1965, 223 (224).
777 AG Dieburg NStZ-RR 1998, 73 (73).
778 AG Dieburg NStZ-RR 1998, 73 (73); AG Ratingen, DWW 1989, 394 (394).

Ansicht der Rechtsprechung nicht ausreichen, dass das Tatopfer an „Schlafstörungen infolge [einer] Lärm- und Geruchsbelästigung“[779] gelitten hat oder dass die Tatopfer „durch die Telefonate jedesmal empfindlich in ihrer Nachtruhe gestört [waren], aus dem Schlaf gerissen [worden] und [...] zunächst nicht wieder einschlafen [konnten], da sie mit einem erneuten Anruf rechnen musste[n]“[780] und sich am jeweils darauffolgenden Tag „unausgeglichen, müde, gerädert und nervös“[781] gefühlt haben, da solche Beeinträchtigungen „reine Befindlichkeitsstörungen ohne einen medizinisch bedeutsamen Krankheitswert [darstellen]“[782].

Diese Gegenüberstellung der Urteile zeigt auf, dass annähernd derselbe Erfolg in einer Fallgestaltung als erheblich und somit als Körperverletzungserfolg i.S.d. §§ 223, 229 StGB, in einer anderen Fallgestaltung als unerheblich und lediglich als bagatellhafte Befindlichkeitsstörung des Opfers gewertet wird. Durch welchen Faktor innerhalb eines nahezu gleichartigen Erfolges zum einen eine Strafbarkeit wegen Körperverletzung und zum anderen eine lediglich bagatellhafte Beeinträchtigung unterhalb der Erheblichkeitsschwelle angenommen werden kann, bleibt jedoch offen und nicht nachvollziehbar. Dementsprechend äußert sich ebenfalls etwa *Steinberg* gegen diese Rechtsprechungslinie überzeugend kritisch, dass „die Konzentration auf die somatischen Resultate psychischer Beeinträchtigungen in grenzwertigen Fällen kein Klarheit schaffendes Kriterium ist“[783]. Auch *Knauer* kritisiert einleuchtend, dass „der h.M. klare Kriterien für eine Bestimmung der Strafbarkeit fehlen“[784]. Zwar wird durch die unterschiedliche Handhabung des Erfordernisses der somatischen Äußerung der psychischen Beeinträchtigung keine klare Rechtsprechungslinie erzeugt, jedoch sei angemerkt, dass die Rechtsprechung in einer Vielzahl von Urteilen durch die – wenn auch fragwürdige – Ausdehnung des Verständnisses von Somatik psychische Zustände des Tatopfers unter die Körperverletzung subsumiert.[785]

b. Schutz reiner Befindlichkeitsstörungen

Die Rechtsprechung betont, dass Schädigungen des Tatopfers innerhalb der Körperverletzung gemäß §§ 223, 229 StGB irrelevant sind, welche „lediglich eine Beeinträchtigung des seelischen Wohlbefindens [...], nicht aber einen pathologischen Zustand dar[stellen]“[786]. Jedoch wird anhand der vorangegangenen Übersicht deutlich, dass die Rechtsprechung reine Befindlichkeitsstörungen des Opfers für die Anerkennung eines Körperverletzungserfolges i.S.d. §§ 223, 229 StGB ausreichen lässt.[787] So genügt etwa eine Befindlichkeitsstörung wie Angst, Ekel, Schreck und Ruhestörungen des Tatopfers zur Annahme eines Körperverletzungserfolges, sofern diese mit körperlichen Beeinträchtigungen einhergehen, welche als solche wiederum

---

779 OLG Köln VRS 1988 (Bd. 75), 104 (106).
780 OLG Düsseldorf NJW 2002, 2118 (2118).
781 OLG Düsseldorf NJW 2002, 2118 (2118).
782 OLG Düsseldorf NJW 2002, 2118 (2118).
783 *Steinberg*, Strafe für das Versetzen in Todesangst, S. 95.
784 *Knauer, F.*, Der Schutz der Psyche im StrafR, S. 205.
785 So auch *Steinberg*, Strafe für das Versetzen in Todesangst, S. 118.
786 BGH NJW 2013, 3383 (3384) m.w.N.
787 So ebenfalls *Knauer, F.*, Der Schutz der Psyche im StrafR, S. 206.

lediglich bagatellhafte Befindlichkeitsstörungen darstellen.[788] Nach der Rechtsprechung genügt, dass sich vom Opfer empfundene negative Gefühle wie etwa Angst auf solche Weise äußern, dass das Tatopfer beispielsweise unter Magenschmerzen[789] oder Übelkeit[790] leidet, zittert[791], Albträume[792] oder andere Schlafstörungen[793] hat, einen Nervenzusammenbruch[794] erleidet, Konzentrationsstörungen[795] hat oder andere Stress- und Panikreaktionen[796] aufweist. Auch soll für eine Strafbarkeit wegen Körperverletzung gemäß §§ 223, 229 StGB genügen, dass dem Opfer „schwarz vor Augen wird und noch nach 20 Minuten das Blut aus seiner Gesichtshaut gewichen ist"[797]. Somit sieht die Rechtsprechung eine negative Gefühlsabweichung des Tatopfers kombiniert mit zumeist schnell abklingenden, unwesentlichen körperlichen Beeinträchtigungen als strafbaren Körperverletzungserfolg an. Dadurch lässt die Rechtsprechung jedoch wiederum reine Befindlichkeitsstörungen für eine Körperverletzung ausreichen, sofern sich diese nicht nur auf psychischer Ebene in Form von negativen Gefühlen, sondern ebenfalls als körperliches Unbehagen seitens des Tatopfers äußern. Worin eine Gesundheits*schädigung* i.S.d. §§ 223, 229 StGB liegen soll, bleibt offen. Vielmehr erscheint das Vorgehen der Rechtsprechung, einerseits an dem Dogma eines pathologischen, somatisch objektivierbaren Zustandes festzuhalten, andererseits in der Praxis jedoch psychische Befindlichkeitsstörungen für einen Körperverletzungserfolg ausreichen zu lassen, insbesondere in solchen Fallgestaltungen als widersinnig, sofern sich die psychischen Beeinträchtigungen lediglich auf geringe und unwesentliche Art und Weise körperlich äußert. Dadurch wird die Erheblichkeitsschwelle psychischer Beeinträchtigungen innerhalb der Körperverletzung gemäß §§ 223, 229 StGB durch das Abstellen auf leichte körperliche Unzulänglichkeiten umgangen. *Knauer* führt diesbezüglich zutreffend aus, dass „die Gerichte [...] hier in die Bestimmung der Erheblichkeit ersichtlich die seelischen Erschütterungen mit ein[beziehen] und [...]

---

788 Siehe eingehend unter 4. Teil: II 1 a.

789 Siehe etwa BGH, Urt. v. 15.10.1974 – 1 StR 303/74, bei BeckRS 1974, 52, unter Gründe C. I. 5; AG Dieburg NStZ-RR 1998, 73 (73); AG Ratingen, DWW 1989, 394 (394).

790 Siehe etwa OLG Köln, Beschl. v. 10.01.2012 – Ws 12/12, bei BeckRS 2012, 7682, unter Gründe II.

791 Siehe etwa in BGH NStZ 2007, 21 (21); BGHSt 41, 285 (nicht abgedruckt) = NJW 1996, 1068 (1069); OLG Köln, Beschl. v. 10.01.2012 – Ws 12/12, bei BeckRS 2012, 7682, unter Gründe II.

792 Siehe etwa in BGH NStZ 2007, 218 (218); BGHSt 41, 285 (nicht abgedruckt) = NJW 1996, 1068 (1069).

793 Siehe etwa in BGH NStZ 2000, 25 (25); BGHSt 41, 285 (nicht abgedruckt) = NJW 1996, 1068 (1069); LG München I, Urt. v. 18.12.2012 – 9 KLs 235 JS, bei BeckRS 2013, 16679, unter Gründe C.; AG Lübeck, Urt. v. 08.06.2011 – 746 Js 13196/11, bei BeckRS 2011, 19102, unter Gründe III. 1.; AG Dieburg NStZ-RR 1998, 73 (73); AG Ratingen, DWW 1989, 394 (394); AG Hannover ZMR 1965, 223 (224); so auch bereits schon RGSt 64, 113 (119).

794 So etwa in BGHSt 41, 285 (nicht abgedruckt) = NJW 1996, 1068 (1069); LG Aachen NJW 1950, 759 (759).

795 So etwa in BGH NStZ 2000, 25 (25); LG München I, Urt. v. 18.12.2012 – 9 KLs 235 JS, bei BeckRS 2013, 16679, unter Gründe C.

796 So etwa in BGH StV 1994, 303 (303); BGH NStZ 1986, 166 (166); BayObLG JZ 1974, 393 (393); OLG Koblenz ZMR 1965, 223 (223); OLG Koblenz VRS 1972 (Bd. 42), 29 (29); LG München I, Urt. v. 18.12.2012 – 9 KLs 235 JS, bei BeckRS 2013, 16679, unter Gründe C.; AG Dieburg NStZ-RR 1998, 73 (73); KG VRS 1968 (Bd. 35), 353 (355); LG Hamburg MDR 1954, 630 (630).

797 OLG Hamm DAR 1972, 190 (190).

daher bereits ganz geringfügige körperliche Auswirkungen genügen [lassen]. Die Entscheidungen zeigen, dass die Rechtsprechung die Erheblichkeitsanforderungen für körperliche Auswirkungen, die auf einer seelischen Beeinträchtigung beruhen, im Vergleich zu allein körperlichen Schädigungen deutlich absenkt. Dies belegt die hypothetische Überlegung, dass ohne vorausgehende seelische Beeinträchtigungen mangels Erheblichkeit der Beeinträchtigung weder bloßes Zittern noch ‚leichte vegetative Störungen' als Körperverletzung [...] [gemäß] § 223 StGB bestraft werden würden"[798].

c. Bestrafung reiner Nebenfolgen

Zudem wird anhand der Rechtsprechungsanalyse deutlich, dass durch die Subsumtion psychosomatischer Beeinträchtigungen sowie psychovegetativer Störungen des Opfers lediglich körperliche Nebenfolgen von psychischen Schädigungen durch die Körperverletzung gemäß §§ 223, 229 StGB sanktioniert werden.[799] So können etwa psychische Beeinträchtigungen wie Traumatisierungen[800] des Tatopfers als solche für eine Strafbarkeit nach §§ 223, 229 StGB irrelevant sein und erst im Falle des Auftretens somatischer und vegetativer Beeinträchtigungen wie einhergehenden Schlaf- sowie Konzentrationsstörung[801], Herzrhythmusstörungen[802], Zittern[803] und allgemeinen Stress- und Panikreaktionen[804] wiederum einen relevanten Körperverletzungserfolg darstellen.[805] Dadurch umgeht die Rechtsprechung jedoch die Beeinträchtigungen der psychischen Gesundheit des Tatopfers als vordergründige Auswirkung des Täterhandelns. Die Strafbarkeit eines Täters hängt nach der gegenwärtigen Rechtsprechungspraxis dadurch nicht vom primär verursachten (psychischen) Schaden ab, sondern allein, inwiefern sich diese Beeinträchtigung ebenfalls psychosomatisch oder psychovegetativ auswirkt. Dadurch wird jedoch der Vorwurf der Strafbarkeit auf reine Nebenfolgen verlagert. So legt etwa *Bloy* überzeugend dar, dass „der Haupteffekt, d.h. die Verletzung der psychischen Integrität, dabei entweder ignoriert wird, oder unter falscher Bezeichnung verdeckt de facto (mit-)bestraft wird"[806]. *Bublitz* kritisiert einleuchtend an der Rechtsprechungslinie, dass eine Begrenzung des Körperverletzungserfolges lediglich auf psychische Beeinträchtigungen mit körperlichen Nebenfolgen dazu führt, dass „Symptome zu Krankheiten und aus Nebenwirkungen die hauptsächlichen Schäden [gemacht werden]"[807]. Auch *Knauer* führt zutreffend aus, dass „im Falle einer Verurteilung [...] [gemäß] § 223 StGB wegen des Hervorrufens

798 *Knauer, F.*, Der Schutz der Psyche im StrafR, S. 206.
799 So ebenfalls etwa *Bublitz*, RW 2011, S. 28 ff., 42 f.; *Knauer, F.*, Der Schutz der Psyche im StrafR, S. 111–116, 205; *Steinberg*, Strafe für das Versetzen in Todesangst, S. 124; *Doerbeck*, JR 2020, S. 135 ff., 137; *Bloy*, in FS-Eser, S. 233 ff., 234.
800 Siehe etwa BGH JR 2020, 134 (135).
801 Siehe etwa in BGH NStZ 2007, 218 (218); BGH NStZ 2000, 25 (25); LG München I, Urt. v. 18.12.2012 – 9 KLs 235 JS, bei BeckRS 2013, 16679, unter Gründe C.
802 Siehe etwa BGH StV 1994, 303 (303).
803 Siehe etwa BGH NStZ 2007, 218 (218).
804 Siehe etwa LG München I, Urt. v. 18.12.2012 – 9 KLs 235 JS, bei BeckRS 2013, 16679, unter Gründe C.
805 Siehe eingehend unter 4. Teil: II 1.
806 *Bloy*, in FS-Eser, S. 233 ff., 234.
807 *Bublitz*, RW 2011, S. 28 ff., 43.

psychischer Beeinträchtigungen beim Opfer mit körperlichen Auswirkungen [...] dem Angeklagten eine Bestrafung wegen apokrypher Strafgründe [droht]. Im Strafurteil wird maßgeblich auf die Beeinträchtigung des Körpers abgestellt, während der wahre Strafgrund, die Verletzung der Psyche, dahinter verborgen bleibt. Bloße Nebenfolgen für das Opfer werden in den Mittelpunkt gestellt, während die Hauptbeeinträchtigungen des Opfers nicht ausreichend sichtbar gemacht werden"[808]. Auch *Steinberg* spricht in diesem Kontext bezüglich der somatischen Symptome des Opfers als „Platzhalter"[809].

3. Erheblichkeit anhand naturwissenschaftlicher Standards

Der Rechtsprechung ist zwar dahingehend zuzustimmen, dass ein *pathologischer*, also ein *krankhafter* Zustand des Tatopfers zur Anerkennung einer Gesundheitsschädigung i.S.d. §§ 223 Abs. 1 Var. 2, 229 StGB eingetreten sein muss.[810] Jedoch ist aufgrund der vorgebrachten Kritikpunkte nicht an dem Erfordernis einer somatisch objektivierbaren Auswirkung der psychischen Schädigung des Tatopfers festzuhalten. Vielmehr ist die Erheblichkeit psychischer Schädigungen innerhalb der Körperverletzung in Übereinstimmung mit den naturwissenschaftlichen Standards[811] unabhängig von somatischen Auswirkungen ab Erreichen eines Krankheitswertes anzuerkennen.[812] Die Bestimmung, ob eine psychische Beeinträchtigung mit medizinischem Krankheitswert vorliegt, ist durch den Tatrichter mithilfe der vorgestellten Klassifikationssysteme ICD-10, insbesondere in der deutschen Modifikation ICD-10-GM-2021, sowie DSM-5 im Einzelfall zu treffen.[813] Anhand des Abstellens auf den Krankheitswert psychischer Schädigungen als Erheblichkeitsschwelle der Gesundheitsschädigung i.S.d. §§ 223 Abs. 1 Var. 2, 229 StGB wird den Erkenntnissen der Naturwissenschaften gerecht.[814] In den Naturwissenschaften wurden verschiedene Klassifikationssysteme – wie DSM-5, ICD-10 und die deutsche Modifikation ICD-10-GM-2021 – zur Einordnung psychischer Krankheiten entwickelt, welche in der strafrechtlichen Bewertung psychischer

808 *Knauer, F.*, Der Schutz der Psyche im StrafR, S. 205, welcher einen Verstoß gegen den Bestimmtheitsgrundsatz rügt, da aus Art. 103 Abs. 2 GG ein verfassungsrechtliches Präzisierungsgebot folge, welches durch die Rechtsprechung verletzt werde.

809 *Steinberg*, Strafe für das Versetzen in Todesangst, S. 124.

810 So etwa in BGH NStZ 1997, 123 (123); OLG Düsseldorf NJW 2002, 2118 (2118); OLG Köln NJW 1997, 2191 (2192); OLG Zweibrücken NJW 1991, 240 (241).

811 Siehe zu den naturwissenschaftlichen Standards unter 2. Teil: I 2 b sowie zur Anwendung dieser durch die Rechtsprechung unter 2. Teil: II 1, 2.

812 So auch etwa Schönke/Schröder/*Sternberg-Lieben*, StGB, § 223, Rn. 6; MüKo/*Joecks* (*Hardtung*), StGB, § 223, Rn. 31; *Joecks/Jäger*, StGB, § 223, Rn. 9; Arzt/Weber/Heinrich/Hilgendorf/*ders.*, StrafR BT, § 6, Rn. 25; *Krey/Hellmann/Heinrich*, StrafR BT 1, Rn. 193; Maurach/Schroeder/Maiwald/Hoyer/Momsen/*Schroeder/Hoyer*, StrafR BT 1, § 9, Rn. 5; *Wessels/Hettinger/Engländer*, StrafR BT 1, Rn. 213; *Haft*, StrafR BT 2, S. 145; *Küper/Zopfs*, StrafR BT, Rn. 281; *Welzel*, StrafR, S. 288; *Mühe*, Mobbing, S. 83 f., 106; *Buß*, Der Weg zu einem deutschen Stalkingstraftatbestand, insbesondere S. 140; *Fehr*, Mobbing, S. 81 f.; *Utsch*, Strafrechtliche Probleme des Stalking, S. 40; *Steinberg*, Strafe für das Versetzen in Todesangst, S. 124; *Doerbeck*, Cybermobbing, S. 228 f.; *Hardtung*, JuS 2008, S. 864 ff., 867; *Hoffmann*, GA 2002, S. 385 ff., 397; *Doerbeck*, JR 2020, S. 135 ff., 138; *Rengier*, StrafR BT 2, § 13, Rn. 18 will nur endogene Psychosen, also solche, die auf vermuteten körperlichen Prozessen beruhen, einbeziehen.

813 Siehe dazu auch eingehend etwa *Knauer, F.*, Der Schutz der Psyche im StrafR, S. 146 f., 162–166; 199 f.; *Mühe*, Mobbing, S. 87; *Bublitz*, RW 2011, S. 28 ff., 47.

814 Siehe unter 2. Teil: I 2.

Krankheiten nicht unberücksichtigt bleiben können. Dementsprechend wird durch den Rückgriff auf die naturwissenschaftlichen Klassifikationssysteme seitens des Richters ein Verständnis von einer Gesundheitsschädigung des Betroffenen gemäß §§ 223 Abs. 1 Var. 2, 229 StGB angewendet, welches den naturwissenschaftlichen Erkenntnissen entspricht. Der Tatrichter kann zusätzlich zur Begegnung gerichtlicher Laienmedizin unterstützend einen psychologischen Sachverständigen (§§ 72 ff. StPO) hinzuziehen.[815] Nur Beeinträchtigungen innerhalb einer solchen dann ermittelten Schwelle bleiben im Tatbestand berücksichtigt. Dies gilt umso mehr, da nach dem Wortlaut des § 223 Abs. 1 Var. 2 StGB eine Gesundheits*schädigung* vorliegen muss, sodass Beeinträchtigungen der bloßen psychischen Befindlichkeit nicht ausreichen. Dadurch bleibt es unerheblich, inwiefern sich die psychische Krankheit des Tatopfers auch körperlich äußert. Vielmehr stellt die psychische Krankheit als solche als pathologischer Zustand die Gesundheitsschädigung i.S.d. §§ 223 Abs. 1 Var. 2, 229 StGB dar. Die seitens der Rechtsprechung als Körperverletzung qualifizierten Taterfolge wie etwa Befindlichkeitsstörungen in Form von Angst mit nachfolgenden somatischen Auswirkungen wie etwa Magenschmerzen sind danach erst dann als strafbare Taterfolge gemäß §§ 223 Abs. 1 Var. 2, 229 StGB einzustufen, wenn entweder die psychische oder die körperliche Gesundheit des Tatopfers insoweit geschädigt ist, dass ein pathologischer Zustand vorliegt. Ob dieser pathologische Zustand der Gesundheit des Opfers auf der Körperebene oder auf der psychischen Ebene vorliegt, ist irrelevant. Vielmehr ist jede als Krankheit einzustufende Beeinträchtigung des Tatopfers als Gesundheitsschädigung i.S.d. §§ 223 Abs. 1 Var. 2, 229 StGB zu qualifizieren, unabhängig davon, ob diese eine körperliche oder psychische Krankheit darstellt.

Durch das Abstellen auf psychische Krankheiten im naturwissenschaftlichen System unter Heranziehung der naturwissenschaftlichen Klassifikationssysteme kann den zuvor erörterten Kritikpunkten hinsichtlich des in der Rechtsprechung aufgestellten Erfordernisses einer somatisch objektivierbaren Äußerung der psychischen Beeinträchtigung begegnet werden. Zunächst handelt es sich bei der Einordnung psychischer Krankheiten nach naturwissenschaftlichen Standards im Gegensatz zum Merkmal der Somatik um ein klares, abgrenzbares Kriterium. Die seitens *Eschelbach* vorgebrachte Kritik, dass im Rahmen von psychischen Gesundheitsschädigungen die „Erheblichkeit kaum abgrenzbar erscheint"[816], vernachlässigt die Erkenntnisse und Methoden der Naturwissenschaften. Anhand des Rückgriffs auf die durch die Naturwissenschaften aufgestellte Klassifikation psychischer Krankheiten kann der Richter explizit im Einzelfall ausarbeiten, inwiefern in der jeweiligen Fallgestaltung eine psychische Krankheit und somit eine erhebliche Gesundheitsschädigung i.S.d. §§ 223 Abs. 1 Var. 2, 229 StGB gegeben ist. Im Gegensatz zum Merkmal der Somatik finden sich also klare Grenzen, welche Schädigungen des Tatopfers als erheblich oder unerheblich eingestuft werden, sodass auch eine widersprüchliche Handhabung der Erheblichkeitsgrenze einer psychischen Beeinträchtigung nicht zu befürchten ist. Dieses Abstellen auf die Klassifizierungssysteme im Bereich der Erheblichkeit garantiert, dass lediglich als psychische Krankheiten eingestufte Beeinträchtigungen des Tatopfers strafrechtliche Relevanz im Rahmen der §§ 223 Abs. 1 Var. 2, 229 StGB zukommt.

---

815 Siehe dazu eingehend MüKo/*Miebach*, StPO, § 261, insbesondere Rn. 327.
816 BeckOK/*Eschelbach*, StGB, § 223, Rn. 1 (Stand: 01.02.2021).

Dadurch werden reine Befindlichkeitsstörungen durch die Körperverletzung nach §§ 223, 229 StGB nicht geschützt. Lediglich negative Gefühlsabweichungen etwa im Rahmen von Gemüts- oder Stimmungsschwankungen reichen zur Anerkennung als psychische Krankheit nicht aus und sind folglich nicht als erhebliche und demnach strafbare Gesundheitsschädigungen zu bewerten. Zudem werden psychische Schädigungen des Tatopfers durch die Berücksichtigung innerhalb der Körperverletzung gemäß §§ 223 Abs. 1 Var. 2, 229 StGB im Gegensatz zur heutigen Rechtsprechungspraxis als das bestraft was sie sind, wodurch der Bestrafung reiner Nebenfolgen psychischer Beeinträchtigung entgegengewirkt wird. Darüber hinaus orientiert sich die Aufstellung der einzelnen Krankheiten in den Systemen an zeitgenössischen sozialethischen Kriterien,[817] sodass eine Widerspiegelung der gesellschaftlichen Vorstellungen sowie wissenschaftlichen Erkenntnisse von psychischen Krankheiten auch im Strafrecht ermöglich wird.

Im Ergebnis ist festzuhalten, dass ein hinreichender pathologischer Zustand der Gesundheitsschädigung nach §§ 223 Abs. 1, Var. 2, 229 StGB vorliegt, sofern das Tatopfer psychische Beeinträchtigungen mit Krankheitswert im naturwissenschaftlichen Sinn erleidet. Psychische Beeinträchtigungen des Tatopfer unterhalb dieser Schwelle unterfallen den §§ 223 Abs. 1, Var. 2, 229 StGB erst, sofern eine erhebliche körperliche Gesundheitsschädigung vorliegt. Zur Feststellung kann der Richter nicht nur auf die einschlägigen Klassifikationssysteme (DSM-5; ICD-10; ICD-10-GM-2021), sondern ebenfalls auf psychologische Sachverständige (§§ 72 ff. StPO) zurückgreifen.

III. Kausalität bei psychischer Gesundheitsschädigung

Gegen den Schutz auch psychischer Gesundheit des Opfers unter §§ 223, 229 StGB wird in der Literatur entgegengebracht, dass die Kausalitätsbegründung psychischer Schädigungen mit spezifischen Problematiken einhergehe.[818] Zu diesem Kritikpunkt wird zunächst die durch die Literatur vorgebrachte Ausgangsproblematik hinsichtlich der Kausalitätsbegründung erörtert. In einem zweiten Schritt wird zur Untersuchung der Tragweite dieser Kritik dargestellt, inwiefern die Rechtsprechung die Kausalität psychischer Schädigungen mit somatischen Auswirkungen des Tatopfers im Rahmen der §§ 223, 229 StGB feststellt. Daraufhin wird analysiert, in welchen Bereichen die Rechtsprechung sowie die Literatur eine Lockerung des Kausalitätsparadigmas vornimmt. Aufbauend auf diese Ergebnisse wird untersucht, ob ein solcher gelockerter Maßstab ebenfalls im Rahmen von psychischen Gesundheitsschädigungen gemäß §§ 223 Abs. 1 Var. 2, 229 StGB angewendet werden kann.
Bezüglich der Kausalität psychischer Schädigungen im Rahmen der Körperverletzung gemäß §§ 223, 229 StGB ist in der Literatur insbesondere auf die Ausführungen von

---

[817] Siehe unter 2. Teil: I 2 b.

[818] Zur Kausalität kritisch LK/*Grünewald*, StGB, § 223, Rn. 12; auch Autoren, welche psychische Schädigungen als Erfolg der Körperverletzung begreifen, sehen die Feststellung der Kausalität als problematisch an, siehe etwa *Mühe*, Mobbing, S. 106 f.; *Fehr*, Mobbing, S. 99; *Wolfslast*, Psychotherapie in den Grenzen des Rechts, S. 21; so auch *Knauer, F.*, Der Schutz der Psyche im StrafR, S. 99 f. mit Verweis auf andere Strafnormen.

Steinberg[819], *Mühe*[820], *Fehr*[821], *Knauer*[822] sowie *Buß*[823] zu verweisen. Allerdings findet sich dort keine eingehende, vertiefende Darstellung der Kausalität wieder. So beschränkt sich etwa *Steinberg* lediglich auf die zweiseitige Feststellung, dass die Kausalitätsbegründung mit keinen die Rechtsprechung überfordernden Problematiken einhergehe,[824] *Fehr* führt ebenfalls auf wenigen Seiten aus, dass innerhalb der relevanten Fallgestaltungen psychische Kausalität vorliege, welche über einen probabilistischen Kausalitätsbegriff zu lösen sei,[825] *Mühe* belässt es bei der Feststellung, dass es „überlegenswert"[826] sei, im Rahmen psychischer Schädigungen innerhalb der Körperverletzung das Negativausschlussverfahren der Rechtsprechung anzuwenden[827]. Lediglich *Knauer* thematisiert die Frage der Kausalitätsbegründung psychischer Schädigungen ausführlicher, lässt jedoch eine eingehende Darstellung sowohl der Maßstäbe der Kausalität in der Rechtsprechung als auch in der Literatur vermissen.[828]

1. Ausgangsproblematik

Seitens der Literatur wird angezweifelt, dass die Kausalität psychischer Beeinträchtigungen im Rahmen der §§ 223, 229 StGB begründet werden kann.[829] Gegen eine Subsumtion psychischer Schädigungen unter die Körperverletzung gemäß §§ 223 Abs. 1 Var. 2, 229 StGB wird durch *Grünewald* vorgebracht, dass „eine Einbeziehung rein seelischer Verletzungen [...] schwierige Zurechnungsfragen zur Folge [hätte] (Kausalität und objektive Zurechnung)"[830]. Dies liegt insbesondere darin begründet, dass sowohl die Rechtsprechung als auch die herrschende Literatur Kausalgesetze zur Begründung der Kausalität voraussetzen. Nach der Rechtsprechung und Teilen der Literatur ist anhand der sog. Bedingungstheorie oder auch condicio-sine-qua-non-Formel diejenigen Bedingung „als haftungsbegründende Ursache eines strafrechtlich bedeutsamen Erfolgs [...] anzusehen, die nicht hinweggedacht werden kann, ohne dass der Erfolg entfiele"[831]. Anhand des hypothetischen Eliminierungsverfahrens dieser Theorie wird das jeweilige Kausalgesetz nicht aufgedeckt, sondern vielmehr bereits

---

819 *Steinberg*, Strafe für das Versetzen in Todesangst, S. 107 f.

820 *Mühe*, Mobbing, S. 106 f.

821 *Fehr*, Mobbing, S. 112–114; 123–125, 128 f.

822 *Knauer, F.*, Der Schutz der Psyche im StrafR, S. 166–172.

823 *Buß*, Der Weg zu einem deutschen Stalkingstraftatbestand, S. 141–143.

824 *Steinberg*, Strafe für das Versetzen in Todesangst, S. 107 f.

825 *Fehr*, Mobbing, S. 123–125, 128 f.

826 *Mühe*, Mobbing, S. 107.

827 *Mühe*, Mobbing, S. 106 f.

828 *Knauer, F.*, Der Schutz der Psyche im StrafR, S. 166–172.

829 LK/*Grünewald*, StGB, § 223, Rn. 12; auch Autoren, welche psychische Schädigungen als Erfolg der Körperverletzung begreifen, sehen die Feststellung der Kausalität als problematisch an, siehe etwa *Mühe*, Mobbing, S. 106 f.; *Fehr*, Mobbing, S. 99; *Wolfslast*, Psychotherapie in den Grenzen des Rechts, S. 21; so auch *Knauer, F.*, Der Schutz der Psyche im StrafR, S. 99 f. mit Verweis auf andere Strafnormen.

830 LK/*Grünewald*, StGB, § 223, Rn. 12.

831 BGHSt 49, 1 (3) = NJW 2004, 237 (238); so auch etwa BGHSt 45, 270 (295 f.) = NJW 2000, 443 (448); BGHSt 39, 195 (197) = NJW 1993, 1723 (1723); BayObLG NJW 2003, 371 (373); OLG Celle NJW 2001, 2816 (2816); LG Kleve NStZ-RR 2003, 235 (236); siehe ebenfalls bereits RGSt 1, 373 (374); siehe auch eingehend Matt/Renzikowski/*ders.*, StGB, Vorbemerkungen zu § 13, Rn. 75; LK/*Walter*, StGB, Vorbemerkungen zu §§ 13 ff., Rn. 73 f.

vorausgesetzt.[832] Ein Teil der Literatur zieht die Formel der gesetzesmäßigen Bedingung heran, wonach eine Handlung kausal für den Erfolg ist, wenn zeitlich nachfolgende Veränderungen in der Außenwelt folgen, die mit der jeweiligen Handlung gesetzesmäßig verbunden und tatbestandsmäßig sind.[833] Zur Feststellung dieses gesetzesmäßigen Zusammenhanges wird auch auf Kausalgesetze abgestellt.[834]

Hierbei ist problematisch, dass in der strafrechtlichen Literatur weitgehend vertreten wird, dass psychische Vorgänge keinen Gesetzmäßigkeiten unterliegen oder diese zumindest (noch) nicht feststellbar sind.[835] Teilweise wird in der Literatur angenommen, dass eine Kausalität außerhalb dieser Gesetzmäßigkeiten per se zu verneinen ist.[836] Übertragen auf die vorliegende Fallgestaltung psychischer Gesundheitsschädigung gemäß §§ 223 Abs. 1 Var. 2, 229 StGB würde eine solche Ansicht zur Folge haben, dass sich die Kausalität mangels bekannter Gesetzmäßigkeiten nicht feststellen lässt. Dies ist jedoch – unabhängig von der Frage, inwiefern innerhalb der Naturwissenschaft auch im

---

832 So auch etwa SK/*Jäger*, StGB, Vorbemerkungen zu § 1, Rn. 62; Schönke/Schröder/*Eisele*, StGB, Vorbemerkungen zu den §§ 13 ff., Rn. 74; Kühl/Heger/*ders.*, StGB, Vorbemerkungen zu §§ 13 ff., Rn. 10; BeckOK/*Heuchemer*, StGB, § 13, Rn. 12 (Stand: 01.02.2021); *Jescheck*/*Weigend*, StrafR AT, S. 281; *Roxin*/*Greco*, StrafR AT 1, § 11, Rn. 12; *Jakobs*, StrafR AT, § 7, Rn. 9; *Kindhäuser*/*Zimmermann*, StrafR AT, § 10, Rn. 11.

833 So etwa Schönke/Schröder/*Eisele*, StGB, Vorbemerkungen zu den §§ 13 ff., Rn. 75; MüKo/*Freund*, StGB, Vorbemerkungen zu 13, Rn. 334; *Jescheck*/*Weigend*, StrafR AT, S. 283; *Roxin*/*Greco*, StrafR AT 1, § 11, Rn. 15; *Wessels*/*Beulke*/*Satzger*, StrafR AT, § 6, Rn. 248; *Gropp*/*Sinn*, StrafR AT, § 4, Rn. 74; *Jakobs*, StrafR AT, § 7, Rn. 12.

834 Matt/Renzikowski/*ders.*, StGB, Vorbemerkungen zu § 13, Rn. 78; MüKo/*Freund,* StGB, Vorbemerkungen zu § 13, Rn. 334; SK/*Jäger,* StGB, Vorbemerkungen zu § 1, Rn. 64; *Roxin*/*Greco*, StrafR AT 1, § 11, Rn. 12.

835 So etwa SK/*Jäger,* StGB, Vorbemerkungen zu § 1, Rn. 68; LK/*Walter*, StGB, Vorbemerkungen zu §§ 13 ff., Rn. 74; Matt/Renzikowski/*ders.*, Vorbemerkungen zu § 13, Rn. 86; Kühl/Heger/*ders.*, StGB, Vorbemerkungen zu §§ 13 ff., Rn. 10; NK/*Puppe*, StGB, Vorbemerkungen zu §§ 13 ff., Rn. 125; Schönke/Schröder/*Eisele*, StGB, Vorbemerkungen zu den §§ 13 ff., Rn. 75b; *Otto*, Jura 1992, S. 90 ff., 95; *Puppe*, StrafR AT, § 25, Rn. 4; *Wessels*/*Beulke*/*Satzger*, StrafR AT, § 6, Rn. 228; *Otto*, Grundkurs StrafR, § 6, Rn. 37; *Frister*, StrafR AT, § 9, Rn. 34–37; *Knauer, F.*, Der Schutz der Psyche im StrafR, S. 167; *Doerbeck*, Cybermobbing, S. 230; *Koriath*, Grundlagen strafrechtlicher Zurechnung, S. 516; *Koriath*, Kausalität, Bedingungstheorie und psychische Kausalität, insbesondere S. 248 f.; *Schaal*, Strafrechtliche Verantwortlichkeit bei Gremienentscheidungen in Unternehmen, S. 74; *Ranft*, ZStW 97 (1985), S. 268 ff., 281 f.; *Kahlo*, GA 1987, S. 66 ff., 77; *Hoyer*, GA 1996, S. 160 ff., 166 f.; *Greco*, ZIS 2011, S. 674 ff., 685; *Wohlers*, JuS 1995, S. 1019 ff., 1021; *Weßlau*, ZStW 104 (1992), S. 105 ff., 122; *Puppe*, GA 2010, S. 551 ff., 566; *Puppe*, ZStW 95 (1983), S. 287 ff., insbesondere 293–299; *Puppe*, JZ 1994, S. 1147 ff., 1147 f.; *Bernsmann*, ARSP 68 (1982), S. 536 ff., 545–547; *Erb*, JuS 1994, S. 449 ff., 452 f.; *Puppe*, GA 1984, S. 101 ff., 105; *Hansen*, Jura 1990, S. 510 ff., 515; *Rolinski*, in FS-Miyazawa, S. 483 ff., 494–497; *Renzikowski*, in FS-Puppe, S. 201 ff., 214 f.; *Frisch*, in FS-Maiwald, S. 239 ff., 254 f.; *Hoyer*, in FS-Rudolphi, S. 95 ff., 97 f.; *Frisch*, in FS-Gössel, S. 51 ff., 67; Puppe, in FS-Merkel, S. 681 ff., 691 f.; siehe dazu eingehend *Fehr*, Mobbing, S. 119; *Knauer, F.*, Der Schutz der Psyche im StrafR, S. 166–172.

836 In diese Richtung geht etwa *Kaufmann*, JZ 1971, S. 569 ff., 572–575; siehe auch *Bruns*, in FS-Maurach, S. 469 ff., 478–481; kritisch zur Kausalitätsbegründung außerhalb von Kausalgesetzen ebenfalls *Samson*, StV 1991, S. 182 ff., 183.

Rahmen von psychischen Vorgängen Kausalgesetze aufgestellt werden können[837] – unschädlich, wenn die Rechtsprechung selbst nicht streng an dem Erfordernis eines bereits bekannten Kausalgesetzes zur Kausalitätsbegründung festhält.
Aufgrund der vorbeschriebenen Kritik in der Literatur werden im Folgenden die Maßstäbe der Rechtsprechung zur Kausalitätsbegründung insbesondere in denjenigen Fallgestaltungen aufgezeigt, im Rahmen derer sich die Rechtsprechung ebenfalls auf keine bekannten Kausalgesetze beziehen kann. Darauf aufbauend werden diese Ergebnisse in einem zweiten Schritt in Bezug auf die vorliegende Problematik der Begründung der Kausalität psychischer Gesundheitsschädigungen gemäß §§ 223 Abs. 1 Var. 2, 229 StGB diskutiert. Es sei angemerkt, dass sich die vorgebrachte Ansicht der Literatur auf die mangelnde Kausalitätsbegründung im Prozess bezieht, diese Problematik jedoch einen derartigen Einfluss auf den materiellen Kausalitätsbegriff hat, dass die angebrachte Kritik hinsichtlich der Kausalität im materiellen Sinne erörtert wird.[838]

2. Maßstab der Kausalitätsbegründung

a. Psychische Schädigung mit somatischem Effekt

Die Rechtsprechung problematisiert die Kausalitätsbegründung psychischer Schädigungen des Opfers (mit somatischen Auswirkungen) im Rahmen der Körperverletzung weitgehend nicht. Teilweise stellen die Gerichte die Kausalität zwar explizit fest, eine Problematisierung der Kausalität über die Feststellung hinaus, dass „der ursächliche Zusammenhang gewahrt ist"[839], bleibt jedoch überwiegend aus.[840] Lediglich das AG Dieburg hat die Kausalität im Rahmen eines nächtelang anhaltenden Störgeräusches mit nachfolgenden psycho-physiologischen Beeinträchtigungen mitsamt Schlaflosigkeit, erhöhtem Blutdruck und Verschlechterungen von Herz- und Magenkrankheit des Opfers angezweifelt.[841] Diesbezüglich hat das Gericht ausgeführt, dass „die Kausalität zwischen Lärmverursachung und Gesundheitsschädigung konkret nicht nachgewiesen werden [...] [kann, da] die jeweilige gesundheitliche Beeinträchtigung auf ein jeweiliges von dem [...] [Angeklagten] verursachtes Störgeräusch zurückzuführen [sein muss]"[842]. Jedoch ist nicht diskutiert worden, dass eine Feststellung mangels Kausalitätsbegründung im Bereich psychischer Beeinträchtigungen (mit somatischen Auswirkungen) im Allgemeinen nicht möglich wäre. Vielmehr konnte die Kausalität der Täterhandlung für die Beeinträchtigungen der Tatopfer „angesichts des Zeitablaufs von den Zeugen nicht mehr nachvollzogen werden"[843]. Dadurch hat das AG Dieburg die

---

837 Siehe dazu etwa Berking/Rief/*Berking*, Klinische Psychologie und Psychotherapie, Bd. 1, S. 19–21; *Butcher/Mineka/Hooley*, Klinische Psychologie, S. 74–80; *Herzog*, Wissenschaftstheoretische Grundlagen der Psychologie, S. 95–110, 102.

838 So ebenfalls *Knauer, F.*, Der Schutz der Psyche im StrafR, S. 166; *Volk*, NStZ 1996, S. 105 ff., 109; *Kuhlen*, Fragen einer strafrechtlichen Produkthaftung, insbesondere S. 70; *Valverde*, in FS-Wolter, S. 333 ff., 342.

839 LG Aachen NJW 1950, 759 (759).

840 Explizit festgestellt etwa in BGH NStZ 2007, 218 (218); BGH NStZ 2000, 25 (25); LG Aachen NJW 1950, 759 (759); so auch bereits in RGSt 64, 113 (119 f.).

841 AG Dieburg, NStZ-RR 1998, 73 (73).

842 AG Dieburg, NStZ-RR 1998, 73 (73).

843 AG Dieburg, NStZ-RR 1998, 73 (73).

allgemeine Problematik der Kausalitätsbegründung *mehrerer* Handlungen problematisiert. Eine solche Kausalität wird jedoch durch die Rechtsprechung in einer Mehrzahl von Fallgestaltungen etwa bezüglich mehrfacher Belästigungen ohne Problematisierung festgestellt.[844] Aufgrund dieses geringen Bezugs zur allgemeinen Kausalitätsbegründung psychischer Gesundheitsschädigungen gemäß §§ 223 Abs. 1 Var. 2, 229 StGB kann dieser Entscheidung keine große Bedeutung in Hinsicht auf eine mögliche Problematik im Rahmen der Kausalitätsfeststellung einer psychischen Krankheit des Opfers zugesprochen werden.[845] Aufgrund der mangelnden Problematisierung der Kausalitätsfeststellung seitens der Rechtsprechung im Rahmen von psychischen Schädigungen mit somatischen Auswirkungen erscheint dementsprechend die Kausalitätsbegründung psychischer Gesundheitsschädigungen ohne somatische Auswirkung gemäß § 223 Abs. 1 Var. 2, 229 StGB ebenfalls als unproblematisch.[846]

b. Gelockerte Kausalität der Rechtsprechung

Zudem erweitert die Rechtsprechung in einer Vielzahl von Fallgestaltungen den bereits dargestellten Maßstab der Kausalitätsbegründung. Dies wird insbesondere innerhalb der Kausalitätsbegründung hypothetischer Verläufe, psychischer Kausalität sowie im Rahmen von Produkthaftungsfällen deutlich.[847]

aa. Hypothetische Kausalität

Innerhalb von Unterlassungsdelikten liegt ein hypothetisches Element darin, dass „ein Unterlassen, also ein Nichtgeschehen – ontologisch – nicht Ursache eines Erfolgs sein [kann]“[848]. Mangels Aktion kann keine Handlung i.S.d. Äquivalenztheorie hinweggedacht werden. Deshalb fragt die Rechtsprechung zur Kausalitätsbegründung anhand der sog. Quasi-Kausalität, ob eine gebotene Handlung nicht hinzugedacht werden kann, ohne dass der Erfolg zumindest mit an Sicherheit grenzender Wahrscheinlichkeit ausgeblieben wäre.[849] Analog zur Kausalitätsbegründung auf der Grundlage eines Wahrscheinlichkeitsmaßstabes im Bereich des Unterlassens wird auch die Kausalität im Rahmen von Fahrlässigkeitsdelikten nach der Rechtsprechung anhand von Wahrscheinlichkeiten festgestellt. So ist Kausalität in denjenigen Sachverhalten

---

[844] Siehe dazu etwa BayObLG JZ 1974, 393 (393); OLG Koblenz ZMR 1965, 223 (223); AG Ratingen, DWW 1989, 394 (394); LG Hamburg MDR 1954, 630 (630); AG Hannover ZMR 1965, 223 (224); LG Bad Kreuznach BB 1957, 93 (93).

[845] Zudem hält etwa *Steinberg*, Strafe für das Versetzen in Todesangst, S. 108 die Entscheidung für „wenig überzeugend“.

[846] So auch etwa *Steinberg*, Strafe für das Versetzen in Todesangst, S. 108.

[847] Siehe dazu ebenfalls etwa *Fehr*, Mobbing, S. 106 f., 111 f., 121–123; *Knauer, F.*, Schutz der Psyche im StrafR, S. 166–172.

[848] BGHSt 48, 77 (93) = NJW 2003, 522 (526).

[849] Siehe etwa BGHSt 59, 292 (302) = NJW 2015, 96 (102); BGH NStZ 2011, 31 (31); BGH NStZ 2010, 407 (408); BGH NStZ 2007, 469 (469); BGH NStZ-RR 2002, 303 (303); BGH NJW 2000, 2754 (2757); BGHSt 43, 381 (397) = NJW 1998, 1568 (1573); BGH NStZ 1985, 26 (27); BayObLG NStZ-RR 2004, 45 (45); OLG Düsseldorf NStZ-RR 2001, 199 (200 f.); LG Saarbrücken NStZ-RR 2006, 75 (76).

anzunehmen, in denen der Erfolg bei hinzugedachter Sorgfalt mit an Sicherheit grenzender Wahrscheinlichkeit ausgeblieben wäre[850] oder sich dies aufgrund erheblicher Tatsachen nach der Überzeugung des Richters nicht ausschließen lässt[851]. Bereits das RG begründet diese Erweiterung des Kausalitätsmaßstabes damit, dass „es dem menschlichen Erkenntnisvermögen versagt ist, bei der Vergleichung eines wirklich eingetretenen mit einem nur gedachten Hergange ganz unzweifelhaft die vollkommene Wahrheit zu erreichen"[852].

bb. Psychische Kausalität

In Fallgestaltungen psychischer Kausalität beruht der tatbestandliche Erfolg nicht unmittelbar auf einer Handlung des Täters, sondern auf einem eigenständigen Entschluss einer anderen Person.[853] Dabei hat die Rechtsprechung betont, dass keine Übertragung der „Grundsätze, nach denen Ursachenzusammenhänge in der äußeren Natur beurteilt zu werden pflegen, [...] auf geistige Vorgänge im Innern des Menschen"[854] stattfinden soll. Dementsprechend stellt die Rechtsprechung etwa im Bereich der Kausalitätsbegründung der Teilnahme nach §§ 26 ff. StGB auf die Motivationslage des Angestifteten ab, sodass notwendig ist, dass der Tatbeitrag des Anstiftenden „mitursächlich dafür [war], dass der [...] [Vordermann] sich zur Tat entschloss und diese ausführte"[855]. Innerhalb der Beihilfe nach § 27 StGB muss sich nach Ansicht der Rechtsprechung die „Hilfeleistung [...] auf die Begehung der Haupttat zwar nicht kausal auswirken; erforderlich ist aber, dass sie die Haupttat [...] in irgendeiner Weise erleichtert oder fördert"[856].

Auch im besonderen Teil des StGB stellt die Rechtsprechung zur Kausalitätsbegründung auf einen Motivationsmaßstab ab. So liegt nach Ansicht der Rechtsprechung etwa keine Kausalität vor, wenn bei der Nötigung gemäß § 240 StGB das Opferverhalten auf einem anderen Umstand als der Nötigung beruht[857], innerhalb der (räuberischen)

---

850 Siehe etwa BGH NJW 2010, 1087 (1091); BGH NJW 1955, 1487 (1487); OLG Hamburg NStZ-RR 2015, 209 (210).

851 Siehe etwa BGHSt 49, 1 (4) = NJW 2004, 237 (238); BGHSt 33, 61 (63) = NJW 1985, 1350 (1351); BGHSt 30, 228 (230) = NJW 1982, 292 (292); BGHSt 24, 31 (34) = NJW 1971, 388 (388); BGHSt 11, 1 (4) = NJW 1958, 149 (150).

852 RGSt 75, 372 (374).

853 NK/*Puppe*, StGB, Vorbemerkungen zu §§ 13 ff., Rn. 125; siehe zur Problematik der Kausalitätsbegründung innerhalb der psychischen Kausalität auch eingehend etwa NK/*Puppe*, StGB, Vorbemerkungen zu §§ 13 ff., Rn. 129–131; *Fehr*, Mobbing, S. 121–123.

854 BGHSt 13, 13 (15) = NJW 1959, 897 (898) m.w.N.

855 BGH NStZ 2000, 421 (422); siehe auch etwa BGH NStZ-RR 2018, 80 (80); BGH NStZ 2017, 401 (402); BGH, Beschl. v. 02.06.2015 – 4 StR 144/15, bei BeckRS 2015, 12472, unter Gründe Rn. 8; BGHSt 45, 373 (374) = NJW 2000, 1877 (1878); BGH NStZ 1994, 29 (30).

856 BGH NStZ 2019, 461 (461), dort als ständige Rechtsprechung deklariert; siehe auch etwa BGHSt 64, 10 (31) = NJW 2019, 1818 (1821); BGH, Urt. v. 07.11.2018 – 2 StR 361/18, bei BeckRS 2018, 34950, unter Gründe Nr. 14; BGHSt 61, 252 (257) = NJW 2017, 498 (499); BGH NStZ-RR 2016, 136 (137); BGHSt 63, 29 (nicht abgedruckt) = NStZ 2016, 39 (40); BGH NStZ-RR 2015, 343 (344); BGH NStZ 2012, 316 (316); BGHSt 54, 140 (142 f.) = NJW 2010, 248 (248); BGH NJW 2008, 1460 (1461); BGH NStZ 2008, 284 (284); BGHSt 51, 144 (nicht abgedruckt) = NJW 2007, 384 (388); BGH NStZ 2004, 499 (500); BGH NJW 2001, 2409 (2410); BGHSt 46, 107 (109) = NJW 2000, 3010 (3010).

857 Siehe dazu etwa BGHSt 37, 350 (352) = NJW 1991, 2300 (2301); OLG Hamburg JR 1974, 473 (473).

Erpressung nach §§ 253, 255 StGB das Opfer an der Vermögensschädigung unabhängig von der jeweiligen Nötigung mitwirkt[858] sowie der Irrtum im Rahmen der Betruges gemäß § 263 StGB für die Vermögensverfügung nicht motivierend war[859].

cc. Produkthaftungsfälle

Im sog. *Contergan-Fall* hat das LG Aachen erörtert, inwiefern eine Strafbarkeit wegen Körperverletzung angenommen werden kann, sofern es infolge der Einnahme von Contergan von werdenden Müttern während der Schwangerschaft zu Nervenschäden bei den Kindern gekommen ist.[860] Innerhalb der Erörterung des Kausalzusammenhanges hat es ausgeführt, dass „es für den Nachweis der Kausalität auch ohne Einfluss [ist], dass der Wirkungsmechanismus des Thalidomids [...] nicht bekannt ist“[861]. Diesbezüglich hat das LG Aachen einen Kausalzusammenhang zwischen der Einnahme des Contergans und den aufgetretenen Nervenschäden bei den Kindern angenommen, da „es [...] nicht einzusehen [ist], weshalb der Beweis eines Ursachenzusammenhanges [...] nur dann anzuerkennen sein soll, wenn er in einem klinisch kontrollierten Experiment erbracht worden ist“[862]. Vielmehr sei ein „Beweis im naturwissenschaftlichen Sinne, [...] [d.h.] eine jede Möglichkeit des Gegenteils ausschließende Gewissheit, [...] für einen Nachweis im strafrechtlichen Sinne nicht erforderlich“[863], sodass „die Ansicht, dass pharmakologische oder toxikologische Wirkungen eines Medikamentes nur im klinisch kontrollierten Versuch nachgewiesen werden können, die Anforderungen an eine Beweisführung im Rechtssinne – nur hierauf kommt es an – erheblich überspannen [würde]“[864].

Im sog. *Lederspray-Urteils* hat der BGH erörtert, inwiefern eine Körperverletzung gemäß §§ 223, 229 StGB angenommen werden kann, sofern Personen nach der Benutzung eines Ledersprays gesundheitliche Beeinträchtigungen etwa in Form von Atembeschwerden, Übelkeit, Fieber bis hin zu lebensbedrohlichen Flüssigkeitsansammlungen in der Lunge (Lungenödem) erlitten haben, wobei im Zeitpunkt der Urteilsfindung nicht naturwissenschaftlich exakt identifiziert werden konnte, welche Substanz oder Substanzkombination des Ledersprays ursächlich für die Gesundheitsschädigungen war.[865] Sofern „in rechtsfehlerfreier Weise festgestellt [ist], dass die – wenn auch nicht näher aufzuklärende – inhaltliche Beschaffenheit des Produkts schadensursächlich war, so ist zum Nachweis des Ursachenzusammenhangs nicht noch weiter erforderlich, dass festgestellt wird, warum diese Beschaffenheit schadensursächlich werden konnte, was also nach naturwissenschaftlicher Analyse und Erkenntnis letztlich der Grund dafür war“[866]. Für die Begründung der Kausalität hat der BGH für ausreichend gehalten, dass „alle anderen in Betracht kommenden

---

858 Siehe dazu etwa BGH NStZ 2010, 215 (215); BGH wistra 2007, 183 (184).

859 Siehe dazu etwa BGH NStZ 2010, 88 (89); BGH NStZ 1999, 558 (558); BGHSt 13, 13 (14 f.) = NJW 1959, 897 (898); OLG Bamberg, Beschl. v. 01.10.2013 – 3 Ss 84/13, bei BeckRS 2013, 22035, unter Gründe I. 1. c.; KG JR 1964, 350 (350).

860 LG Aachen JZ 1971, 507 (507 ff.).

861 LG Aachen JZ 1971, 507 (511).

862 LG Aachen JZ 1971, 507 (511).

863 LG Aachen JZ 1971, 507 (511).

864 LG Aachen JZ 1971, 507 (511).

865 BGHSt 37, 106 = NJW 1990, 2560.

866 BGHSt 37, 106 (112) = NJW 1990, 2560 (2562).

Schadensursachen aufgrund einer rechtsfehlerfreien Beweiswürdigung ausgeschlossen werden können“[867]. Eine lediglich zeitliche Korrelation zwischen der Anwendung des Ledersprays und den Gesundheitsschädigungen wurde dadurch ausgeschlossen, dass „in den einzelnen Schadensfällen der Krankheits- und Heilungsverlauf signifikante Übereinstimmungen aufwies [...] [und] Tierversuche mit den Rezepturen der beanstandeten Ledersprays Lungenschädigungen vergleichbarer Art zur Folge gehabt hatten“[868].

Ähnlich zu dieser Fallgestaltung hat der BGH im sog. *Holzschutzmittel-Fall* erörtert, inwiefern eine Strafbarkeit wegen Körperverletzung gemäß §§ 223, 229 StGB angenommen werden kann, sofern mehrere Personen Gesundheitsschädigungen nach Gebrauch eines Holzschutzmittels erlitten haben.[869] Auch in diesem Fall konnte ein konkreter Wirkzusammenhang zwischen dem Holzschutzmittel und den eingetretenen Gesundheitsschädigungen zum Zeitpunkt des Urteils weder wissenschaftlich geklärt noch nachgewiesen werden.[870] Das Gericht hat dazu ausgeführt, dass „ein Ursachenzusammenhang [...] nicht etwa nur dadurch nachweisbar [ist], dass entweder die Wirkungsweise der Holzschutzmittelinhaltsstoffe auf den menschlichen Organismus naturwissenschaftlich nachgewiesen oder alle anderen möglichen Ursachen einer Erkrankung aufgezählt und ausgeschlossen werden. Ein Ausschluss anderer Ursachen kann vielmehr – ohne deren vollständige Erörterung – auch dadurch erfolgen, dass nach einer Gesamtbewertung der naturwissenschaftlichen Erkenntnisse und anderer Indiztatsachen die – zumindest – Mitverursachung des Holzschutzmittels [für die Gesundheitsschädigungen] zweifelsfrei festgestellt wird“[871].

dd. Zwischenergebnis

Die vorstehende Übersicht hat aufgezeigt, dass die Rechtsprechung insbesondere im Rahmen hypothetischer Verläufe, psychischer Kausalität sowie in Produkthaftungsfällen Wahrscheinlichkeitsaussagen als Bezugspunkt der Kausalitätsbegründung ausreichen lässt. Dazu bedient sich die Rechtsprechung der Feststellung einer an Sicherheit grenzenden Wahrscheinlichkeit im Rahmen von hypothetischen Verläufen und stellt eine solche Wahrscheinlichkeit im Falle psychischer Kausalität anhand der Motivationslage des Vordermanns bzw. des Tatopfers oder innerhalb der Produkthaftungsfälle anhand eines Negativ-Ausschlussverfahrens fest.

c. Gelockerte Kausalität der Literatur: Probabilistische Kausalität

Analog zur Erweiterung des Maßstabs zur Kausalitätsfeststellung innerhalb der Rechtsprechung findet sich primär unter dem Begriff der probabilistischen Kausalität ebenfalls in der Literatur die Ansicht wieder, dass Wahrscheinlichkeitsaussagen die

---

[867] BGHSt 37, 106 (112) = NJW 1990, 2560 (2562).
[868] BGHSt 37, 106 (113) = NJW 1990, 2560 (2562).
[869] BGHSt 41, 206 = NJW 1995, 2930.
[870] BGHSt 41, 206 (213) = NJW 1995, 2930 (2931 f.).
[871] BGHSt 41, 206 (216) = NJW 1995, 2930 (2932).

Grundlage der Kausalitätsbegründung darstellen können.[872] Konkretisierend hat *Hoyer*[873] anlehnend auf Überlegungen von *Samson*[874] ausgearbeitet, dass die probabilistische Kausalität in zwei Schritten begründet wird: zunächst muss der sog. Intensivierungseffekt vorliegen. Diesbezüglich ist diejenige Handlung des Täters für den jeweiligen Erfolg als kausal anzusehen, welche die Wahrscheinlichkeit des Erfolgseintrittes erhöht hat (sog. Intensivierungseffekt).[875] Aufbauend auf dieses Ergebnis ist in einem zweiten Schritt zu beurteilen, inwiefern dadurch ebenfalls alternative Bedingungen als Ursache für den eingetretenen Erfolg eliminiert werden (sog. Übernahmeeffekt).[876] Dabei wird deutlich, dass die probabilistische Kausalitätsbegründung eine Kombination des durch die Rechtsprechung verwendeten Wahrscheinlichkeitsmaßstabes insbesondere im Rahmen der hypothetischen sowie psychischen Kausalität und des Ausschlussverfahrens im Bereich der Produkthaftungsfälle darstellt. Analog zur Vorgehensweise der Rechtsprechung innerhalb der hypothetischen Kausalität wird bei dem Intensivierungseffekt danach gefragt, inwiefern die Handlung des Täters die Wahrscheinlichkeit für den jeweiligen Erfolgseintritt erhöht hat. Entsprechend des Verfahrens der Rechtsprechung im Rahmen der Produkthaftungsfälle werden in der Prüfung des Übernahmeeffektes alternative Bedingungen für den Erfolg ausgeschlossen. Somit wird die Vorgehensweise der Rechtsprechung durch die probabilistische Kausalitätsbegründung mittels der Aufstellung einer zweistufigen Prüfung anhand des Intensivierungs- sowie Übernahmeeffektes konkretisiert.

---

872 So etwa SK/*Hoyer*, StGB, Anhang zu § 16, Rn. 65, 78; *Knauer, F.*, Der Schutz der Psyche im StrafR, S. 172; *Fehr*, Mobbing, S. 112–114; 123–125, 128 f.; *Knauer, C.*, Die Kollegialentscheidung im StrafR, insbesondere S. 111–118; *Hoyer*, GA 1996, S. 160 ff., 168; *Hoyer*, in FS-Rudolphi, S. 95 ff., insbesondere S. 102; *Bloy*, in FS-Maiwald, S. 35 ff., 51 f.; *Valverde*, in FS-Wolter, S. 333 ff., 344–348; in diese Richtung auch *Mühe*, Mobbing, S. 107; *Frisch*, in FS-Maiwald, S. 239 ff., 253–260; Hilgendorf, JZ 1997, S. 611; zur Anwendung einer Kausalität, die auf probabilistische oder statistische, also auf Wahrscheinlichkeitsaussagen gründet, ohne weitergehende Begrenzungen siehe etwa *Frister*, StrafR AT, § 9, Rn. 38; *Mummenhoff*, Erfahrungssätze im Beweis der Kausalität, S. 15–20; *Toepel*, Kausalität und Pflichtwidrigkeitszusammenhang beim fahrlässigen Erfolgsdelikt, insbesondere S. 93; *Hilgendorf*, Strafrechtliche Produzentenhaftung in der „Risikogesellschaft", S. 121–124; *Schaal*, Strafrechtliche Verantwortlichkeit bei Gremienentscheidungen in Unternehmen, S. 69–73; *Ziethen*, Grundlagen probabilistischer Zurechnung im StrafR, S. 121–137; *Hilgendorf*, Jura 1995, S. 514 ff., 519–522; *Volk*, NStZ 1996, S. 105 ff., 110; *Schumann*, Jura 2008, S. 408 ff., 414; *Pèrez-Barberà*, ZStW 114 (2002), S. 611 ff., 625–633; *Jähnke*, Jura 2010, S. 582 ff., 584–587; *Rolinski*, in FS-Miyazawa, S. 483 ff., 494–497; *Hilgendorf*, in FS-Lenckner, S. 699 ff., 704–707; mit Bezug auf das italienische Recht *Maiwald*, in FS-Küper, S. 329 ff., 337–339; *Catenacci*, ZStW 120 (2008), S. 447 ff., 447–460; *Staffler*, ZIS 2017, S. 125 ff., 135–138; *Dencker*, Kausalität und Gesamttat, insbesondere S. 39 stellt auf „weiche Regeln" ab; *Bernsmann*, ARSP 68 (1982), S. 536 ff., 547–550 stellt auf eine non-kausale Betrachtungsweise ab; siehe auch *Unger*, Kausalität, S. 152–156; zu eingehenden Überblick *Roxin*/*Greco*, StrafR AT, § 11, Rn. 35–38.

873 *Hoyer*, GA 1996, S. 160 ff., insbesondere 168–172.

874 *Samson*, Hypothetische Kausalverläufe im StrafR, insbesondere S. 96–159.

875 *Hoyer*, GA 1996, S. 160 ff., 168; *Hoyer*, in FS-Rudolphi, S. 95 ff., insbesondere S. 102.

876 *Hoyer*, GA 1996, S. 160 ff., 168; *Hoyer*, in FS-Rudolphi, S. 95 ff., insbesondere S. 102.

d. Konsequenzen bezüglich psychischer Gesundheitsschädigungen

Die unproblematische Begründung der Kausalität durch die Rechtsprechung hinsichtlich hypothetischer Verläufe, psychischer Kausalität sowie Produkthaftungsfälle anhand von Wahrscheinlichkeiten deckt sich mit dem eingangs aufgestellten Ergebnis, dass die Feststellung der Kausalität auch im Bereich psychischer Schädigungen mit somatischen Auswirkungen gemäß §§ 223, 229 StGB durch die Rechtsprechung weitgehend nicht infrage gestellt wird.[877] Dieser Maßstab wird durch die Literatur insbesondere in Form der probabilistischen Kausalitätsbegründung konkretisiert, wobei Kausalität zwischen Täterhandlung und Schädigung des Tatopfers anzunehmen ist, wenn die Handlung des Täters die Wahrscheinlichkeit für den Eintritt des Erfolges erhöht hat (Intensivierungseffekt) und Ersatzursachen ausgeschlossen werden können (Übernahmeeffekt).[878] Problematisch ist hinsichtlich der eingangs erläuterten Kritik innerhalb der Literatur[879] jedoch, inwiefern eine solche alternative Kausalitätsbegründung im Rahmen psychischer Gesundheitsschädigungen gemäß §§ 223 Abs. 1 Var. 2, 229 StGB angewendet werden kann.

aa. Kritische Betrachtung der alternativen Kausalitätsbegründung

Gegen eine pauschale Übertragung des Motivationsmaßstabes zur Kausalitätsbegründung psychischer Gesundheitsschädigungen gemäß §§ 223 Abs. 1 Var. 2, 229 StGB wird etwa von *Knauer* vorgebracht, dass die vorliegende Fallgestaltung nicht mit denjenigen Fällen vergleichbar ist, innerhalb derer die Rechtsprechung die Kausalität anhand eines Motivationsmaßstabes feststellt.[880] Es sind diesbezüglich solche Fälle umfasst, die eine bewusste Willensentscheidung des Tatopfers oder des Angestifteten zum Gegenstand haben.[881] Bei der vorliegenden Thematik psychischer Gesundheitsschädigungen gemäß §§ 223 Abs. 1 Var. 2, 229 StGB handelt es sich jedoch um davon abweichende Fallgestaltungen, da das Tatopfer hinsichtlich des Erleidens der psychischen Krankheit keine freie Willensentscheidung trifft.[882] Darüber hinaus können durch das alleinige Abstellen auf die Motivation keine möglichen Alternativursachen wie namentlich das familiäre Umfeld, besondere Belastungen am Arbeitsplatz oder auch in der Partnerschaft ausgeschlossen werden.[883] Gegen eine Anwendung des Ausschlussverfahrens hinsichtlich psychischer Gesundheitsschädigungen im Rahmen der §§ 223, 229 StGB wird etwa von *Knauer* entgegengebracht, dass die Produkthaftungsfälle im Gegensatz zu psychischen Gesundheitsschädigungen eine Vielzahl von Fällen umfassen, sodass die Gerichte als Indiz der Ursachenbegründung auf mögliche signifikante Übereinstimmungen der Krankheits- und Heilungsverläufe in anderen Schadensfällen abstellen können.[884] Da es sich bei psychischen Gesundheitsschädigungen gemäß §§ 223, 229 StGB jedoch zumeist um einzelne, isolierte Fallgestaltungen handelt, könnte ein solcher Vergleich mit einer Vielzahl von

---

877 Siehe unter 4. Teil: III 2 a.
878 Siehe unter 4. Teil: III 2 c.
879 Siehe unter 4. Teil: III 1.
880 *Knauer, F.,* Der Schutz der Psyche im StrafR, S. 168.
881 Siehe unter 4. Teil: III 2 b bb.
882 So auch *Knauer, F.,* Der Schutz der Psyche im StrafR, S. 168.
883 So auch *Knauer, F.,* Der Schutz der Psyche im StrafR, S. 168.
884 *Knauer, F.,* Der Schutz der Psyche im StrafR, S. 170.

Sachverhalten zur Untermauerung der Kausalität nicht möglich sein.[885] Des Weiteren wird in der Literatur hinsichtlich einer auf Wahrscheinlichkeiten beruhenden Kausalbegründung kritisiert, dass es nicht durchführbar sei, alle alternativen Ursachen zu ermitteln und auszuschließen, wodurch ebenfalls nicht berücksichtigte Variablen ursächlich für den Taterfolg sein könnten.[886] Dadurch stelle die Kausalitätsbegründung anhand probabilistischer Erwägungen einen Verstoß gegen den Zweifelssatz in dubio pro reo dar.[887]

Jedoch sprechen gewichtige Gründe für die Anwendung einer auf Wahrscheinlichkeiten begründeten Kausalitätsfeststellung in Kombination mit dem Ausschlussverfahren bzw. für die Verwendung der probabilistischen Kausalitätsbegründung.
Gegen das Argument fehlender abschließender Berücksichtigung aller in Betracht kommenden Variablen kann entgegengebracht werden, dass keine Sicherheit existiert, dass der Kausalverlauf nicht durch einen anderen Faktor zumindest mitverursacht wurde.[888] Dies liegt darin begründet, dass empirisches Wissen nicht nur beschränkt, sondern auch fehlerhaft sein kann.[889] Zudem ist eine Prüfung *jeglicher* – auch unbekannter – Ursachenalternativen nicht möglich.[890] Dass „der Richter seinen Prüfungsumfang bis zur Grenze des Sinnvollen auszudehnen hat, diese Grenze aber nicht überschreiten muss“[891], ist Anliegen der probabilistischen Kausalitätsbegründung.[892] Anhand des Abstellens auf Wahrscheinlichkeiten soll den naturwissenschaftlichen Erkenntnissen entsprochen werden, sofern Kausalgesetze (noch) nicht bekannt sind und die Kausalitätsbegründung dementsprechend lediglich auf der Basis von Wahrscheinlichkeitsaussagen getroffen werden kann.[893]
Zudem kann nicht angenommen werden, dass die Anforderungen an die Kausalitätsbegründung durch die Anwendung der probabilistischen Kausalität herabgesenkt werden. Die Kausalität des Verhaltens des Täters für den eingetretenen Erfolg bei dem Tatopfer gründet nicht auf einer bloßen Hypothese, sondern vielmehr auf einer hohen statistischen Wahrscheinlichkeit.[894] Zudem wird nicht nur verlangt, dass die

---

885 *Knauer, F.*, Der Schutz der Psyche im StrafR, S. 170.

886 Schönke/Schröder/*Eisele*, StGB, Vorbemerkungen zu den §§ 13 ff., Rn. 75a; Matt/Renzikowski/*ders.*, StGB, Vorbemerkungen zu § 13, Rn. 78; *Fehr*, Mobbing, S. 107; *Hassemer*, Produktverantwortung im modernen StrafR, S. 42–44; *Puppe*, Die Erfolgszurechnung im StrafR, S. 34; *Volk*, NStZ 1996, S. 105 ff., 108 f.; *Kühne*, NJW 1997, S. 1951 ff., 1953; *Samson*, StV 1991, S. 182 ff., 183; *Puppe*, JR 1992, S. 30 ff., 31; *Volk*, NStZ 1996, S. 105 ff., 108 f.; *Kindhäuser*, GA 1982, S. 477 ff., 484; NK/*Puppe*, StGB, Vorbemerkungen zu §§ 13 ff., Rn. 84 moniert die Nähe zum Verdachtsstrafrecht.

887 Matt/Renzikowski/*ders.*, StGB, Vorbemerkungen zu § 13, Rn. 78; *Bung*, Wissen und Wollen im StrafR, S. 86.

888 Siehe auch etwa *Unger*, Kausalität, S. 88; *Jähnke*, Jura 2010, S. 582 ff., 586; *Hilgendorf*, Strafrechtliche Produzentenhaftung in der „Risikogesellschaft“, S. 124.

889 *Hilgendorf*, Strafrechtliche Produzentenhaftung in der „Risikogesellschaft“, S. 124; *Unger*, Kausalität, S. 88; *Kuhlen*, Fragen einer strafrechtlichen Produkthaftung, S. 72.

890 Siehe auch etwa *Jähnke*, Jura 2010, S. 582 ff., 586 m.w.N.

891 *Jähnke*, Jura 2010, S. 582 ff., 586 m.w.N. mit Bezug auf das Ausschlussverfahren in den Produkthaftungsfällen; siehe dazu auch etwa *Hilgendorf*, JZ 1997, S. 611.

892 *Fehr*, Mobbing, S. 115.

893 *Fehr*, Mobbing, S. 115.

894 So auch etwa *Frisch*, in FS-Maiwald, S. 239 ff., 259.

Handlung des Täters die Wahrscheinlichkeit des Erfolgseintrittes erhöht hat, sondern vielmehr ebenfalls alternative Bedingungen ausscheiden. Darin unterscheidet sich die probabilistische Kausalitätsbegründung von der in der Literatur kritisierten Risikoerhöhungstheorie, da die Anforderungen aufgrund der zweiteiligen Prüfung anhand des Intensivierungs- sowie Übernahmeeffektes über die Erfordernisse der Risikoerhöhungstheorie hinausgehen.[895] Daneben ist anzumerken, dass der Schluss auf die Existenz eines Kausalgesetzes auf der Grundlage sich verdichtender Wahrscheinlichkeit keine empirische, sondern eine normative Folgerung ist, sodass Kausalgesetze zumeist nicht über die Paraphrase einer statistisch weitgehend bestätigten Hypothese sowie den Ausschluss alternativer Bedingungen hinausgehen.[896]
Vor diesem Hintergrund liegt in der Anwendung der probabilistischen Kausalitätstheorie auch kein Verstoß gegen den Zweifelssatz in dubio pro reo.[897] Der Zweifelssatz setzt nicht voraus, dass sich der Richter nicht auf Wahrscheinlichkeiten, sondern lediglich auf Aussagen mit 100%-iger Sicherheit berufen kann, sondern statuiert, welche Rechtsfolge bei ungewissen Beweissituationen und Zweifeln des Richters eintreten soll.[898] *Puppe* legt überzeugend dar, dass „in nichtdeterminierten Bereichen [...] der Einwand der Verletzung des Zweifelsgrundsatzes deshalb nicht gültig [ist], weil es sich *nicht um einen Zweifel* handelt“[899]. Vielmehr ist die Kausalität in solchen Bereichen lediglich auf der Grundlage einer auf Wahrscheinlichkeiten gründenden Aussage *möglich*. Eine striktere Verknüpfung zwischen der Handlung des Täters und dem eingetretenen Erfolg ist mangels bereits bekannter Kausalgesetze nicht zu erreichen. Dadurch kann der Nachweis einer auf bereits bekannten Kausalgesetzen begründeten Kausalitätsfeststellung innerhalb solcher Fallgestaltungen auch unter Bezugnahme auf den Zweifelssatz nicht gefordert werden.[900] Wenn ein solch erhöhter Grad von Sicherheit zur Kausalitätsbegründung verlangt wird, kann Kausalität in vielen Fallgestaltung nicht angenommen werden.[901] Ein wirksamer Rechtsgüterschutz kann nur erreicht werden, sofern keine zu hohen Anforderungen an den Nachweis der Kausalität gestellt werden.[902] Durch das Abstellen auf eine probabilistische Kausalitätsbegründung kann zahlreichen Freisprüchen innerhalb solcher Fälle entgegengewirkt werden, im Rahmen derer (noch) keine Kausalgesetze naturwissenschaftlich abgesichert sind.[903] *Knauer* legt diesbezüglich treffend dar, dass es „der Öffentlichkeit nur schwer zu vermitteln [wäre], wenn die Gerichte den

---

895 So auch etwa *Fehr*, Mobbing, S. 115; *Knauer, C.*, Die Kollegialentscheidung im StrafR, S. 115; entgegen der Ansicht von Matt/Renzikowski/*ders.*, StGB, Vorbemerkungen zu § 13, Rn. 78.

896 *Bloy*, in FS-Maiwald, S. 35 ff., 52; *Jähnke*, Jura 2010, S. 582 ff., 587 m.w.N. mit Bezug auf das Ausschlussverfahren in den Produkthaftungsfällen.

897 So jedoch Matt/Renzikowski/*ders.*, StGB, Vorbemerkungen zu § 13, Rn. 78; *Bung*, Wissen und Wollen im StrafR, S. 86; siehe dazu auch *Roxin*/*Greco*, StrafR AT 1, § 11, Rn. 17.

898 KK/*Ott*, StPO, § 261, Rn. 63 f.; *Volk*, NStZ 1996, S. 105 ff., 106; *Unger*, Kausalität, S. 103.

899 NK/*Puppe*, StGB, Vorbemerkungen zu §§ 13 ff., Rn. 147 (Hervorhebungen dort) m.w.N.

900 So auch etwa *Fehr*, Mobbing, S. 116 m.w.N.

901 So auch etwa *Unger*, Kausalität, S. 88 m.w.N.; *Jähnke*, Jura 2010, S. 582 ff., 587; *Hilgendorf*, Strafrechtliche Produzentenhaftung in der „Risikogesellschaft“, S. 124; *Bloy*, in FS-Maiwald, S. 35 ff., 51 f. führt dazu aus, dass jede kausale Erklärung als unvollständig anzusehen ist.

902 So auch etwa *Knauer, F.*, Schutz der Psyche im StrafR, S. 172 m.w.N.

903 So auch etwa NK/*Puppe*, StGB, Vorbemerkungen zu §§ 13 ff., Rn. 151 m.w.N.; *Knauer, F.*, Schutz der Psyche im StrafR, S. 172 m.w.N.; *Kuhlen*, JZ 1994, S. 1142 ff., 1145; *Jähnke*, Jura 2010, S. 582 ff., 587.

Kausalzusammenhang verneinen müssten, obwohl nach Auffassung der Sachverständigen und Richter außer Zweifel steht, dass die Verletzungen durch das Verhalten des Täters verursacht worden sind“[904]. Zudem würde die Ablehnung einer solchen Kausalitätsbegründung zu Widersprüchen im Recht führen, da ein solches Verfahren im Übrigen etwa im Rahmen der forensischen Feststellung der Tatbegehung durch eine bestimmte Person herangezogen wird.[905]
Darüber hinaus nimmt die Rechtsprechung bereits – insbesondere in den untersuchten Produkthaftungsfällen[906] – eine solche auf Wahrscheinlichkeiten gestützte und durch den Ausschluss anderer Ursachen präzisierte Kausalitätsbegründung vor, sodass die Anwendung der konkretisierten Lösung, stets eine Wahrscheinlichkeit gekoppelt mit einem Ausschlussverfahren i.S.d. probabilistischen Kausalitätstheorie zu verlangen, die Rechtsprechung vor keine neuen Herausforderungen stellt. Zwar nähern sich die Kategorien der Kausalität und objektiver Zurechnung durch die normative Wertung der probabilistischen Kausalitätstheorie an, jedoch soll daraus nicht gefolgert werden, dass die Trennung zwischen Kausalität und objektiver Zurechnung aufgegeben wird.[907] Treffend führt *Fehr* diesbezüglich aus, dass es sich „bei dem in der Rechtswissenschaft verwendeten Kausalbegriff [...] gerade nicht um ein wissenschaftsüberschreitenden Begriff [handelt], sondern vielmehr um einen Rechtsbegriff, der damit nicht frei von normativen Erwägungen ist“[908].

bb. Übertragung auf psychische Gesundheitsschädigungen

Aufgrund der vorstehenden Ausführungen kann die Kausalität im Rahmen psychischer Gesundheitsschädigungen gemäß §§ 223 Abs. 1 Var. 2, 229 StGB anhand des Ausschlussverfahrens der Rechtsprechung auf der Grundlage eines Wahrscheinlichkeitsmaßstabes, konkretisiert durch die probabilistische Kausalitätsbegründung, begründet werden. Auch in der Literatur wird vor dem Hintergrund psychischer Gesundheitsschädigungen gemäß §§ 223 Abs. 1 Var. 2, 229 StGB insbesondere von *Knauer*, *Mühe* sowie *Fehr* primär unter dem Begriff der probabilistischen Kausalität vertreten, dass sich die Kausalität anhand von Wahrscheinlichkeiten feststellen lässt.[909] Zudem spricht für eine Übertragbarkeit die identische Ausgangslage der Problematik im Rahmen psychischer Gesundheitsschädigungen gemäß §§ 223 Abs. 1 Var. 2, 229 StGB mit den Produkthaftungsfällen. Innerhalb beider Fallgestaltungen fehlt es (noch) an gesicherten

904 *Knauer, F.*, Schutz der Psyche im StrafR, S. 172 m.w.N.

905 So ebenfalls etwa*Frisch*, in FS-Maiwald, S. 239 ff., 259 f. m.w.N.; *Knauer, F.*, Der Schutz der Psyche im StrafR, S. 172.

906 Siehe unter 4. Teil: III 2 b cc.

907 So jedoch etwa *Knauer, C.*, Die Kollegialentscheidung im StrafR, S. 115; *Bung*, Wissen und Wollen im StrafR, S. 86 f.; *Valverde*, in FS-Wolter, S. 333 ff., 346 f.

908 *Fehr*, Mobbing, S. 116; so ebenfalls etwa *Kuhlen*, Fragen einer strafrechtlichen Produkthaftung, S. 69 f.; *Kuhlen*, JZ 1994, S. 1142 ff., 1145.

909 *Knauer, F.*, Der Schutz der Psyche im StrafR, S. 172; *Fehr*, Mobbing, S. 112–114; 123–125, 128 f.; *Mühe*, Mobbing, S. 107 stellt auf das Negativausschlussverfahren der Rechtsprechung ab; dagegen verzichten etwa *Steinberg*, Strafe für das Versetzen in Todesangst, S. 107 f. sowie *Doerbeck*, Cybermobbing, S. 230 auf eine eingehende Darstellung der Kausalität, sondern beziehen sich lediglich auf die Feststellung, dass die Kausalitätsbegründung mit keinen die Rechtsprechung beschäftigenden Problematiken einhergeht.

Kenntnissen über die Naturgesetze des Wirkzusammenhanges.[910] Jedoch lassen sich innerhalb beider Fälle auf der Grundlage empirischer Wissenschaften Wahrscheinlichkeitsaussagen treffen, inwiefern die jeweilige Schädigung des Tatopfers nach einer Verhaltensweise wie derjenigen des Täters auftritt (Intensivierungseffekt) und andere Ursachen in Betracht kommen, welche die Schädigung des Opfers herbeigeführt haben könnten (Übernahmeeffekt).[911]
In Anwendung auf den konkreten Fall einer psychischen Gesundheitsschädigung gemäß §§ 223, 229 StGB ist demnach zur Begründung der Kausalität danach zu fragen, inwiefern die Handlung des Täters die Wahrscheinlichkeit erhöht hat, dass die psychische Krankheit des Tatopfers eingetreten ist (Intensivierungseffekt) und dadurch alternativ in Betracht kommende Ursachen für den Eintritt der psychischen Krankheit des Opfers ausgeschlossen werden können (Übernahmeeffekt). Diesbezüglich ist das Gericht gefordert, den Grad an Wahrscheinlichkeit der Kausalität und den Ausschluss alternativer Ursachen mit besonderer Sorgfalt und unter Berücksichtigung der konkreten Art des eingetretenen Erfolges festzustellen.[912]

3. Zwischenergebnis

Die eingangs aufgezeigte Kritik innerhalb der Literatur, ein kausales Verhältnis im Bereich psychischer Vorgänge und demnach im Rahmen der psychischen Gesundheitsschädigung gemäß §§ 223 Abs. 1 Var. 2, 229 StGB sei nicht nachweisbar, wird auf das Fehlen von naturwissenschaftlich gesicherten Kausalgesetzen im Bereich psychischer Prozesse gestützt. Jedoch wurde aufgezeigt, dass diese Problematik zum einen durch die Rechtsprechung in Form von Abstellen auf Wahrscheinlichkeiten, insbesondere im Bereich hypothetischer Vorgänge und psychischer Kausalität, sowie durch Vornahme eines Ausschlussverfahrens innerhalb der Produkthaftungsfälle, zum anderen durch die Literatur durch die Konkretisierung dieser Vorgehensweise der Rechtsprechung anhand der probabilistischen Kausalität gelöst wird und auf Fallgestaltungen psychischer Gesundheitsschädigungen gemäß §§ 223 Abs. 1 Var. 2, 229 StGB übertragen werden kann. Da die Rechtsprechung eine solche Kausalitätsbegründung auf der Grundlage von Wahrscheinlichkeiten sowie eines Ausschlussverfahrens wie bereits erörtert bereits in anderen Fallgestaltungen vornimmt, entstehen im Bereich probabilistischer Kausalitätsbegründungen im Rahmen psychischer Gesundheitsschädigungen gemäß §§ 223 Abs. 1 Var. 2, 229 StGB keine neuen Anforderungen für die Rechtsprechung. Vielmehr ist aus der fehlenden Problematisierung der Kausalität psychischer Schädigungen mit somatischen Auswirkungen gemäß §§ 223, 229 StGB durch die Rechtsprechung[913] zu schließen, dass die Gerichte bereits heutzutage einen solchen Kausalitätsmaßstab anwenden. Demgemäß führt *Steinberg* zutreffend aus, „dass der Nachweis des Kausalzusammenhangs zwischen dem Handeln des Täters und den psychisch vermittelten körperlichen Folgen keine unüberwindlichen Schwierigkeiten bringt, sondern, im Gegenteil, die Rechtsprechungspraxis bisher kaum beschäftigt hat“[914]. Aus

---

910 Siehe auch etwa *Knauer, F.*, Schutz der Psyche im StrafR, S. 170 f.
911 Siehe auch etwa *Knauer, F.*, Schutz der Psyche im StrafR, S. 170 f.
912 So auch *Knauer, F.*, Schutz der Psyche im StrafR, S. 171.
913 Siehe unter 4. Teil: III 2 a.
914 *Steinberg*, Strafe für das Versetzen in Todesangst, S. 108.

Gründen der Klarstellung angesichts der Kritik innerhalb der Literatur wäre wünschenswert, dass die Gerichte in den jeweiligen Urteilen ausführen, auf welchem Wege die Kausalität von psychischen Gesundheitsschädigungen des Tatopfers gemäß §§ 223 Abs. 1 Var. 2, 229 StGB im konkreten Fall festgestellt wird. In prozessualer Hinsicht kann der Richter zur Begründung der Kausalität – wie schon in den erörterten Fallgestaltungen der Produkthaftungsfälle – auch im Rahmen von psychischen Gesundheitsschädigungen gemäß §§ 223 Abs. 1, Var. 2, 229 StGB auf einen Sachverständigen (§§ 72 ff. StPO) zurückgreifen.[915]

IV. Objektive Zurechnung psychischer Gesundheitsschädigung

Die Weite der Kausalität wird durch die objektive Zurechnung in normativer Weise korrigiert.[916] Der eingetretene Erfolg – hier in Form einer psychischen Gesundheitsschädigung i.S.d. §§ 223 Abs. 1 Var. 2, 229 StGB – soll als Werk des Täters selbst erscheinen und nicht als Werk des Zufalls, eines Dritten oder des Opfers selbst.[917] Nach herrschender Literatur ist der Erfolg dem Täter zurechenbar, „wenn der Täter durch seine dafür *ursächliche Handlung* entgegen der dem Schutz des betreffenden Rechtsgutsobjekts dienenden generellen Verhaltensnorm und damit *verbotswidrig ein entsprechendes Erfolgsrisiko* geschaffen bzw. ein solches erhöht hat und gerade diese rechtlich verbotene Gefahr [...] sich in dem *konkret eingetretenen Erfolg verwirklicht*“[918]. Die Anwendung der objektiven Zurechnung ist nicht nur durch die Literatur anerkannt und herrschend,[919] sondern findet sich inhaltlich auch in der Rechtsprechung wieder. Diese vermeidet zwar die Anerkennung der objektiven Zurechnung innerhalb der Vorsatzdelikte, jedoch werden die jeweiligen Fälle im subjektiven Tatbestand mithilfe der Lehre der wesentlichen Abweichung des Kausalverlaufs[920] sowie bei Fahrlässigkeitsdelikten[921] problematisiert.

In der Literatur wird gegen den Schutz der psychischen Gesundheit ohne somatische Schädigungen im Rahmen der Körperverletzung gemäß §§ 223, 229 StGB vorgebracht, dass die Grenzen der Sozialadäquanz innerhalb psychischer Schädigungen nicht mit

---

915 Siehe zum Sachverständigenbeweis im Allgemeinen etwa MüKo/*Miebach*, StPO, § 261, Rn. 306–336; KK/*Ott*, StPO, § 261, Rn. 113–146a; zum Rückgriff auf einen Sachverständigen im Rahmen psychischer Schädigungen innerhalb der Körperverletzung gemäß §§ 223, 229 StGB siehe etwa *Mühe*, Mobbing, S. 106; *Knauer, F.*, Der Schutz der Psyche im StrafR, S. 188; *Wolfslast*, Psychotherapie in den Grenzen des Rechts, S.173–175.

916 Siehe zur historischen Darstellung eingehend etwa *Roxin*/*Greco*, StrafR AT 1, § 11, Rn. 44.

917 *Wessels*/*Beulke*/*Satzger*, StrafR AT, § 6, Rn. 254.

918 Schönke/Schröder/*Eisele*, Vorbemerkungen zu den §§ 13 ff., Rn. 92 (Hervorhebungen dort); so auch etwa LK/*Walter*, StGB, Vorbemerkungen zu §§ 13 ff., Rn. 89; Kühl/Heger/*ders.*, StGB, Vorbemerkungen zu §§ 13 ff., Rn. 14; *Fischer*, StGB, Vorbemerkungen zu § 13, Rn. 25; *Roxin*/*Greco*, StrafR AT 1, § 11, Rn. 49; *Baumann*/*Weber*/*Mitsch*/*Eisele*, StrafR AT, § 10, Rn. 66; *Kühl*, StrafR AT, § 4, Rn. 43; *Wessels*/*Beulke*/*Satzger*, StrafR AT, § 6, Rn. 258.

919 Schönke/Schröder/*Eisele*, StGB, Vorbemerkungen zu den §§ 13 ff., Rn. 90a m.w.N.

920 Siehe dazu eingehend *Rengier*, StrafR AT, § 13, Rn. 42.

921 Siehe etwa BGH NStZ 2001, 205 (206); BGHSt 53, 55 (60) = NJW 2009, 1155 (1156); BGHSt 37, 179 (180) = NJW 1991, 307 (308); OLG Stuttgart StV 2012, 23 (24); OLG Stuttgart DAR 2011, 415 (416); BayObLGSt 1998, 97 (102); OLG Stuttgart NStZ 1997, 190 (190 f.); BayObLGSt 1996, 96 (97); BayObLG NZV 1989, 359 (359).

hinreichender Klarheit aufgestellt werden können.[922] Inwiefern diese durch die Literatur vorgebrachte Kritik durchgreift, ist Untersuchungsgegenstand des nachfolgenden Abschnitts. Dazu wird zunächst die Ausgangsproblematik dargestellt. Daraufhin wird die Lehre der Sozialadäquanz und die Bedeutung für die Fahrlässigkeitsstrafbarkeit gemäß § 229 StGB – auch hinsichtlich psychischer Schädigungen – erörtert. Aufbauend auf die vorgebrachte Kritik der Literatur werden die durch die Rechtsprechung aufgestellten Kriterien zur Feststellung der Sozialadäquanz im Rahmen der Körperverletzung gemäß §§ 223, 229 StGB herausgearbeitet. Abschließend wird diskutiert, inwiefern die Leitlinien der Rechtsprechung ebenfalls auf psychische Gesundheitsschädigungen gemäß §§ 223 Abs. 1 Var. 2, 229 StGB angewendet werden können. Zwar finden sich auch innerhalb der einschlägigen Literatur Ausführungen zur objektiven Zurechnung im Rahmen psychischer Gesundheitsschädigungen gemäß §§ 223 Abs. 1 Var. 2, 229 StGB; jedoch fällt bei Durchsicht dieser Erörterungen auf, dass eine eingehende Diskussion mit der durch die Literatur vorgebrachte Kritik gegen einen Schutz der psychischen Gesundheit durch den Tatbestand der Körperverletzung fehlt.[923] Auch wird dort auf eine allgemeine Analyse der Kriterien der Rechtsprechung zur Konkretisierung sozialadäquater Verhaltensweisen im Rahmen der Körperverletzung gemäß §§ 223, 229 StGB und eine mögliche Übertragbarkeit auf psychische Gesundheitsschädigungen ohne somatische Auswirkungen gemäß §§ 223, 229 StGB verzichtet, sodass eine diesbezügliche Untersuchung im Folgenden unabdinglich ist.[924]

1. Ausgangsproblematik

Die Bestimmung der Grenzen der Sozialadäquanz ist insbesondere im Bereich psychischer Gesundheitsschädigungen gemäß § 223 Abs. 1 Var. 2 StGB problematisch, weil im menschlichen Zusammenleben durch nahezu jedweden Kontakt auf die Psyche einer anderen Person eingewirkt wird.[925] In dieser Hinsicht betont *Bublitz*, dass ohne den Zurechnungsausschluss sozialadäquater Verhaltensweisen „jeder kommunikative Akt [...] Gefahr [liefe], eine Körperverletzung darzustellen“[926]. Aus diesem Grund wird innerhalb der Literatur zum Teil die Grenzziehung der Sozialadäquanz angezweifelt und dadurch ein Schutz der psychischen Gesundheit durch die Körperverletzung gemäß

---

922 So etwa LK/*Grünewald*, StGB, § 223, Rn. 12; *Knauer, F.*, Der Schutz der Psyche im StrafR, insbesondere S. 203; *Merkel*, ZStW 121 (2009), S. 919 ff., 947; *Bloy*, in FS-Eser, S. 233 ff., 233; in diese Richtung geht auch *Bublitz*, RW 2011, S. 28 ff., 54 f., welcher eine grundsätzliche Beschränkung auf vorsätzliche Begehungsarten im Rahmen psychischer Schädigungen fordert und nur in Einzelfällen eine fahrlässige Begehungsweise anerkennt.

923 Nicht angesprochen etwa bei *Steinberg*, Strafe für das Versetzen in Todesangst, S. 108–111; nur oberflächlich behandelt bei *Buß*, Der Weg zu einem deutschen Stalkingstraftatbestand, S. 143 f.

924 Demgegenüber beschränken sich etwa *Fehr*, Mobbing, S. 177–186 sowie *Mühe*, Mobbing, S. 115–138 lediglich auf die spezifische Konkretisierung der Sozialadäquanz innerhalb von Mobbinggeschehen.

925 So auch *Bublitz*, RW 2011, S. 28 ff., 51 f.

926 *Bublitz*, RW 2011, S. 28 ff., 52.

§§ 223 Abs. 1 Var. 2, 229 StGB verneint.[927] So lehnt *Knauer* eine Subsumtion psychischer Schädigungen ohne somatische Auswirkungen ab, da „die Psyche eines Menschen [...] tagtäglich in zulässiger Weise durch zahllose Handlungen anderer Menschen beeinflusst und häufig auch beeinträchtigt [wird] – nicht selten bis hin zu einer seelischen Erkrankung“[928]. Dies könne im Rahmen eines strafrechtlichen Schutzes psychischer Erkrankungen einen „Anfangsverdacht gegenüber allen Personen im Interaktionsbereich des Erkrankten begründen“[929], wodurch „die Gefahr [besteht], erhebliche Teile des sozialen Zusammenlebens zu kriminalisieren“[930]. Nach *Knauer* würde eine Grenzziehung, welche Verhaltensweisen als sozialadäquat eingestuft werden können, „die Rechtsprechung ersichtlich überfordern“[931], sodass es als hinnehmbares Risiko des Einzelnen einzustufen sei, „dass das Leben allgemein psychisch belastend ist“[932]. Auch *Bloy* lehnt einen Schutz psychischer Gesundheitsschädigungen ab, „denn die Zufügung seelischer Verletzungen ist mit dem menschlichen Zusammenleben unvermeidbar verbunden“[933]. Dementsprechend „gibt es [...] keine konfliktfreien Beziehungen zwischen Menschen, die ohne Eingriffe in die psychische Integrität des anderen auskommen“[934], sodass seiner Ansicht nach „auch nicht sinnvoll [ist], auf diesem Feld ein allgemeines – gar strafrechtlich sanktioniertes – Verletzungsverbot zu formulieren“[935]. Ebenso führt *Merkel* aus, „dass der Versuch, die seelische Integrität in ähnlichem Umfang wie die körperliche gegen jederlei gravierende Beeinträchtigung zu schützen, nicht nur aussichtslos, sondern auch unzulässig wäre. In einer pluralistischen Gesellschaft mit ständig zunehmenden Möglichkeiten und Freiheiten der zwischenmenschlichen Kommunikation dürfte sich das von selbst verstehen“[936]. Auch *Bublitz* sieht die Grenzziehung sozialadäquater Verhaltensweisen im Rahmen von psychischen Schädigungen dahingehend kritisch, „dass bei psychischen Einwirkungen andere Grenzziehungen als bei körperlichen erforderlich sind“[937], da „durch psychische Einwirkungen [...] wesentlich gravierendere Verletzungen erlaubt [sind] als durch körperliche“[938]. Ebenso erläutert *Grünewald*, dass „konfliktfreie zwischenmenschliche Beziehungen [...] rar [sind]. Zumal mit dem Eingehen engerer Beziehungen ist man nahezu zwangsläufig auch gewissen seelischen Verletzungen ausgesetzt. Schon aus kriminalpolitischen Gründen wäre es nun aber verfehlt, zwischenmenschliche Beziehungen derart intensiv mit den Mitteln des Strafrechts zu

---

927 So etwa LK/*Grünewald*, StGB, § 223, Rn. 12; *Knauer, F.*, Der Schutz der Psyche im StrafR, insbesondere S. 203; *Merkel*, ZStW 121 (2009), S. 919 ff., 947; *Bloy*, in FS-Eser, S. 233 ff., 233; in diese Richtung geht auch *Bublitz*, RW 2011, S. 28 ff., 54 f., welcher eine grundsätzliche Beschränkung auf vorsätzliche Begehungsarten im Rahmen psychischer Schädigungen fordert und nur in Einzelfällen eine fahrlässige Begehungsweise anerkennt.

928 *Knauer, F.*, Der Schutz der Psyche im StrafR, S. 200.

929 *Knauer, F.*, Der Schutz der Psyche im StrafR, S. 203.

930 *Knauer, F.*, Der Schutz der Psyche im StrafR, S. 203.

931 *Knauer, F.*, Der Schutz der Psyche im StrafR, S. 201.

932 *Knauer, F.*, Der Schutz der Psyche im StrafR, S. 203.

933 *Bloy*, in FS-Eser, S. 233 ff., 233.

934 *Bloy*, in FS-Eser, S. 233 ff., 233.

935 *Bloy*, in FS-Eser, S. 233 ff., 233.

936 *Merkel*, ZStW 121 (2009), S. 919 ff., 947.

937 *Bublitz*, RW 2011, S. 28 ff., 54.

938 *Bublitz*, RW 2011, S. 28 ff., 53.

regulieren. Daher bedürfte es auf jeden Fall klarer Eingrenzungskriterien, die bislang noch nicht entwickelt wurden"[939].

Offen ist jedoch, inwiefern überhaupt neue Kriterien zur Eingrenzung sozialadäquater Verhaltensweisen durch die Rechtsprechung aufgestellt werden müssen oder ob vielmehr die bereits ausgearbeiteten Leitlinien zur Sozialadäquanz im Rahmen der Körperverletzung gemäß §§ 223, 229 StGB ebenfalls innerhalb von psychischen Gesundheitsschädigungen ohne somatische Auswirkungen herangezogen werden können. Im Folgenden gilt es demnach, die Stichhaltigkeit der vorgebrachten Kritik zu überprüfen. Dazu wird in einem ersten Schritt zum Verständnis der vorliegenden Problematik die Sozialadäquanz im Allgemeinen dargestellt, woraufhin in einem zweiten Schritt erörtert wird, welche Konsequenz die Grenzen der Sozialadäquanz für die Beurteilung der fahrlässig verursachten psychischen Gesundheitsschädigung gemäß § 229 StGB hat. In einem dritten Schritt werden die Kriterien der Rechtsprechung zur Feststellung der Sozialadäquanz im physischen Bereich der Körperverletzung gemäß §§ 223, 229 StGB aufgezeigt. Auf dieser Grundlage wird abschließend untersucht, inwiefern diese Kriterien ebenfalls im Rahmen einer psychischen Gesundheitsschädigung gemäß §§ 223 Abs. 1 Var. 2, 229 StGB herangezogen werden können.

2. Die Lehre der Sozialadäquanz

Gesetzlich manifestiert ist das Prinzip der Sozialadäquanz im Verbreiten von Propagandamitteln verfassungswidriger Organisationen gemäß § 86 Abs. 3 StGB[940] (ggf. i.V.m. §§ 86a Abs. 3, 130 Abs. 7, 130a Abs. 3 StGB) sowie in der Verletzung des höchstpersönlichen Lebensbereichs durch Bildaufnahmen gemäß § 201a Abs. 4 StGB[941]. Im Übrigen wird die Lehre der Sozialadäquanz nicht nur in der Literatur vertreten,[942] sondern ist ebenfalls in ihrer Anwendung in der Rechtsprechung zu erkennen[943]. Zutreffend hat der BGH dargestellt, dass „nach der Lehre von der ‚Sozialadäquanz' [...] übliche, von der Allgemeinheit gebilligte und daher in strafrechtlicher Hinsicht im sozialen Leben gänzlich unverdächtige, weil [...] [im Rahmen der] sozialen Handlungsfreiheit liegende Handlungen nicht tatbestandsmäßig oder zumindest nicht rechtswidrig sein [können]"[944]. Diesbezüglich geht gerade „kein relevantes Risiko [...] von – typischerweise als *sozialadäquat* eingestuften [...] – Verhaltensweisen aus, die vollkommen legal sind, allgemein toleriert werden, sich [...] [im Rahmen des] allgemeinen Lebensrisikos bewegen oder Risiken bloß in rechtlich

---

939 LK/*Grünewald*, StGB, § 223, Rn. 12.

940 Siehe dazu etwa BGH NJW 1970, 818 (818).

941 Siehe dazu etwa BGH NJW 2017, 1891 (1892).

942 Siehe dazu etwa S/S/*Eisele*, StGB, Vorbemerkungen zu den §§ 13 ff., Rn. 93; Matt/Renzikowski/*ders.*, StGB, Vorbemerkungen zu § 13, Rn. 102–105; *Köhler*, StrafR AT, S. 185; *Stratenwerth/Kuhlen*, StrafR AT, § 8, Rn. 26–33.

943 Siehe etwa BGH NStZ-RR 2017, 207 (209); BGHSt 52, 364 (373) = NStZ 2009, 88 (89); BGH NStZ-RR 2003, 171 (172); BGHSt 47, 68 (71) = NJW 2001, 2891 (2892); BGHSt 36, 1 (16) = NJW 1989, 781 (785); BGH NJW 1970, 818 (818 f.); OLG Oldenburg DAR 2016, 35 (38); OLG Köln NStZ 2002, 35 (37); OLG Stuttgart NStZ 1997, 190 (190 f.); OLG München NStZ 1985, 549 (550); LG Köln NJW 2012, 2128 (2128 f.); AG Dachau NStZ 1996, 546 (548).

944 BGH NJW 1970, 818 (818).

unbeachtlicher Weise erhöhen“[945]. Dass sich neben dem Begriff der Sozialadäquanz ebenfalls derjenige des erlaubten Risikos wiederfindet, soll vorliegend unschädlich sein. Es ist zwar weitgehend umstritten, ob diese Begriffe synonym verwendet werden[946], differenzierte Fallgruppen bilden[947] oder das erlaubte Risiko einen Unterfall der Sozialadäquanz darstellt[948]. Sowohl die Sozialadäquanz als auch das erlaubte Risiko begründen einen Zurechnungsausschluss aufgrund allgemeiner Akzeptanz, sodass in solchen Fällen kein strafbares Unrecht vorliegen soll.[949] Mangels Ergebnisrelevanz wird daher auf diese Streitigkeit nicht weiter eingegangen und die Begriffe der Sozialadäquanz sowie des erlaubten Risikos werden synonym verwendet.[950]

3. Bedeutung der Sozialadäquanz für die Fahrlässigkeit, § 229 StGB

a. Sorgfaltspflicht als Kehrseite der Sozialadäquanz

Die Körperverletzung kann nicht nur durch eine Vorsatztat des Täters gemäß § 223 StGB begründet werden, sondern ebenfalls durch eine fahrlässige Begehungsweise gemäß § 229 StGB. Es entspricht ständiger Rechtsprechung, dass „fahrlässig handelt, wer eine objektive Pflichtwidrigkeit begeht, sofern er diese nach seinen subjektiven Kenntnissen und Fähigkeiten vermeiden konnte, und die Pflichtwidrigkeit objektiv und subjektiv vorhersehbar den Erfolg herbeigeführt hat“[951], wobei derjenige „pflichtwidrig handelt, wer objektiv gegen eine Sorgfaltspflicht verstößt, die gerade dem Schutz des beeinträchtigten Rechtsguts dient“[952]. Dabei bestimmen sich „Art und Maß der anzuwendenden Sorgfalt nach den Anforderungen, die bei objektiver Betrachtung der Gefahrenlage ex ante an einen besonnenen und gewissenhaften Menschen in der konkreten Lage und sozialen Rolle des Handelnden zu stellen sind“[953]. Diesbezüglich legt *Rengier* zutreffend dar, dass dem „Punkt der objektiven Sorgfaltspflichtverletzung [...] die Aufgabe zu[fällt], den generellen Wertmaßstab für das erforderliche fehlerhafte Verhalten festzulegen. Insoweit ist, anknüpfend an die Grundformel der objektiven

945 *Rengier*, StrafR AT, § 13, Rn. 51 (Hervorhebung dort); zur Sozialadäquanz auch eingehend *Ruppert*, Die Sozialadäquanz im StrafR.

946 Synonym verwendet beispielsweise in BGHSt 36, 1 (16) = NJW 1989, 781 (785); *Heinrich*, StrafR AT, Rn. 245; *Köhler*, StrafR AT, S. 185.

947 So etwa *Kaspar*, JuS 2004, S. 409 ff., 413; *Kindhäuser*, GA 1994, S. 197 ff., 197 unter Fn. 1.

948 *Welzel*, ZStW 58 (1939), S. 491 ff., 518.

949 *Stratenwerth/Kuhlen*, StrafR AT, § 8, Rn. 26–33.

950 Eingehend zum Verhältnis von Sozialadäquanz und erlaubtem Risiko siehe etwa *Knauer, F.*, ZStW 126 (2014), S. 844 ff., 856–859.

951 BGHSt 59, 292 (nicht abgedruckt) = NJW 2015, 96 (98); so auch etwa BGHSt 53, 55 (58) = NJW 2009, 1155 (1155); BGHSt 49, 166 (174) = NJW 2004, 2458 (2460); BGHSt 49, 1 (5) = NJW 2004, 237 (238); BGH NJW 2001, 1075 (1076); BGH, Beschl. v. 10.05.2001 – 3 StR 45/01, bei BeckRS 2001, 30179737, unter Gründe 1. c.; OLG Hamm SpuRt 2016, 214 (215); OLG Hamburg NStZ-RR 2015, 209 (210); OLG Celle NZV 2012, 345 (346); OLG Stuttgart NStZ 1997, 190 (190); LG Saarbrücken NStZ-RR 2006, 75 (76).

952 BGHSt 59, 292 (nicht abgedruckt) = NJW 2015, 96 (98); so auch etwa BGH NStZ 2005, 446 (447); OLG Hamm SpuRt 2016, 214 (215); AG Saalfeld NStZ 2006, 100 (101).

953 BGHSt 59, 292 (nicht abgedruckt) = NJW 2015, 96 (98); so auch etwa BGH NStZ 2003, 657 (658); BGH NStZ 2005, 446 (447); BGH NStZ 2003, 657 (658); BGH NJW 2000, 2754 (2758); OLG Hamm SpuRt 2016, 214 (215); OLG Dresden StV 2015, 120 (120 f.); OLG Hamburg NStZ-RR 2015, 209 (210); AG Detmold SpuRt 2015, 177 (178); AG Bremen, Urt. v. 25.05.2004 – 84a Ds 140 Js 36161/03, bei BeckRS 2004, 10880, unter Gründe IV.

Zurechnung, zunächst festzuhalten, dass die Schaffung eines erlaubten Risikos keine Sorgfaltspflichtverletzung beinhalten kann“[954]. Demgemäß muss die Handlung des Täters über das erlaubte Risiko bzw. die Sozialadäquanz hinausgehen, damit die Sorgfaltspflicht als verletzt angesehen werden kann.[955] *Kindhäuser* äußert zutreffend und prägnant: „wer erlaubt riskant handelt, handelt nicht sorgfaltswidrig. Und umgekehrt: Wer sorgfaltswidrig handelt, handelt unerlaubt riskant“[956]. Demnach stellt die im Rahmen der Fahrlässigkeitsprüfung festzustellende Sorgfaltspflichtwidrigkeit lediglich die Kehrseite der Sozialadäquanz dar.[957]
Daraus ergibt sich, dass die im Folgenden zu erörternden Konkretisierungen bezüglich sozialadäquater Verhaltensweisen nicht nur im Bereich der objektiven Zurechnung der vorsätzlichen psychischen Gesundheitsschädigung gemäß § 223 Abs. 1 Var. 2 StGB ausschlaggebend sind, sondern ebenfalls hinsichtlich der Bestimmung der Sorgfaltspflichten innerhalb der psychischen Gesundheitsschädigung in fahrlässiger Begehungsweise gemäß § 229 StGB.

b. Fahrlässige psychische Gesundheitsschädigung, § 229 StGB

Bublitz vertritt die Ansicht, dass im Bereich psychischer Gesundheitsschädigungen grundsätzlich nur vorsätzliches Handeln des Täters strafbar sein soll und somit psychische Schädigungen des Opfers aus der fahrlässigen Körperverletzung nach § 229 StGB auszunehmen seien.[958] *Bublitz* begründet dies damit, dass „ein kommunikativer Sorgfaltsmaßstab, dessen Übertretung die Fahrlässigkeit begründet, [...] weder empirisch ermittelbar, noch normativ festsetzbar sein [dürfte], ohne tiefgreifend in das soziale Leben [...] einzugreifen“[959]. Insgesamt sei demgemäß bis auf einzelne Ausnahmen, im Rahmen derer sich „aufgrund besonderer Umstände ein Sorgfaltsmaßstab“[960] aufstellen lässt, „eine Beschränkung der Strafbarkeit psychischer Einwirkungen auf *vorsätzliche* Verletzungen angebracht“[961]. Zum einen erscheint es jedoch willkürlich, dass *Bublitz* grundsätzlich keine Fahrlässigkeitsstrafbarkeit im Rahmen psychischer Schädigungen mangels aufstellbarer Sorgfaltsmaßstäbe anerkennt, jedoch wiederum Ausnahmen annimmt, innerhalb derer sich solche Maßstäbe konturieren lassen. So werden als sorgfaltswidrig und somit als fahrlässig herbeigeführte psychische Gesundheitsschädigung beispielhaft das Arbeiten eines Psychologen

954 *Rengier*, StrafR AT, § 52, Rn. 14; dazu auch etwa *Frister*, StrafR AT, § 12, Rn. 2.

955 Dazu auch eingehend *Stratenwerth/Kuhlen*, StrafR AT, § 15, Rn. 24; *Mitsch*, JuS 2018, S. 1161 ff., 1167.

956 *Kindhäuser*, in FS-Maiwald, S. 397 ff., 404.

957 So auch etwa Schönke/Schröder/*Sternberg-Lieben*, StGB, § 15, Rn. 145; Kühl/Heger/*Kühl*, StGB, § 15, Rn. 39; NK/*Puppe*, StGB, Vorbemerkungen zu §§ 13 ff., Rn. 154; MüKo/*Duttge*, StGB, § 15, Rn. 140; *Kühl*, StrafR AT, § 17, Rn. 16; *Stratenwerth/Kuhlen*, StrafR AT, § 15, Rn. 24; *Schlüchter*, Grenzen strafbarer Fahrlässigkeit, S. 90; *Seher*, Jura 2001, S. 814 ff., 817; *Kretschmer*, Jura 2000, S. 267 ff., 269; *Kindhäuser*, in FS-Maiwald, S. 397 ff., 404; *Küper*, in FS-Lackner, S. 247 ff., 270–274; *Roxin/Greco*, StrafR AT 1, § 24, Rn. 10 folgert dementsprechend, dass der Tatbestand eines Fahrlässigkeitsdelikts lediglich durch die Lehre der objektiven Zurechnung ausgefüllt wird.

958 *Bublitz*, RW 2011, S. 28 ff., 54 f.

959 *Bublitz*, RW 2011, S. 28 ff., 54.

960 *Bublitz*, RW 2011, S. 28 ff., 54.

961 *Bublitz*, RW 2011, S. 28 ff., 54 (Hervorhebung dort).

gegenüber einem labilen Patienten als *contra legem artis* eingestuft.[962] Sofern *Bublitz* an solchen Ausnahmen der Fahrlässigkeitsstrafbarkeit festhält, stellt sich die Frage, innerhalb welcher Fallgestaltungen solch besondere Umstände vorliegen, dass eine Sorgfaltspflichtwidrigkeit angenommen werden kann. Diesbezüglich wird die Problematik der Bestimmung von Sorgfaltspflichten im Rahmen von psychischen Gesundheitsschädigungen lediglich verlagert. Zum anderen wird durch eine solche Sichtweise vernachlässigt, dass ohne die behauptete Möglichkeit der Aufstellung von Sorgfaltspflichten zugleich auch keine Konkretisierung stattfinden kann, welche Verhaltensweisen innerhalb der vorsätzlich herbeigeführten psychischen Gesundheitsschädigung als sozialadäquat anzusehen sind. Allerdings stellt die Prüfung der Sorgfaltspflichten innerhalb eines Fahrlässigkeitsdeliktes lediglich die Kehrseite der Prüfung der Sozialadäquanz innerhalb des Vorsatzdeliktes dar.[963] Sofern demnach von *Bublitz* vertreten wird, dass sich Sorgfaltspflichten im Rahmen von fahrlässig realisierten psychischen Gesundheitsschädigungen grundsätzlich nicht aufstellen lassen,[964] können nach dessen Auffassung auch die Grenzen der Sozialadäquanz innerhalb vorsätzlicher psychischer Gesundheitsschädigung nicht konkretisiert werden. Dies hätte konsequenterweise zur Folge, dass Schädigungen an der psychischen Gesundheit strafrechtlich weder in vorsätzlicher noch in fahrlässiger Begehungsweise durch den Täter geschützt werden. Dadurch läuft der von *Bublitz* vorgeschlagene neue Straftatbestand zum Schutz der psychischen Integrität vor schwerwiegenden Verletzungen durch körperliche Eingriffe oder unerlaubte psychische Einwirkungen[965] jedoch leer. Dies zeigt auf, dass die Kritik hinsichtlich fehlender Möglichkeiten zur Konkretisierung von Sorgfaltspflichten nicht weitreichend trägt. Vielmehr muss für einen Schutz vor psychischen Gesundheitsschädigungen durch den Täter sowohl für die vorsätzliche als auch die fahrlässige Begehungsweise Pflichten konkretisiert werden, um zum einen die Sorgfaltspflicht innerhalb des Fahrlässigkeitsdeliktes sowie zum anderen die Grenze der Sozialadäquanz innerhalb des Vorsatzdeliktes bestimmen zu können.

Auch innerhalb der Rechtsprechung wird die Sorgfaltspflichtverletzung des Täters im Rahmen psychischer Schädigungen mit somatischer Auswirkung weitgehend nicht problematisiert.[966] So hat das LG Kiel eine Sorgfaltspflichtverletzung des Täters durch die Bestellung von Lieferungen und Dienstleistungen unter dem Namen des Tatopfers angenommen, wobei dieses „massiv in Angst und Schrecken versetzt [wurde], so dass sich bei ihm Unruhezustände, Nervosität und Schlafstörungen, letztere äußerten sich insbesondere durch massive Einschlafstörungen des Nebenklägers, einstellten“[967]. Diese Auswirkungen des Täterhandelns mussten zudem mit einem Psychopharmakon behandelt werden.[968] Neben einer Strafbarkeit wegen Betruges gemäß § 263 Abs. 1, 4 StGB a.F. wurde der Täter ebenfalls wegen fahrlässiger Körperverletzung gemäß § 229 StGB verurteilt, wobei die Verletzung einer Sorgfaltspflicht durch den Täter durch das

962 *Bublitz*, RW 2011, S. 28 ff., 54 f.
963 Siehe unter 4. Teil: IV 3 a.
964 *Bublitz*, RW 2011, S. 28 ff., 54 f.
965 *Bublitz*, RW 2011, S. 28 ff., 59.
966 LG Kiel, Urt. v. 03.03.2006 – V Ns 18/06, bei BeckRS 2007, 7921, unter Gründe V. 2.
967 LG Kiel, Urt. v. 03.03.2006 – V Ns 18/06, bei BeckRS 2007, 7921, unter Gründe III.
968 LG Kiel, Urt. v. 03.03.2006 – V Ns 18/06, bei BeckRS 2007, 7921, unter Gründe III.

Gericht trotz Bewirken einer psychischen Schädigung (mit somatischen Auswirkungen) nicht angezweifelt wurde.[969] Vielmehr hat das LG Kiel lediglich ausgeführt, dass der Täter „aufgrund seiner Kenntnis auch von dem ungefähren Alter des damals 75-jährigen Nebenklägers [...] mit einer solchen erheblichen Beeinträchtigung des körperlichen Wohlbefindens des Nebenklägers wegen seiner gezielten Belästigungen [hätte] rechnen können und müssen“[970]. Weitergehende Erörterungen – insbesondere Konkretisierungen der Sorgfaltspflichten, die an den Täter zu stellen sind – hat das LG Kiel ausgelassen.[971] Dadurch wird deutlich, dass die Rechtsprechung auch die fahrlässige Begehungsweise psychischer Schädigungen gemäß § 229 StGB nicht problematisiert.[972]

4. Kriterien der Rechtsprechung im Rahmen der Körperverletzung

Um sich eingehend mit der in der Literatur vorgebrachten Kritik auseinanderzusetzen, dass eine Bestimmung von Leitkriterien hinsichtlich der Sozialadäquanz bzw. im Rückschluss ebenfalls bezüglich der Sorgfaltspflichten im Rahmen psychischer Gesundheitsschädigungen nicht getroffen werden könne,[973] sondern „die Rechtsprechung ersichtlich überfordern“[974] würde, werden im Folgenden die von der Rechtsprechung angewendeten Kriterien für die Sozialadäquanz der vorsätzlich herbeigeführten Körperverletzung gemäß § 223 StGB sowie für den Sorgfaltsmaßstab innerhalb der Fahrlässigen Körperverletzung gemäß § 229 StGB herausgearbeitet. Diesbezüglich werden nur diejenigen Kriterien erörtert, welche die Rechtsprechung im Rahmen der Körperverletzung gemäß §§ 223, 229 StGB anwendet, da die Sozialadäquanz bzw. die Sorgfaltspflicht stets in Hinblick auf die rechtlich relevante Gefahr des jeweiligen Tatbestandes – im vorliegenden Fall hinsichtlich der Frage, wann eine rechtlich relevante Gefahrschaffung im Rahmen einer Körperverletzung vorliegt – bestimmt werden muss.[975]

---

969 LG Kiel, Urt. v. 03.03.2006 – V Ns 18/06, bei BeckRS 2007, 7921, unter Gründe V. 2.

970 LG Kiel, Urt. v. 03.03.2006 – V Ns 18/06, bei BeckRS 2007, 7921, unter Gründe V. 2.

971 LG Kiel, Urt. v. 03.03.2006 – V Ns 18/06, bei BeckRS 2007, 7921, unter Gründe V. 2.

972 Siehe auch eingehend zur fahrlässige Begehung einer Körperverletzung durch Mobbing *Mühe*, Mobbing, S. 144–150.

973 Siehe unter 4. Teil: IV 1.

974 *Knauer, F.*, Der Schutz der Psyche im StrafR, S. 201; so auch *Bloy*, in FS-Eser, S. 233 ff., 233; gegen die grundsätzliche Möglichkeit der Konkretisierung von Sorgfaltspflichten im Rahmen von fahrlässig hinzugefügten psychischen Schädigungen wendet sich auch *Bublitz*, RW 2011, S. 28 ff., 54 f.

975 So ist etwa in Hinblick auf das Fahrlässigkeitsdelikt das sorgfaltspflichtwidrige Schaffen einer Körperverletzungsgefahr (§ 229 StGB) nicht identisch mit der sorgfaltspflichtwidrigen Schaffung einer Todesgefahr (§ 222 StGB), siehe etwa MüKo/*Hardtung*, StGB, § 222, Rn. 36; siehe zur Konkretisierung der Sozialadäquanz bzw. Sorgfaltspflicht auch eingehend etwa NK/*Puppe*, Vorbemerkungen zu §§ 13 ff., Rn. 155–159; BeckOK/*Kudlich*, StGB, § 15, Rn. 38–43 (Stand: 01.02.2021); Kühl/Heger/*Kühl*, StGB, § 15, Rn. 39; Schönke/Schröder/*Sternberg-Lieben*, StGB, § 15, Rn. 135 f.; LK/*Vogel/Bülte*, StGB, § 15, Rn. 216–222; *Kühl*, StrafR AT, § 17, Rn. 23–25; *Rengier*, StrafR AT, § 52, Rn. 16–18; *Roxin/Greco*, StrafR AT 1, § 24, Rn. 14–40; *Gropp/Sinn*, StrafR AT, § 12, Rn 28–49.

a. Abstellen auf Sondernormen

Zunächst zieht die Rechtsprechung Sondernormen für die Konkretisierung der Sozialadäquanz bzw. Sorgfaltspflicht heran.[976] Nach Ansicht der Rechtsprechung gelten diese Regelungen nicht als verbindliche Annahme von Sozialadäquanz bzw. einer Sorgfaltspflichtwidrigkeit, sondern sind vielmehr als Indiz zu verstehen, sodass stets die Umstände des Einzelfalls von Relevanz sind.[977] Dementsprechend bezieht sich die Rechtsprechung zur Feststellung der Sorgfaltspflicht gemäß § 229 StGB auf *gesetzliche Vorschriften* wie beispielsweise bezüglich einer Jagd auf die Vorschriften des BJagdG sowie der Unfallverhütungsvorschrift Jagd der Landwirtschaftlichen Berufsgenossenschaft,[978] hinsichtlich des Ausschenkens von Alkohol durch einen Gastwirt auf Vorschriften des GastG,[979] bei der Betreuung durch eine Hebamme auf die Regelungen des HebG[980] sowie auf die länderspezifischen Regelungen für Hebammen[981], im Rahmen des Scharfschießens auf die Vorschriften des WStG,[982] beim Gewähren von Ausgang eines Leiters einer psychiatrischen Klinik auf die Regelungen des BbgPsychKG,[983] zu Pflichten eines bauleitenden Architekten auf die (landesspezifischen) Bauregeln,[984] innerhalb der Hundehaltung auf die PolVOgH[985] sowie im Rahmen von polizeilicher Verfolgung auf das NGefAG[986]. Darüber hinaus sind ebenfalls *untergesetzliche Vorschriften* ausschlaggebend, wie insbesondere bei Fallgestaltungen im Straßenverkehr das Verordnungsrecht der StVO, da diese nach der Rechtsprechung „über die allgemeine[n] Sorgfaltspflichten [...] hinausgehende *besondere Anforderungen*“[987] stellen. Dementsprechend wird durch die Rechtsprechung zur Konkretisierung beispielsweise auf spezifische Regeln bezüglich

---

976 So etwa in BGH VRS 1969 (Bd. 36), 40 (40–43); BGHSt 49, 1 (5) = NJW 2004, 237 (238 f.); BGHSt 20, 315 (323) = NJW 1966, 673 (674); BGH MDR 1966, 160 (161); BGHSt 19, 152 (154) = MDR 1964, 248 (249); OLG Koblenz, Beschl. v. 19.05.2016 – 2 OLG 4 Ss 158/15, bei BeckRS 2016, 15816, unter Gründe Rn. 18; OLG Dresden StV 2015, 120 (121); OLG Karlsruhe NStZ-RR 2014, 276 (277); OLG Karlsruhe NZV 2004, 421 (421); OLG Karlsruhe NZV 1992, 330 (330); OLG Düsseldorf NJW 1991, 2979 (2980); OLG Düsseldorf NJW 1987, 201 (201); OLG Hamm VRS 1981 (Bd. 60), 38 (39); LG Bonn, Urt. v. 07.06.2006 – 23 M 6/05, bei BeckRS 2009, 22213, unter Gründe IV. 3. f.; LG Osnabrück, Urt. v. 23.05.2008 – 10 KLs 730 Js 40273-06/26/07, bei BeckRS 2009, 29793, unter Gründe V. 1.; LG Nürnberg-Fürth, Urt. v. 12.03.2007 – 2 Ns 801 Js 6237/05, bei BeckRS 2007, 13018, unter Gründe IV. 1.; LG Bückeburg NStZ 2005, 695 (696); AG Darmstadt, Urt. v. 09.10.2007 – 217 Ds 102 Js 15751/07, bei BeckRS 2008, 358, unter Gründe Rn. 14.

977 So etwa hervorgehoben in BGH VRS 1969 (Bd. 36), 40 (41); BGHSt 19, 154 (154 f.) = MDR 1964, 248 (249); LG Osnabrück, Urt. v. 23.05.2008 – 10 KLs 730 Js 40273-06/26/07, bei BeckRS 2009, 29793, unter Gründe V. 1.

978 LG Nürnberg-Fürth, Urt. v. 12.03.2007 – 2 Ns 801 Js 6237/05, bei BeckRS 2007, 13018, unter Gründe IV. 1.

979 BGHSt 19, 154 = MDR 1964, 248.

980 OLG Düsseldorf NJW 1991, 2979 (2980).

981 Beispielsweise das SächsHebG, siehe OLG Dresden StV 2015, 120 (121).

982 BGHSt 20, 315 (323) = NJW 1966, 673 (674).

983 BGHSt 49, 1 (5) = NJW 2004, 237 (238 f.).

984 BGH MDR 1966, 160 (161); LG Traunstein IBRRS 2009, 1115 (1165 f.).

985 OLG Karlsruhe NStZ-RR 2014, 276 (277).

986 LG Bückeburg NStZ 2005, 695 (696).

987 OLG Karlsruhe NZV 2004, 421 (421) (Hervorhebung dort).

Fußgängerüberwege gemäß § 26 Abs. 1 S. 1 StVO[988], auf die besonderen Anforderungen bei dem Befahren eines verkehrsberuhigten Bereichs gemäß § 42 Abs. 4a StVO a.F.[989] oder auf die spezifischen Anforderungen an einen Tierhalter gemäß § 28 StVO[990] abgestellt.[991] Darüber hinaus stellt die Rechtsprechung zur Bestimmung der Sozialadäquanz bzw. der Sorgfaltspflicht auf *Berufsvorschriften*, wie etwa den Berufsausübungsregeln[992], spezifische Arbeitsanweisungen[993] oder zentralen Dienstvorschriften[994] ab.

b. Abstellen auf Standards der Verkehrskreise

Zudem konkretisiert die Rechtsprechung die Sozialadäquanz bzw. Sorgfaltspflicht anhand der *beruflichen und fachlichen Standards der jeweiligen Verkehrskreise*. Auch diese Regeln sollen als Indiz gelten, sodass diese lediglich Anhaltspunkte für die Annahme von Sozialadäquanz bzw. der Sorgfaltspflicht darstellen.[995] Zur Konkretisierung sozialadäquater Verhaltensweisen bzw. Sorgfaltspflichten hat die Rechtsprechung *Maßfiguren* nach anerkannten Regeln der jeweiligen Tätigkeit entwickelt. So bestehen etwa die „sich aus allgemeinen Grundsätzen ergebenden Sicherungsanforderungen, denen ein mit einer gefahrvollen Führungsaufgabe betrauter Offizier zu genügen hat“[996]. Innerhalb der Hundehaltung richten sich nach Ansicht der Rechtsprechung „die hiernach im Einzelfall zu treffenden Vorkehrungen [...] danach, welche Anforderungen im Hinblick auf die konkreten Umstände nach der Verkehrsauffassung und [...] [im Rahmen des] Zumutbaren an einen verständigen, umsichtigen und in vernünftigen Grenzen vorsichtigen Hundehalter zu stellen sind, um eine Schädigung Dritter durch das Tier tunlichst abzuwenden“[997]. Überdies wird etwa zur Bestimmung der Pflichten eines Arztes auf die „anerkannte[n] Regeln der ärztlichen Kunst“[998] abgestellt, wobei „das Handeln des Täters [...] am Maße der Sorgfalt gemessen werden [muss], die im allgemeinen ‚im Verkehr' bei solchen Handlungen aufgebracht werden muss, um den strafbaren Erfolg zu vermeiden“[999], sodass maßgeblich ist, „wie

---

988 OLG Karlsruhe NZV 1992, 330 (330).

989 OLG Karlsruhe NZV 2004, 421 (421).

990 OLG Düsseldorf NJW 1987, 201.

991 Siehe auch etwa AG Darmstadt, Urt. v. 09.10.2007 – 217 Ds 102 Js 15751/07, bei BeckRS 2008, 358, unter Gründe Rn. 14; OLG Hamm VRS 1981 (Bd. 60), 38 (39); BGH VRS 1969 (Bd. 36), 40 (40–43); OLG Frankfurt am Main JR 1994, 77 (77 f.); LG Nürnberg-Fürth, Urt. v. 10.10.2006 – 2 Ns 702 Js 67558/2005, bei juris Rn. 17.

992 OLG Dresden StV 2015, 120 (121).

993 LG Osnabrück, Urt. v. 23.05.2008 – 10 KLs 730 Js 40273-06/26/07, bei BeckRS 2009, 29793, unter Gründe V. 1.; LG Bonn, Urt. v. 07.06.2006 – 23 M 6/05, bei BeckRS 2009, 22213, unter Gründe IV. 3. f.

994 BGHSt 20, 315 (318 f.) =NJW 1966, 673 (674).

995 So etwa hervorgehoben in BGHSt 49, 1 (6) = NJW 2004, 237 (238 f.); OLG Hamm SpuRt 2016, 214 (215).

996 BGHSt 20, 315 (319) = NJW 1966, 673 (674).

997 BayObLG NJW 1991, 1695; so auch etwa OLG Karlsruhe NStZ-RR 2014, 276 (277); OLG Frankfurt a.M. NStZ-RR 2011, 205 f. (205); OLG Hamm NJW 1996, 1295 (1295); OLG Düsseldorf NJW 1992, 2583 (2583); BayObLGSt 1987, 174 (175); LG Verden NStZ 2006, 689 (689).

998 OLG Köln NJW 1991, 764 (764); so auch etwa BGH StV 1988, 251 (251); BGH NJW 1960, 2253 (2253).

999 OLG Köln NJW 1956, 1848 (1848).

sich ein umsichtiger und erfahrener Arzt derselben Fachrichtung in gleicher Situation verhalten hätte, so dass nachträgliche wissenschaftliche Erkenntnisse außer Betracht zu bleiben haben“[1000]. Nach der Rechtsprechung soll dabei „der Standard eines erfahrenen Facharzts [maßgeblich sein], also das zu[m] Behandlungszeitpunkt in der ärztlichen Praxis und Erfahrung bewährte, nach naturwissenschaftlicher Erkenntnis gesicherte, von einem durchschnittlichen Facharzt verlangte Maß an Kenntnis und Können“[1001]. Überdies stellt die Rechtsprechung auf die „Regeln der psychiatrischen Kunst“[1002] eines behandelnden Therapeuten ab. Darüber hinaus ist nach der Rechtsprechung zur Konkretisierung ebenfalls eine herrschende Übung etwa in einem Krankenhaus ausschlaggebend, da diese „das Ergebnis einer auf Überlegung und Erfahrung aufgebauten, umfassenden Voraussicht möglicher Gefahren“[1003] sind.

c. Einzelfallabwägung

Auch sofern im konkreten Fall weder Sonderregelungen noch spezifische Standards bestehen, ist die Rechtsprechung in der Lage, die Grenzen der Sozialadäquanz bzw. der Sorgfaltspflichten im Rahmen der Körperverletzung gemäß §§ 223, 229 StGB hinreichend zu bestimmen. Die Anforderungen, welche an die jeweilige Sozialadäquanz bzw. Sorgfaltspflicht zu stellen sind, sind nach der Rechtsprechung im Einzelfall zu bestimmen, sodass „auch wenn Verhaltensregeln – Rechtsnormen, technische Regeln und dergleichen – überhaupt nicht oder jedenfalls nicht in genügender Klarheit vorhanden sind, [...] außergewöhnliche Umstände, die das Risiko erkennbar erhöhen, Sorgfaltspflichten begründen [können], die über das gewöhnliche Maß hinausgehen; die Anforderungen können dann strenger sein, als es sich aus den auf den Durchschnittsfall abgestellten Regeln ergibt“[1004]. Aus diesem Grund „muss die Sorgfaltswidrigkeit [bzw. die Sozialadäquanz] durch Abwägung aller rechtlich relevanten Belange unter Berücksichtigung aller Umstände des Einzelfalles bestimmt werden“[1005].

Zunächst stellt die Rechtsprechung auf das *Ausmaß der Gefahr* ab, welche durch die Handlung des Täters für das Rechtsgut des Opfers geschaffen wurde,[1006] wobei die

---

1000 BGH NStZ 2003, 657 (658); BGH JR 1986, 248 (249) stellt auf die Verhaltenspflichten ab, denen ein ausgebildeter gewissenhafter Arzt in der Situation des Angeklagten genügen muss.

1001 BGH NJW 2000, 2754 (2758); so auch etwa OLG Dresden StV 2015, 120 (121).

1002 BGHSt 49, 1 (6) = NJW 2004, 237 (239).

1003 BGHSt 6, 282 (287) = NJW 1954, 1536 (1537).

1004 BGHSt 37, 184 (189) = NJW 1991, 501 (502); so auch etwa BGH NStZ 2003, 657 (658); BGHSt 47, 224 (230) = NStZ 2002, 421 (423); BGH NJW 2000, 2754 (2758); BGHSt 6, 282 (287 f.) = NJW 1954, 1536 (1537); OLG Hamm SpuRt 2016, 214 (215); OLG Braunschweig NZV 1990, 198 (198); OLG Hamm NZV 1990, 36 (36); OLG Karlsruhe NJW 1981, 1054 (1054); OLG Hamm NJW 1979, 993 (994); AG Bremen, Urt. v. 25.05.2004 – 84a Ds 140 Js 36161/03, bei BeckRS 2004, 10880, unter Gründe IV.

1005 OLG Hamm SpuRt 2016, 214 (215).

1006 BGHSt 53, 38 (42) = NJW 2009, 240 (241); BGH NStZ 2003, 657 (658); BGHSt 47, 224 (231) = NStZ 2002, 421 (423); BGHSt 37, 184 (187 f.) = NJW 1991, 501 (502); BGHSt 36, 1 (17) = NJW 1989, 781 (785); BGHSt 6, 282 (287 f.) = NJW 1954, 1536 (1537); BGHSt 4, 20 (21 f.) = NJW 1953, 551 (551); OLG Hamm SpuRt 2016, 214 (215); OLG Braunschweig NZV 1990, 198 (198); OLG Hamm NZV 1990, 36 (36); OLG Karlsruhe NJW 1981, 1054 (1054); OLG Hamm NJW 1979, 993 (993); AG Hersbruck, Urt. v. 08.08.2006 – 2 Cs 801 Js 06237/05, bei BeckRS 2006, 17041, unter Gründe IV.; AG Bremen, Urt. v. 25.05.2004 – 84a Ds 140 Js 36161/03, bei BeckRS 2004, 10880, unter Gründe IV.

Schadenswahrscheinlichkeit[1007], die Beherrschbarkeit der Gefahr[1008], die Häufigkeit der gefahrenträchtigen Lage[1009], die Dauer der schädlichen Einwirkung[1010] oder die Schutzwürdigkeit des betroffenen Rechtsguts[1011] maßgeblich ist. Darüber hinaus ist relevant, inwiefern ein *Über-/Unterordnungsverhältnis* zwischen dem Täter und dem Opfer gegeben ist, innerhalb dessen der Täter etwa ein spezifisches Sonderwissen oder eine sonstige überlegene Stellung gegenüber dem Tatopfer innehat.[1012] Ergänzend stellt die Rechtsprechung auf die *Abwendbarkeit des Erfolgseintritts* ab, im Rahmen derer insbesondere danach zu fragen ist, inwiefern die geforderte Sorgfalt mit einem dem Täter zumutbaren Aufwand eingehalten werden kann und somit die Gefahr für das Rechtsgut des Tatopfers ausgeschlossen, abgeschirmt oder zumindest wesentlich verringert werden kann.[1013] Diesbezüglich führt das OLG Karlsruhe aus, dass „die Grenze des Zumutbaren [...] jedenfalls dann nicht überschritten [ist], wenn schwerwiegende Gefahren durch einen geringen Aufwand ausgeräumt werden können"[1014]. Sofern der Täter „nicht in der Lage war, dieses Risiko auszuräumen, musste er erforderlichenfalls [...] [von der gefahrträchtigen Handlung] Abstand nehmen"[1015]. Zum Teil ist nach der Rechtsprechung zudem der *sozialen Wert oder Nutzen* des Verhaltens zur Einordnung der Sozialadäquanz bzw. Sorgfaltspflicht entscheidend.[1016]

5. Übertragung auf psychische Gesundheitsschädigungen

Das Vorstehende zeigt, dass die Rechtsprechung mithin hinreichende Kriterien für die Eingrenzung der Sozialadäquanz bzw. der Sorgfaltspflichten innerhalb der Körperverletzung gemäß §§ 223, 229 StGB aufgestellt hat.

Die Rechtsprechung nimmt die Sozialadäquanz bzw. die Sorgfaltspflicht bereits im Rahmen von Fallgestaltungen psychischer Schädigungen mit somatischen Auswirkungen gemäß §§ 223, 229 StGB ohne weitere Problematisierung an. Dementsprechend hat beispielsweise das LG Kiel wie bereits erörtert eine fahrlässige Körperverletzung gemäß § 229 StGB im Falle von unautorisierten Bestellungen des Täters auf den Namen des Tatopfers angenommen, wodurch das Tatopfer „massiv in Angst und Schrecken versetzt [wurde], so dass sich bei ihm Unruhezustände, Nervosität und Schlafstörungen [...] einstellten"[1017]. Bezüglich des Vorliegens der Fahrlässigkeit hat das LG Kiel lediglich ausgeführt, dass der Täter „aufgrund seiner Kenntnis auch von dem ungefähren Alter des damals 75-jährigen Nebenklägers [...] einer solchen erheblichen Beeinträchtigung

---

1007 So etwa in BGHSt 53, 38 (42) = NJW 2009, 240 (241); OLG Hamm SpuRt 2016, 214 (215).
1008 So etwa in OLG Hamm SpuRt 2016, 214 (215).
1009 So etwa in BGH JR 1986, 248 (249).
1010 So etwa in BGHSt 37, 184 (188) = NJW 1991, 501 (502).
1011 So etwa in BGHSt 6, 282 (288) = NJW 1954, 1536 (1537); OLG Karlsruhe NJW 1981, 1054 (1054).
1012 So etwa in BGH NJW 2000, 2754 (2758); BGHSt 6, 282 (298 f.) = NJW 1954, 1536 (1537); AG Bremen, Urt. v. 25.05.2004 – 84a Ds 140 Js 36161/03, bei BeckRS 2004, 10880, unter Gründe IV.
1013 So etwa in BGHSt 36, 1 (17) = NJW 1989, 781 (785); BGHSt 6, 282 (287) = NJW 1954, 1536 (1537); OLG Karlsruhe NJW 1981, 1054 (1054); OLG Hamm SpuRt 2016, 214 (215 f.).
1014 OLG Karlsruhe NJW 1981, 1054 (1054).
1015 OLG Karlsruhe NJW 1981, 1054 (1054); so auch ausdrücklich AG Hersbruck, Urt. v. 08.08.2006 – 2 Cs 801 Js 06237/05, bei BeckRS 2006, 17041, unter Gründe IV.
1016 So etwa in OLG Hamm SpuRt 2016, 214 (215).
1017 LG Kiel, Urt. v. 03.03.2006 – V Ns 18/06, bei BeckRS 2007, 7921, unter Gründe III.

des körperlichen Wohlbefindens des Nebenklägers wegen seiner gezielten Belästigungen rechnen können und müssen“[1018]. Eine Problematisierung, dass die Sorgfaltspflicht des Täters aufgrund der psychischen Schädigung mit somatischen Folgen des Opfers nicht feststellbar ist, bleibt aus.[1019] Vielmehr zeigt sich, dass die Sorgfaltspflicht des Täters mithilfe einer Abwägung der relevanten Merkmale des Einzelfalls, vor allem anhand des *Ausmaß der Gefahr*, insbesondere die Häufigkeit und die Dauer der schädlichen Einwirkung mit 27 Fällen über einen Zeitraum von 14 Tagen[1020] sowie der *überlegenen Stellung des Täters* aufgrund der Abgabe der Bestellungen unter fremden Namen[1021] festgestellt werden kann. Somit ergibt sich aus diesem Urteil des LG Kiels, dass eine konkrete Bestimmung der Grenzen der Sozialadäquanz bzw. der Sorgfaltspflicht durch die Rechtsprechung auch im Bereich seelischer Schädigungen nicht nur unproblematisch möglich ist, sondern bereits ohne weitergehende Problematisierung umgesetzt wird. Demgemäß sind die seitens der Rechtsprechung für den Tatbestand der Körperverletzung gemäß §§ 223, 229 StGB aufgestellten Kriterien auf psychische Gesundheitsschädigungen gemäß §§ 223 Abs. 1 Var. 2, 229 StGB zu übertragen, sodass innerhalb der Körperverletzung nach §§ 223, 229 StGB einheitliche Kriterien zur Bestimmung der Sozialadäquanz bzw. der Sorgfaltspflichten bestehen.[1022] Eine pauschale Bewertung der Sozialadäquanz bzw. Sorgfaltspflicht kann auch innerhalb der psychischen Gesundheitsschädigung gemäß §§ 223 Abs. 1 Var. 2, 229 StGB nicht getroffen werden, da diese Zuschreibung stets vom Einzelfall abhängt.[1023] Zwar hat der Gebrauch dieser auf den Einzelfall anzuwendenden Konkretisierung zur Folge, dass aufgrund der Vielzahl unbestimmter Begriffe eine uneinheitliche Kasuistik in der Rechtsprechung entstehen kann. Dieser Gefahr kann jedoch entgegengebracht werden, dass es sich vorliegend zwar um offene Fallgruppen handelt, diese jedoch hinreichend konkretisiert sind. Die Fallgruppen beschreiben nicht lediglich abstrakte Umschreibungen wie etwa eine „besonders riskante“ oder „besonders außergewöhnliche“ Handlung, sondern bieten aufgrund der Präzisierungen taugliche Entscheidungshilfen, inwiefern die Sozialadäquanz bzw. eine Sorgfaltspflichtverletzung anzunehmen ist.

Angewendet auf den konkreten Fall psychischer Gesundheitsschädigungen kommen als Kriterien der Sozialadäquanz bzw. der Sorgfaltspflicht des Täters als Sondernormen die jeweiligen *Berufsvorschriften* wie Berufsausübungsregeln, spezifische Arbeitsanweisungen oder zentrale Dienstvorschriften sowie als berufliche und fachliche Standards des jeweiligen Verkehrskreises die *„Regeln der psychiatrischen Kunst“* eines behandelnden Therapeuten in Betracht. Darüber hinaus hat das vorerwähnte Urteil des LG Kiel die Bedeutung der Einzelfallabwägung anhand der Kriterien der Rechtsprechung auch im Bereich psychischer Schädigungen des Tatopfers im Rahmen der §§ 223, 229 StGB hervorgehoben. So kann zur Einstufung der Handlung analog zu diesem Urteil das *Ausmaß der Gefahr*, die Schadenswahrscheinlichkeit, die

---

1018 LG Kiel, Urt. v. 03.03.2006 – V Ns 18/06, bei BeckRS 2007, 7921, unter Gründe V. 2.

1019 LG Kiel, Urt. v. 03.03.2006 – V Ns 18/06, bei BeckRS 2007, 7921, unter Gründe V. 2.

1020 LG Kiel, Urt. v. 03.03.2006 – V Ns 18/06, bei BeckRS 2007, 7921, unter Gründe I.

1021 LG Kiel, Urt. v. 03.03.2006 – V Ns 18/06, bei BeckRS 2007, 7921, unter Gründe I.

1022 So auch etwa *Steinberg*, Strafe für das Versetzen in Todesangst, S. 126 f.

1023 So auch für den Bereich des Mobbings etwa *Mühe*, Mobbing, S. 134; siehe dazu auch eingehend *Schürer-Mohr*, Erlaubte Risiken, S. 190–192.

Beherrschbarkeit der Gefahr, die Häufigkeit der gefahrenträchtigen Lage und die Dauer der schädlichen Einwirkung, sowie das Verhältnis zwischen Täter und Opfer hinsichtlich eines möglich bestehenden *Über-/Unterordnungsverhältnisses* zwischen diesen herangezogen werden, im Rahmen dessen zu beurteilen ist, ob der Täter etwa ein spezifisches Sonderwissen besitzt oder eine sonstige überlegene Stellung gegenüber dem Tatopfer besteht. Zudem kann zur Einstufung der Sozialadäquanz bzw. Sorgfaltspflicht die *Abwendbarkeit des Erfolgseintritts* herangezogen werden, inwiefern die geforderte Sorgfalt mit einem dem Täter zumutbaren Aufwand eingehalten werden kann und somit die Gefahr für das Rechtsgut des Tatopfers ausgeschlossen, abgeschirmt oder zumindest wesentlich verringert werden kann.
Die Konkretisierung der Sozialadäquanz bzw. Sorgfaltspflicht des Täter kann anhand eines überzeugenden Beispiels von *Mühe* im Rahmen eines Mobbinggeschehens dargestellt werden.[1024] Zunächst ist nach *Mühe* entscheidend, inwiefern das Täterverhalten in einer Sphäre wie etwa des Arbeitsplatzes stattfindet, im Rahmen dessen ein Rückzug und ein Ausweichen vor den Angriffen aufgrund der Abhängigkeit vom Miteinander zumeist nur erschwert möglich ist.[1025] Des Weiteren ist für die Einordnung des Mobbinggeschehens als sozialinadäquat bzw. sorgfaltspflichtwidrig nach *Mühe* entscheidend, in welchem Intervall und über welchen Gesamtzeitraum die gesellschaftlich ausgrenzenden Verhaltensweisen durch den Täter vorgenommen werden.[1026] Überdies sei eine objektive Dominanz des Täters etwa in Form von hierarchischen Strukturen oder personeller Überlegenheit von Relevanz, da durch das Ungleichverhältnis zwischen Täter und Opfer kein Charakter einer fairen Auseinandersetzung anerkannt werden könne.[1027] Eine solche Situation liegt nach *Mühe* im Rahmen eines Mobbinggeschehens etwa vor, sofern sich eine gesamte Arbeitsgruppe ignorierend gegen das Tatopfer stellt, wodurch dieser einer kaum überwindbaren personellen Übermacht ausgeliefert ist.[1028] Das Unrecht begründe sich durch die Ausgrenzung der Arbeitsgruppe und der damit einhergehenden Entziehung jeglicher sozialer Kontakte am Arbeitsplatz.[1029] Strafbares Mobbingverhalten ist nach *Mühe* dann anzunehmen, wenn das Tatopfer „nahezu täglich und über einen langen Zeitraum, zwei Jahre, dem isolierenden Verhalten ausgesetzt war und insbesondere die ganze Abteilung gegen [...] [das Tatopfer] offensiv vorgegangen ist, so dass objektiv ein nicht ertragbares und nicht mehr als allgemeines Lebensrisiko einzuordnendes Ausgrenzungsmanöver gegen [...] [das Tatopfer] vorgenommen wurde“[1030].

Als Ergebnis der vorstehenden Analyse kann zunächst die Ansicht von *Bublitz* keinen Zuspruch finden, dass „jeder kommunikative Akt [...] Gefahr [liefe], eine Körperverletzung darzustellen“[1031]. Anhand der von der Rechtsprechung entwickelten Kriterien ist im Einzelfall konkret bestimmbar, inwiefern die Handlung des Täters als sozialadäquates Verhalten bzw. als Sorgfaltspflichtverletzung eingestuft werden kann.

1024 Siehe *Mühe*, Mobbing, S. 135–137.
1025 *Mühe*, Mobbing, S. 135.
1026 *Mühe*, Mobbing, S. 135.
1027 *Mühe*, Mobbing, S. 135 f.
1028 *Mühe*, Mobbing, S. 136.
1029 *Mühe*, Mobbing, S. 136.
1030 *Mühe*, Mobbing, S. 136.
1031 *Bublitz*, RW 2011, S. 28 ff., 52.

Auch die Kritik von *Knauer* greift auf der Grundlage der vorstehenden Ausführungen nicht durch. Innerhalb der Strafbarkeit wegen psychischen Gesundheitsschädigungen gemäß §§ 223 Abs. 1 Var. 2, 229 StGB besteht kein behaupteter „Anfangsverdacht gegenüber allen Personen im Interaktionsbereich des Erkrankten“[1032], sondern es ist analog zu physischen Körperverletzungen anhand der seitens der Rechtsprechung entwickelten Kriterien im jeweiligen Einzelfall herauszuarbeiten, inwiefern die Handlung des Täters strafbares Unrecht darstellt. Die von *Knauer* befürchtete „Gefahr, erhebliche Teile des sozialen Zusammenlebens zu kriminalisieren“[1033], ist nicht anzuerkennen. Vielmehr zeigt sich, dass Grenzziehungen von sozialadäquaten Verhaltensweisen bzw. Sorgfaltspflichten auch im Rahmen psychischer Schädigungen (mit somatischen Auswirkungen) gemäß §§ 223, 229 StGB nicht „die Rechtsprechung ersichtlich überfordern“[1034], sondern bereits in Rechtsprechung ohne weitere Problematisierung angewendet werden.[1035] Es ist in Abwendung zur Meinung *Knauers* nicht „anzuerkennen, dass das Leben allgemein psychisch belastend ist“[1036]. Vielmehr kann eine Handlung des Täters abseits der soeben aufgezeigten Grenzen der Sozialadäquanz bzw. bei Verletzung einer Sorgfaltspflicht strafbares Unrecht darstellen. Zu Recht kritisiert etwa *Steinberg* an der Äußerung *Knauers*, es solle kein strafrechtliches Verbot für die Trennung von einem Partner mit einhergehender Depression geben,[1037] dass solche Handlungen „bereits nach gefestigter Dogmatik nicht objektiv zurechenbar [sind], da, wer eine Beziehung eingeht, bewusst das Risiko späterer Trennung wählt“[1038]. Auch die Kritik seitens *Bloys* ist demnach entkräftet. Zwar ist „die Zufügung seelischer Verletzungen [...] mit dem menschlichen Zusammenleben unvermeidbar verbunden“[1039], jedoch folgt daraus nicht, dass Verhaltensweisen, die anhand der durch die Rechtsprechung ausgearbeiteten Kriterien als nicht sozialadäquat bzw. als sorgfaltspflichtig eingestuft werden, kein strafbares Unrecht darstellen können. Wie bereits erörtert wurde, ist kein Schutz bloßer Gefühle oder Befindlichkeiten des Tatopfers im Bagatellbereich intendiert, sondern vielmehr der Schutz vor einer psychischen Gesundheitsschädigung ab Erreichen eines Krankheitswertes.[1040] *Steinberg* führt zutreffend aus, dass es in der Praxis nicht „um ‚schlechte Gefühle' [geht], sondern um massive psychische Beeinträchtigungen“[1041]. Dass die Herbeiführung einer psychischen Schädigung mit Krankheitswert im menschlichen Zusammenleben unvermeidbar ist, lässt sich jedoch nur schwerlich behaupten. Auch der Kritik von *Grünewald*, dass „Eingrenzungskriterien [...] bislang noch nicht entwickelt wurden“[1042], geht ins Leere, da die Rechtsprechung die Grenzziehung von sozialadäquaten Verhaltensweisen bzw. von Sorgfaltspflichten bereits hinreichend konkretisiert hat. Auf der Grundlage dieser Kriterien kann die Rechtsprechung im Einzelfall anhand der

1032 *Knauer, F.*, Der Schutz der Psyche im StrafR, S. 203.
1033 *Knauer, F.*, Der Schutz der Psyche im StrafR, S. 203.
1034 *Knauer, F.*, Der Schutz der Psyche im StrafR, S. 201.
1035 Siehe insbesondere LG Kiel, Urt. v. 03.03.2006 – V Ns 18/06, bei BeckRS 2007, 7921.
1036 *Knauer, F.*, Der Schutz der Psyche im StrafR, S. 203.
1037 *Knauer, F.*, Der Schutz der Psyche im StrafR, S. 201.
1038 *Steinberg*, Strafe für das Versetzen in Todesangst, S. 127.
1039 *Bloy*, in FS-Eser, S. 233 ff., 233.
1040 Siehe unter 4. Teil: II 3.
1041 *Steinberg*, Strafe für das Versetzen in Todesangst, S. 13.
1042 LK/*Grünewald*, StGB, § 223, Rn. 12.

konkreten Tatumstände feststellen, inwiefern das Verhalten des Täters sorgfaltswidrig bzw. sozialadäquat gewesen ist.

5. Teil: Schlussbetrachtung

Die Relevanz psychischer Schädigungen bis hin zu psychischen Krankheiten ist erheblich angestiegen, da nicht nur über 17 Millionen Betroffene in Deutschland an einer psychischen Krankheit leiden,[1043] sondern auch die Anzahl von Fehltagen bei der Arbeit aufgrund psychischer Erkrankungen deutlich zunimmt[1044]. Deshalb ist es unerlässlich, die Frage nach dem strafrechtlichen Schutz der psychischen Gesundheit des Einzelnen zu untersuchen.

In diesem Kontext erlangt der Tatbestand der Körperverletzung gemäß §§ 223, 229 StGB besondere Bedeutung. Bislang spricht sich die Rechtsprechung und überwiegende Literatur jedoch weitgehend gegen den Schutz psychischer Beeinträchtigungen ohne somatische Auswirkungen durch den Tatbestand der Körperverletzung aus, sodass diese oftmals straflos sind.[1045] In dieser Arbeit wurde die wenig beleuchtete Frage nach dem Schutz der psychischen Gesundheit innerhalb der Körperverletzung gemäß §§ 223, 229 StGB[1046] ausführlich erörtert. Die gegen einen Schutz psychischer Gesundheit seitens der Rechtsprechung sowie Literatur stetig wiederkehrenden Kritikpunkte wurden in der vorliegenden Arbeit analysiert und entkräftet:

1. Ergebnis: Psychische Schädigungen sind anhand naturwissenschaftlicher Klassifikationsmodelle feststellbar

Dem stets wiederkehrenden Kritikpunkt mangelnder Feststellbarkeit psychischer Krankheiten[1047] kann nicht gefolgt werden. Vielmehr lässt sich die Wortbedeutung sowohl der Psyche als auch der psychischen Krankheit dermaßen spezifizieren, dass diese Begriffe hinreichend bestimmbar sind.[1048] Zudem wurde herausgearbeitet, dass die Gerichte psychische Schädigungen des Tatopfers bereits ohne Problematisierung feststellen.[1049]

1043 *DGPPN*, Basisdaten Psychische Erkrankungen, Stand: Oktober 2020, S. 1, URL: https://www.dgppn.de/_Resources/Persistent/a2e357dac62be19b5050a1d89ffd8603cfdb8ef9/20201008_Factsheet.pdf (Abrufdatum: 27.04.2021).

1044 *DAK-Gesundheit*, Gesundheitsreport 2020, S. 16, URL: https://www.dak.de/dak/download/dak-gesundheitsreport-2020-pdf-2366094.pdf (Abrufdatum: 27.04.2021)

1045 Siehe zur Rechtsprechung eingehend unter 4. Teil II 1; zur Literatur etwa LK/*Grünewald*, StGB, § 223,Rn. 12; NK/*Paeffgen/Böse*, StGB, § 223, Rn. 3; SK/*Wolters*, StGB, § 223, Rn. 33; Satzger/Schluckebier/Widmaier/*Momsen/Momsen-Pflanz*, StGB, § 223, Rn. 20 f.; BeckOK/*Eschelbach*, StGB, § 223, Rn. 1–3 (Stand: 01.02.2021).

1046 Eingehende Auseinandersetzung mit der Thematik beispielsweise bei *Fehr*, Mobbing, S. 79–82; *Mühe*, Mobbing, S. 81–107; *Wolfslast*, Psychotherapie in den Grenzen des Rechts, S. 4–21; *Steinberg*, Strafe für das Versetzen in Todesangst, S. 23–130; *Buß*, Der Weg zu einem deutschen Stalkingstraftatbestand, insbesondere S. 140; *Knauer, F.,* Der Schutz der Psyche im StrafR, S. 39–292; *Hoffmann*, GA 2002, S. 385 ff., 396 f.; *Hardtung*, JuS 2008, S. 864 ff., 867; *Doerbeck*, JR 2020, S. 135 ff., 135–138.

1047 BeckOK/*Eschelbach*, StGB, § 223, Rn. 1 (Stand: 01.02.2021); NK/*Paeffgen/Böse*, StGB, § 223, Rn. 11b spricht von „Flüchtigkeit der Beweisbarkeit"; Schwierigkeiten der Bemessung sowie der Beweisbarkeit seelischer Qualen sieht ebenfalls *Sowada*, in FS-Beulke, S. 283 ff., 288.

1048 Siehe dazu eingehend unter 2. Teil: I.

1049 Siehe eingehend unter 2. Teil: II.

Die naturwissenschaftliche Terminologie der Psyche und der psychischen Krankheit sowie die Feststellbarkeit psychischer Krankheiten in den Naturwissenschaften geben eindeutige Kriterien. Nach den Naturwissenschaften ist die Psyche das Zentrum der Lebensäußerungen des Einzelnen und der Bezugspunkt verschiedener psychischer Funktionen, wie etwa das Wahrnehmen, Denken, Erinnern, Fühlen, Motive und Handeln.[1050] Unter einer psychischen Krankheit wird in den Naturwissenschaften ein regelwidriger Geisteszustand verstanden, der mit feststellbaren Veränderungen des Menschen einhergeht, wobei zur Diagnose auf standardisierte Diagnoseschlüssel und Klassifikationssysteme zurückgegriffen wird.[1051] Die herrschenden Klassifikationssysteme stellen die DSM-5 sowie ICD-10, in der deutschen Modifikation ICD-10-GM-2021, dar.[1052] Hierauf aufbauend hat eine Rechtsprechungsanalyse aufgezeigt, dass die Gerichte sowohl innerhalb der Strafbarkeit wegen Körperverletzung gemäß §§ 223, 229 StGB als auch im Rahmen von anderen Strafnormen keine Zweifel an der Feststellbarkeit einerseits von psychischen Gefühlsbeeinträchtigungen wie Angst, Schrecken, Ekel, Herabwürdigung oder anderen psychischen Beeinträchtigungen sowie andererseits von psychischen Schädigungen mit Krankheitswert haben. Vielmehr bezieht sich die Rechtsprechung zur Feststellung einer psychischen Krankheit bereits in Einheit mit der Naturwissenschaft zum Teil auf fachspezifische Termini sowie teilweise auf die Feststellung anhand des Klassifikationssystems ICD-10.[1053] In einigen Fällen ziehen die Gerichte einen Sachverständigen (§§ 72 ff. StPO) hinzu.[1054] Begrüßenswert wäre allerdings, dass sich künftige Urteile zur Feststellung psychischer Krankheiten seitens des Tatopfers nicht nur einheitlich auf die international geltende Fassung der ICD-10, sondern vielmehr auf die national geltende ICD-10-GM-2021 beziehen, da diese aufgrund der jährlichen Überarbeitung den aktuellen Stand der Wissenschaft wiedergibt und nationale Bedürfnisse und Besonderheiten berücksichtigt.

2. Ergebnis: Der Schutz der psychischen Gesundheit ist im StGB bei vorherrschender Auslegung stets an spezifische Tatumstände geknüpft

Die psychische Gesundheit wird zwar durch eine Vielzahl von Tatbeständen geschützt, dieser Schutz ist jedoch bei vorherrschender Auslegung zumeist an bestimmte Tatumstände geknüpft.[1055] So wird ein besonderes Gewicht einer psychische Krankheit (etwa in § 226 StGB[1056] sowie im Rahmen der schweren Gesundheitsschädigung[1057]), ein bestimmter Täter- oder Opferkreis (etwa innerhalb des Begriffes des Schutzes vor erheblichen Schädigungen der psychischen Entwicklung[1058] oder des Quälens[1059]), andere spezifische Tatumstände (etwa im Rahmen des grausamen Mordes gemäß § 211

1050 Siehe eingehend unter 2. Teil: I 1.
1051 Siehe eingehend unter 2. Teil: I 2.
1052 Siehe eingehend unter 2. Teil: I 2 b.
1053 Siehe eingehend unter 2. Teil: II.
1054 Siehe eingehend unter 2. Teil: II 1.
1055 *Bloy*, in FS-Eser, S. 233 ff., 250 sieht diesen fragmentarischen Schutz der psychischen Gesundheit als zufriedenstellend an.
1056 Siehe eingehend unter 3. Teil: I 5.
1057 Siehe eingehend unter 3. Teil: I 3.
1058 Siehe eingehend unter 3. Teil: I 1.
1059 Siehe eingehend unter 3. Teil: I 4.

Abs. 2 Gr. 2 Var. 2 StGB[1060], innerhalb der Bedrohung gemäß § 241 StGB[1061] oder der Nachstellung gemäß § 238 StGB[1062]) oder die somatische Auswirkung der psychischen Schädigung des Opfers (etwa innerhalb des Begriffes der Gesundheitsschädigung oder einer Gesundheitsschädigung einer Großzahl von Menschen)[1063] vorausgesetzt. Teilweise wird die psychische Gesundheit auf Strafzumessungsebene berücksichtigt (etwa innerhalb der Eigentums- und Vermögensdelikte gemäß §§ 244 Abs. 1 Nr. 3, 249, 252, 255, 263[1064] oder der Sexualdelikte gemäß §§ 174, 176, 177 StGB[1065]).

3. Ergebnis: Die psychische Gesundheit lässt sich unter den Gesundheitsbegriff des § 223 Abs. 1 Var. 2 StGB subsumieren

Das StGB ist ohne Subsumtion der psychischen Gesundheit unter den Tatbestand der Körperverletzung gemäß §§ 223, 229 StGB nicht in der Lage, Personen vor dem Hervorrufen von psychischen Krankheiten durch den Täter außerhalb dieser spezifischen Erfordernisse zu schützen. Jedoch wäre die Schaffung einer neuen spezifischen Gesetzesnorm nur dann geboten und erforderlich, wenn die vorhandenen Strafnormen keinen Bezugspunkt zum Schutz der psychischen Gesundheit des Einzelnen bieten und die Subsumtion der psychischen Gesundheit unter den Tatbestand der Körperverletzung nach §§ 223, 229 StGB fehlschlüge. Dies ist allerdings nicht der Fall, sodass die Schaffung einer neuen spezifischen Gesetzesnorm überflüssig ist und die vorhandenen Strafnormen ausreichen.

Eine Subsumtion der psychischen Gesundheit unter den Tatbestand der Körperverletzung gemäß § 223 StGB ist unproblematisch möglich.[1066] Dabei unterfallen psychische Schädigungen aufgrund des expliziten Körperlichkeitsbezugs nicht der körperlichen Misshandlung gemäß § 223 Abs. 1 Var. 1 StGB, sondern der Gesundheitsschädigung nach § 223 Abs. 1 Var. 2 StGB.[1067] Für die Zugehörigkeit zur 2. Variante spricht nicht nur das Verständnis des Begriffes der Gesundheit sowohl in der naturwissenschaftlichen Fachsprache als auch im alltäglichen Sprachgebrauch.[1068] Auch werden von dem Begriff der Gesundheitsschädigung innerhalb von Delikten mit dem Schutz vor schweren Gesundheitsschädigung auch psychische Beeinträchtigungen des Opfers umfasst, sodass diese erst recht innerhalb der einfachen Gesundheitsschädigung zu berücksichtigen sind.[1069] Darüber hinaus wird die Gesundheit auch in außerstrafrechtlichen Normen wie etwa innerhalb des § 823 Abs. 1 Var. 3 BGB, § 27

[1060] Siehe eingehend unter 3. Teil: I 2.

[1061] Siehe eingehend unter 3. Teil: II 5.

[1062] Siehe eingehend unter 3. Teil: II 6.

[1063] Siehe eingehend unter 3. Teil: II 1.

[1064] Siehe eingehend hinsichtlich § 244 Abs. 1 Nr. 3 StGB unter 3. Teil: II 7; hinsichtlich §§ 249, 252, 255 StGB unter 3. Teil: II 5; hinsichtlich § 263 StGB unter 3. Teil: II 3.

[1065] Siehe eingehend unter 3. Teil: II 9.

[1066] Entgegen der Ansicht von etwa LK/*Grünewald*, StGB, § 223, Rn. 10–12; NK/*Paeffgen*/*Böse*, StGB, § 223, Rn. 11b; AK/*Zöller*/*Petry*, StGB, § 223, Rn. 14; BeckOK/*Eschelbach*, StGB, § 223, Rn. 1 (Stand: 01.02.2021); *Tag*, Körperverletzungstatbestand, S. 92; *Bloy*, in FS-Eser, 233 ff., 235.

[1067] Siehe eingehend unter 4. Teil: I.

[1068] Siehe eingehend unter 4. Teil: I 2 a aa.

[1069] Siehe eingehend unter 4. Teil: I 2 a cc.

SGB V, § 8 SGB VII, § 1 Abs. 1 OEG derart extensiv verstanden, dass neben der körperlichen ebenfalls die psychische Gesundheit geschützt ist.[1070] Zudem spricht die Stellung des Körperverletzungsdeliktes im 17. Abschnitt, der Straftaten gegen die *körperliche* Unversehrtheit, nicht gegen die Subsumtion der psychischen Gesundheit unter § 223 Abs. 1 Var. 2 StGB, da auch die Misshandlung von Schutzbefohlenen gemäß § 225 Abs. 1 Var. 1 StGB sowie die Schwere Körperverletzung nach § 226 StGB den Schutz vor psychischen Schädigungen des Tatopfers umfassen.[1071] Vielmehr ist aus dem Vergleich mit der Schweren Körperverletzung gemäß § 226 StGB zu schließen, dass die Psyche erst recht im Grundtatbestand der einfachen Körperverletzung gemäß § 223 StGB geschützt werden muss.[1072] Darin liegt auch keine Begrenzung des Schutzbereiches der Schweren Körperverletzung nach § 226 StGB, da diese ein *Verfallen* in eine psychische Krankheit als Erschwerungsgrund und dadurch im Vergleich zur psychischen Gesundheitsschädigung nach § 223 Abs. 1 Var. 2 StGB erhöhtes Unrecht verlangt.[1073] Zwar werden die Motive des Gesetzgebers zur Reichweite des Begriffes Gesundheit i.S.d. § 223 Abs. 1 Var. 2 StGB nicht deutlich, da eine explizite Klarstellung hinsichtlich der Subsumtion psychischer Gesundheitsschäden des Tatopfers unter § 223 Abs. 1 StGB durch den Gesetzgeber ausgeblieben ist. Jedoch sprechen sich die historischen Kommentare aus Zeiten der Einführung des Körperverletzungstatbestandes für die Subsumtion der psychischen Gesundheit unter den Gesundheitsbegriff gemäß § 223 Abs. 1 Var. 2 StGB aus.[1074]

Zur Restriktion des Schutzbereiches ist der Körperverletzung gemäß § 223 StGB eine Erheblichkeitsschwelle immanent. Diese Schwelle stellt nicht – wie von der Rechtsprechung angenommen – die somatische Auswirkung der psychischen Beeinträchtigung des Tatopfers dar,[1075] da dies lediglich ein vages Kriterium ist, reine Befindlichkeitsstörungen unter die Strafe der Körperverletzung gemäß §§ 223, 229 StGB stellt sowie lediglich Nebenfolgen einer psychischen Beeinträchtigung bestraft.[1076] Eine erhebliche Gesundheitsschädigung gemäß § 223 Abs. 1 Var. 2 StGB liegt vielmehr vor, sofern das Tatopfer eine psychische Krankheit auf der Grundlage naturwissenschaftlicher Klassifikationsmodelle DSM-5 sowie ICD-10, insbesondere in der deutschen Modifikation ICD-10-GM-2021, erleidet. Dies hat der jeweilige Tatrichter stets unter Berücksichtigung der Umstände des Einzelfalles festzustellen. Diesbezüglich kann dieser einen Sachverständigen (§§ 72 ff. StPO) beiziehen.[1077]

1070 Siehe eingehend unter 4. Teil: I 2 a dd.
1071 Siehe eingehend unter 4. Teil: I 2 b aa.
1072 Siehe eingehend unter 4. Teil: I 2 b cc.
1073 Siehe eingehend unter 4. Teil: I 2 b cc.
1074 Siehe eingehend unter 4. Teil: I 2 d.
1075 Siehe eingehend unter 4. Teil: II 1.
1076 Siehe eingehend unter 4. Teil: II 2.
1077 Siehe eingehend unter 4. Teil: II 3.

4. Ergebnis: Die Kausalität ist auch im Rahmen psychischer Gesundheitsschädigungen begründbar

Ebenso kann die Kausalität im Rahmen psychischer Schädigungen unproblematisch begründet werden,[1078] zumal innerhalb von Urteilen bezüglich der Strafbarkeit psychischer Schädigungen die Kausalität nur beiläufig erwähnt wird.[1079] Die in der Literatur vorgebrachte Kritik fehlender Kausalitätsbegründung mangels naturwissenschaftlich gesicherten Kausalgesetzen im Bereich psychischer Prozesse[1080] kann durch das Abstellen auf Wahrscheinlichkeitsaussagen entkräftet werden. Die Rechtsprechung greift zur Kausalitätsbegründung bereits auf Wahrscheinlichkeiten, insbesondere im Bereich hypothetischer Vorgänge und psychischer Kausalität, sowie auf die Vornahme eines Ausschlussverfahrens in den Produkthaftungsfällen zurück.[1081] Die Literatur hat diese Vorgehensweise der Rechtsprechung vor allem unter der Bezeichnung probabilistischer Kausalität weiter konkretisiert.[1082] In praktischer Anwendung der probabilistischen Kausalität bedeutet dies für die vorliegende Fallgestaltung psychischer Gesundheitsschädigungen gemäß §§ 223 Abs. 1 Var. 2, 229 StGB, dass die Kausalitätsbegründung anhand von zwei Schritten vorgenommen wird: zunächst ist in einem ersten Schritt zu beurteilen, inwiefern die jeweilige Handlung des Täters die Wahrscheinlichkeit erhöht hat, dass die psychische Krankheit des Tatopfers eingetreten ist (Intensivierungseffekt). Darauf aufbauend ist in einem zweiten Schritt festzustellen, dass alternative Ursachen für den Eintritt des tatbestandlichen Erfolges ausgeschlossen werden können (Übernahmeeffekt). In prozessualer Hinsicht kann das Gericht zur Begründung der Kausalität auch im Rahmen von psychischen Gesundheitsschädigungen gemäß §§ 223 Abs. 1 Var. 2, 229 StGB auf sachverständige Hilfe (§§ 72 ff. StPO) zurückgreifen. Da die Rechtsprechung eine solche Kausalitätsbegründung auf der Grundlage von Wahrscheinlichkeiten sowie eines Ausschlussverfahrens bereits in anderen Fallgestaltungen wie etwa den Produkthaftungsfällen vornimmt, entstehen im Bereich psychischer Gesundheitsschädigungen des Opfers gemäß §§ 223 Abs. 1 Var. 2, 229 StGB keine neuen Anforderungen für die Gerichte. Vielmehr ist aus der seitens der Rechtsprechung fehlenden Problematisierung der Kausalitätsbegründung im Rahmen psychischer Schädigungen mit somatischen Auswirkungen gemäß §§ 223, 229 StGB zu schließen, dass die Gerichte bereits einen solchen auf Wahrscheinlichkeiten gestützten Kausalitätsmaßstab anwenden. Aus Klarstellungsgründen wäre begrüßenswert, dass die Gerichte in den jeweiligen Urteilen ausführen, auf welchem Wege die Kausalität im konkreten Fall begründet wird.

1078 Entgegen der Ansicht von etwa LK/*Grünewald*, StGB, § 223, Rn. 12; auch Autoren, welche psychische Schädigungen als Erfolg der Körperverletzung begreifen, sehen die Feststellung der Kausalität als problematisch an, siehe etwa *Mühe*, Mobbing, S. 106 f.; *Fehr*, Mobbing, S. 99; *Wolfslast*, Psychotherapie in den Grenzen des Rechts, S. 21; so auch *Knauer, F.*, Der Schutz der Psyche im StrafR, S. 99 f. mit Verweis auf andere Strafnormen.

1079 Siehe eingehend unter 4. Teil: III 2 a.

1080 Siehe eingehend unter 4. Teil: III 1.

1081 Siehe eingehend unter 4. Teil: III 2 b.

1082 Siehe eingehend unter 4. Teil: III 2 c.

5. Ergebnis: Die Grenzen der Sozialadäquanz bzw. Sorgfaltspflicht können im Rahmen psychischer Gesundheitsschädigungen bestimmt werden

Auch die Grenzen sozialadäquater Verhaltensweisen innerhalb der vorsätzlichen Körperverletzung gemäß § 223 StGB bzw. der Sorgfaltspflichten im Rahmen der fahrlässigen Körperverletzung gemäß § 229 StGB[1083] können im Bereich psychischer Gesundheitsschädigungen festgestellt werden.[1084] Zur Eingrenzung sozialadäquater Verhaltensweisen hat die Rechtsprechung bereits hinreichende Konkretisierungen innerhalb der Körperverletzung gemäß §§ 223, 229 StGB entwickelt, welche ebenfalls im Rahmen von psychischen Gesundheitsschädigungen gemäß §§ 223 Abs. 1 Var. 2, 229 StGB Anwendung finden können.[1085] Die Rechtsprechungsanalyse hat aufgezeigt, dass sich die Gerichte an Sonderregelungen,[1086] an Standards der jeweiligen Verkehrskreise[1087] sowie an einer Abwägung relevanter Merkmale[1088] orientieren. Diesbezüglich werden etwa das Ausmaß der Gefahr, wobei vor allem die Schadenswahrscheinlichkeit, die Beherrschbarkeit der Gefahr, die Häufigkeit der gefahrenträchtigen Lage, die Dauer der schädlichen Einwirkung und die Schutzwürdigkeit des betroffenen Rechtsguts ausschlaggebend sind, das Über-/Unterordnungsverhältnis zwischen Opfer und Täter etwa aufgrund eines spezifischen Sonderwissen oder einer sonstigen überlegenen Stellung des Täters gegenüber dem Tatopfer, der zumutbare Aufwand, die Gefahr möglichst gering zu halten, sowie teilweise der sozialen Wert oder Nutzen des Verhaltens des Täters berücksichtigt.[1089]

Konsequenzen für die Rechtsprechung

Nach alledem ist der Schutz der psychischen Gesundheit des Opfers im Rahmen der Körperverletzung in der Tatvariante der Gesundheitsschädigung gemäß §§ 223 Abs. 1 Var. 2, 229 StGB möglich. Die durch die Literatur vorgebrachten Kritikpunkte gegen eine Subsumtionsfähigkeit psychischer Schädigungen unter §§ 223 Abs. 1 Var. 2, 229 StGB werden bereits in der gegenwärtigen Rechtsprechung durch die Berücksichtigung psychischer Schädigungen mit somatischen Auswirkungen gemäß §§ 223, 229 StGB gelöst. Mithin wird neben der physischen auch die psychische Gesundheit ab Erreichen eines Krankheitswertes i.S.d. Naturwissenschaften durch die Körperverletzung in Form der Gesundheitsschädigung gemäß §§ 223 Abs. 1 Var. 2, 229 StGB geschützt.

1083 Siehe zur eingehenden Analyse, inwiefern psychische Gesundheitsschädigungen ebenfalls im Rahmen der fahrlässigen Körperverletzung gemäß § 229 StGB berücksichtigt werden, 4. Teil: IV 3 b.

1084 Kritisch etwa LK/*Grünewald*, StGB, § 223, Rn. 12; *Knauer, F.*, Der Schutz der Psyche im StrafR, insbesondere S. 203; *Merkel*, ZStW 121 (2009), S. 919 ff., 947; *Bloy*, in FS-Eser, S. 233 ff., 233; in diese Richtung geht auch *Bublitz*, RW 2011, S. 28 ff., 54 f., welcher eine grundsätzliche Beschränkung auf vorsätzliche Begehungsarten im Rahmen psychischer Schädigungen fordert und nur in Einzelfällen eine fahrlässige Begehungsweise anerkennt.

1085 Siehe eingehend unter 4. Teil: IV 4.

1086 Siehe eingehend unter 4. Teil: IV 4 a.

1087 Siehe eingehend unter 4. Teil: IV 4 b.

1088 Siehe eingehend unter 4. Teil: IV 4 c.

1089 Siehe eingehend unter 4. Teil: IV 4 c.

Demnach liegt es an der Rechtsprechung, einen Schutz psychischer Krankheiten des Opfers abseits somatischer Anforderungen unter §§ 223 Abs. 1 Var. 2, 229 StGB umzusetzen und die unproblematische Möglichkeit der Kausalitätsbegründung sowie die Feststellung der Grenzen der Sozialadäquanz (§ 223 StGB) sowie der Sorgfaltspflichten (§ 229 StGB) aufgrund der vermehrten Kritik innerhalb der Literatur ausdrücklich aufzuzeigen. Unter Berücksichtigung des Verständnisses des Menschen durch das BVerfG als „Einheit von Leib, Seele und Geist“[1090] kann und muss die strafrechtliche Rechtsprechung die psychische Gesundheit des Einzelnen auf dem Wege schützen, wie dies innerhalb des StGB zum Ausdruck kommt: durch die psychische Gesundheitsschädigung gemäß §§ 223 Abs. 1 Var. 2, 229 StGB.

[1090] BVerfGE 56, 54 (75) = NJW 1981, 1655 (1656).

Literaturverzeichnis

Amelung, Knut	Der Hausfriedensbruch als Mißachtung physisch gesicherter Territorialität in: ZStW 98 (1986), S. 355–408
Arzt, Gunther (Hg.) *Weber, Ulrich (Hg.)* *Heinrich, Bernd (Hg.)* *Hilgendorf, Eric (Hg.)*	Strafrecht Besonderer Teil 3. Auflage Bielefeld 2015 [zitiert: Arzt/Weber/Heinrich/Hilgendorf/*Bearbeiter*, StrafR BT, §, Rn.]
Bastine, Reiner	Klinische Psychologie Band 1 3. Auflage Stuttgart/Berlin u.a. 1998 [zitiert: *Bastine*, Klinische Psychologie Bd. 1, S.]
Baumann, Jürgen *Weber, Ulrich* *Mitsch, Wolfgang* *Eisele, Jörg*	Strafrecht Allgemeiner Teil 12. Auflage Bielefeld 2016 [zitiert: *Baumann/Weber/Mitsch/Eisele*, StrafR AT, §, Rn.]
Benecke, Cord	Klinische Psychologie und Psychotherapie. Ein integratives Lehrbuch Stuttgart 2014 [zitiert: *Benecke*, Klinische Psychologie und Psychotherapie, S.]
Berking, Matthias (Hg.) *Rief, Winfried (Hg.)*	Klinische Psychologie und Psychotherapie. Grundlagen und Störungswissen Band 1 Berlin/Heidelberg 2012 [zitiert: Berking/Rief/*Bearbeiter*, Klinische Psychologie und Psychotherapie, Bd. 1, S.]
Bernsmann, Klaus	Zum Verhältnis von Wissenschaftstheorie und Recht. Überlegungen zur sog. „psychischen Kausalität" im Strafrecht in: ARSP Bd. 68 (1982), S. 536–555

Berster, Lars

Anmerkung zu Mord und Störung der Totenruhe – der „Stückelmord vom Gimmlitztal“, BGH, Urt. v. 6.4.2016 – 5 StR 504/15
in: ZIS 2017, 139–150

Bertelsmann Lexikon-Institut

Bertelsmann Lexikon der Psychologie
Gütersloh 1995
[zitiert: *Bertelsmann* Lexikon der Psychologie, S., unter]

Bloy, Renè

Die strafrechtliche Produkthaftung auf dem Prüfstand der Dogmatik
in: Renè Bloy/Martin Böse/Thomas Hillenkamp/Carsten Momsen/Peter Rackow (Hg.): Gerechte Strafe und legitimes Strafrecht. Festschrift für Manfred Maiwald zum 75. Geburtstag
Berlin 2010
S. 35–59

Bloy, Renè

Der strafrechtliche Schutz der psychischen Integrität
in: Jörg Arnold/ Björn Burkhardt/ Walter Gropp/ Günter Heine/Hans-Georg Koch/ Otto Lagodny/ Walter Perron/ Susanne Walther (Hg.): Menschengerechtes Strafrecht. Festschrift für Albin Eser zum 70. Geburtstag
München 2005
S. 233–255

Bosch, Nikolaus

Die Strafbarkeit des Wohnungseinbruchdiebstahls
in: Jura 2018, S. 50–59

Bruns, Hans-Jürgen

Ungeklärte verfahrensrechtliche Fragen des Contergan-Prozesses
in: Friedrich-Christian Schroeder/Heinz Zipf (Hg.): Festschrift für Reinhart Maurach zum 70. Geburtstag
Karlsruhe 1972
S. 469–486

Bublitz, Jan-Christoph

Der (straf-)rechtliche Schutz der Psyche. Vom Körperverletzungstatbestand zum Grundrecht auf mentale Selbstbestimmung
in: RW 2011, S. 28–69

Bung, Jochen

Wissen und Wollen im Strafrecht
Habil.
Frankfurt a. M. 2009

Buß, Sebastian

Der Weg zu einem deutschen Straftatbestand. § 238 StGB
Diss.
Hamburg 2008

Butcher, James
Mineka, Susan
Hooley, Jill

Klinische Psychologie
13. Auflage
München 2009
[zitiert: *Butcher/Mineka/Hooley*, Klinische Psychologie, S.]

Caspar, Franz
Pjanic, Irena
Westermann, Stefan

Klinische Psychologie
Wiesbaden 2018
[zitiert: *Caspar/Pjanic/Westermann*, Klinische Psychologie, S.]

Catenacci, Mauro

Kausalität und Naturgesetze im italienischen Strafrecht
in: ZStW 120 (2008), S. 447–460

Cirener, Gabriele (Hg.)
Radtke, Hennig (Hg.)
Rissing-van Saan, Ruth (Hg.)
Rönnau, Thomas (Hg.)
Schluckebier, Thomas (Hg.)

Leipziger Kommentar zum Strafgesetzbuch
Bd. 1, §§ 1–18
13. Auflage
Berlin/Boston 2019
[zitiert: LK/*Bearbeiter*, StGB, §, Rn.]

Dencker, Friedrich

Kausalität und Gesamttat
Berlin 1996
[zitiert: *Dencker*, Kausalität und Gesamttat, S.]

Dieterich, Rainer
Rietz, Ira

Psychologisches Grundwissen
Donauwörth 1996
[zitiert: *Dieterich/Rietz*, Psychologisches Grundwissen, S., unter]

Doerbeck, Caprice — Cybermobbing. Phänomenologische Betrachtung und strafrechtliche Analyse
Diss.
Berlin 2019

Doerbeck, Caprice — Anmerkung zu BGH, Beschl. v. 12.3.2019 – 4 StR 63/19
in: JR 2020, S. 135–138

Dölling, Dieter (Hg.)
Duttge, Gunnar (Hg.)
König, Stefan (Hg.)
Rössner, Dieter (Hg.) — Gesamtes Strafrecht Handkommentar
4. Auflage
Baden-Baden 2017
[zitiert: Dölling/Duttge/König/Rössner/*Bearbeiter*, StGB, §, Rn.]

Drees, Rainer — Praxiskommentar zu BGH, Beschl. v. 26.2.2015 – 4 StR 548/14
in: NStZ 2015, S. 269–270

Erb, Volker — Die Zurechnung von Erfolgen im Strafrecht
in: JuS 1994, S. 449–456

Esposito, Antonio — Strafschärfung für Wohnungseinbruchsdiebstähle?
in: ZRP 2017, S. 30

Esser, Robert
Herz, Clara — Anfängerklausur Strafrecht: Wohnungseinbruchdiebstahl – Home, sweet home
in: JuS 2017, S. 997–1003

Fehr, Anja — Mobbing am Arbeitsplatz. Eine strafrechtliche Analyse des Phänomens Mobbing
Diss.
Baden-Baden 2007

Fischer, Thomas — Strafgesetzbuch mit Nebengesetzen
68. Auflage
München 2021
[zitiert: *Fischer*, StGB, §, Rn.]

Forkel, Hans
Die seelische Unversehrtheit als Schutzanliegen des Zivil- und des Strafrechts
in: Ellen Schlüchter/Klaus Laubenthal (Hg.): Recht und Kriminalität. Festschrift für Friedrich-Wilhelm Krause
Köln/Berlin u.a. 1990
S. 297–316

Frisch, Wolfgang
Die Conditio-Formel: Anweisung zur Tatsachenfeststellung oder normative Aussage?
in: Dieter Dölling/Volker Erb (Hg.): Festschrift für Karl Heinz Gössel zum 70. Geburtstag
Heidelberg 2002
S. 51–71

Frisch, Wolfgang
Defizite empirischen Wissens und ihre Bewältigung
in: Renè Bloy/Martin Böse/Thomas Hillenkamp/Carsten Momsen/Peter Rackow (Hg.): Gerechte Strafe und legitimes Strafrecht. Festschrift für Manfred Maiwald zum 75. Geburtstag
Berlin 2010
S. 239–261

Frister, Helmut
Strafrecht Allgemeiner Teil
9. Auflage
München 2020
[zitiert: *Frister*, StrafR AT, §, Rn.]

Geppert, Klaus
Straftaten gegen die Ehre (§§ 185 ff. StGB)
in: Jura 1983, S. 580–592

Gössel, Karl
Dölling, Dieter
Strafrecht Besonderer Teil 1
2. Auflage
Heidelberg 2004
[zitiert: *Gössel/Dölling*, StrafR BT 1, §, Rn.]

Greco, Luis
Kausalitäts- und Zurechnungsfragen bei unechten Unterlassungsdelikten
in: ZIS 2011, S. 674–691

Gropp, Walter
Sinn, Arndt
Strafrecht Allgemeiner Teil
5. Auflage
Berlin 2020
[zitiert: *Gropp/Sinn*, StrafR AT, §, Rn.]

Haft, Fritjof
Strafrecht Besonderer Teil 2
8. Auflage
München 2005
[zitiert: *Haft*, StrafR BT 2, S.]

Hänlein, Andreas (Hg.)
Schuler, Rolf (Hg.)
Lehr- und Praxiskommentar SGB-V
5. Auflage
Baden-Baden 2016
[zitiert: LPK-SGB-V/*Bearbeiter*, §, Rn.]

Hannich, Rolf (Hg.)
Karlsruher Kommentar zur Strafprozessordnung mit GVG, EGGVG und EMRK
8. Auflage
München 2019
[zitiert: KK/*Bearbeiter*, StPO, §, Rn.]

Hansen, Uwe
Der objektive Tatbestand des Betruges (§ 263 StGB) – viergliedrig oder dreigliedrig?
in: Jura 1990, S. 510–515

Hardtung, Bernhard
Die Körperverletzungsdelikte
in: JuS 2008, 864–869, S. 1060–1065

Hassemer, Winfried
Produktverantwortung im modernen Strafrecht
2. Auflage
Heidelberg 1996
[zitiert: *Hassemer*, Produktverantwortung im modernen StrafR, S.]

Hau, Wolfgang (Hg.)
Posek, Roman (Hg.)
BeckOK BGB
57. Edition
München 2021
[zitiert: BeckOK/*Bearbeiter*, BGB, §, Rn.]

Hecker, Bernd — Strafrecht AT und BT: Psychische Beeinträchtigung als Körperverletzung. Zur Strafbarkeit eines Täters, der sein Opfer mit abgefülltem Sperma bespritzt und hierdurch erhebliche psychische Belastungen beim Opfer auslöst
in: JuS 2012, S. 179–181

Heinrich, Bernd — Strafrecht Allgemeiner Teil
6. Auflage
Stuttgart 2019
[zitiert: *Heinrich*, StrafR AT, Rn.]

von Heintschel-Heinegg, Bernd (Hg.) — BeckOK StGB
49. Edition
München 2021
[zitiert: BeckOK/*Bearbeiter*, StGB, §, Rn.]

Herzog, Walter — Wissenschaftstheoretische Grundlagen der Psychologie
Wiesbaden 2012
[zitiert: *Herzog*, Wissenschaftstheoretische Grundlagen der Psychologie, S.]

Hick, Christian (Hg.) — Klinische Ethik
Heidelberg 2007
[zitiert: Hick/*Bearbeiter*, Klinische Ethik, S.]

Hilgendorf, Eric — Strafrechtliche Produzentenhaftung in der „Risikogesellschaft“
Diss.
Berlin 1993

Hilgendorf, Eric — Anmerkung zu Winfried Hassemer: Produktverantwortung im modernen Strafrecht
in: JZ 1997, S. 611

Hilgendorf, Eric — Der „gesetzmäßige Zusammenhang“ im Sinne der modernen Kausallehre
in: Jura 1995, S. 514–522

Hilgendorf, Eric — Strafprozessuale Probleme im Licht der modernen Kausallehre am Beispiel der jüngsten Produkthaftungsfälle
in: Albin Eser/Ulrike Schittenhelm/Heribert Schumann (Hg.): Festschrift für Theodor Lenckner zum 70. Geburtstag
München 1998
S. 699–719

Hoffmann-Holland, Klaus — Strafrecht Allgemeiner Teil
3. Auflage
Tübingen 2015
[zitiert: *Hoffmann-Holland*, StrafR AT, Rn.]

Hoffmann, Klaus — Scheinbare Anschläge – Zur Strafbarkeit sog. Trittbrettfahrer
in: GA 2002, S. 385–401

Horstkotte, Hartmuth — Kuppelei, Verführung und Exhibitionismus nach dem Vierten Gesetz zur Reform des Strafrechts
in: JZ 1974, S. 84–90

Hoyer, Andreas — Die traditionelle Strafrechtsdogmatik vor neuen Herausforderungen: Probleme der strafrechtlichen Produkthaftung
in: GA 1996, S. 160–178

Hoyer, Andreas — Kausalität und/oder Risikoerhöhung
in: Klaus Rogall/Ingeborg Puppe/Ulrich Stein/Jürgen Wolter (Hg.): Festschrift für Hans-Joachim Rudolphi zum 70. Geburtstag
Neuwied 2004
S. 95–105

Hoyer, Jürgen (Hg.)
Knappe, Susanne (Hg.) — Klinische Psychologie & Psychotherapie
3. Auflage
Berlin 2020
[zitiert: Hoyer/Knappe/*Bearbeiter*, Klinische Psychologie und Psychotherapie, S.]

Jäger, Christian

Die Delikte gegen Leben und körperliche Unversehrtheit nach dem 6. Strafrechtsreformgesetz – Ein Leitfaden für Studium und Praxis
in: JuS 2000, S. 31–39

Jähnke, Burkhard

Strafrechtliche Produkthaftung
in: Jura 2010, S. 582–587

Jakobs, Günther

Strafrecht Allgemeiner Teil
2. Auflage
Berlin 1991
[zitiert: *Jakobs*, StrafR AT, §, Rn.]

Jauernig, Othmar (Begr.)
Stürner, Rolf (Hg.)

Bürgerliches Gesetzbuch Kommentar
18. Auflage
München 2021
[zitiert: Jauernig/*Bearbeiter*, BGB, §, Rn.]

Jescheck, Hans-Heinrich
Weigend, Thomas

Lehrbuch des Strafrechts. Allgemeiner Teil
5. Auflage
Berlin 1996
[zitiert: *Jescheck/Weigend*, StrafR AT, S.]

Joecks, Wolfgang
Jäger, Christian

Studienkommentar zum Strafgesetzbuch
13. Auflage
München 2021
[zitiert: *Joecks/Jäger*, StGB, §, Rn.]

Joecks, Wolfgang (Hg.)
Miebach, Klaus (Hg.)

Münchener Kommentar zum Strafgesetzbuch
Bd. 1, §§ 1–37
4. Auflage
München 2020
[zitiert: MüKo/*Bearbeiter*, StGB, §, Rn.]

Joecks, Wolfgang (Hg.)
Miebach, Klaus (Hg.)

Münchener Kommentar zum Strafgesetzbuch
Bd. 2, §§ 38–79b
4. Auflage
München 2020
[zitiert: MüKo/*Bearbeiter*, StGB, §, Rn.]

Joecks, Wolfgang (Hg.)
Miebach, Klaus (Hg.)
Münchener Kommentar zum Strafgesetzbuch
Bd. 3, §§ 80–184j
3. Auflage
München 2017
[zitiert: MüKo/*Bearbeiter*, StGB, §, Rn.]

Joecks, Wolfgang (Hg.)
Miebach, Klaus (Hg.)
Münchener Kommentar zum Strafgesetzbuch
Bd. 4, §§ 185–262
3. Auflage
München 2017
[zitiert: MüKo/*Bearbeiter*, StGB, §, Rn.]

Joecks, Wolfgang (Hg.)
Miebach, Klaus (Hg.)
Münchener Kommentar zum Strafgesetzbuch
Bd. 5, §§ 263–358
3. Auflage
München 2019
[zitiert: MüKo/*Bearbeiter*, StGB, §, Rn.]

Kahlo, Michael
Das Bewirken durch Unterlassen bei drittvermitteltem Rettungsgeschehen
in: GA 1987, S. 66–79

Kaspar, Johannes
Fortgeschrittenenklausur – Strafrecht: Beleidigung und Körperverletzung auf dem Fußballplatz
in: JuS 2004, S. 409–414

Kaufmann, Armin
Tatbestandsmäßigkeit und Verursachung im Contergan-Verfahren. Folgerungen für das geltende Recht und für die Gesetzgebung
in: JZ 1971, S. 569–576

Kindhäuser, Urs
Zum sog. „unerlaubten“ Risiko
in: Renè Bloy/Martin Böse/Thomas Hillenkamp/Carsten Momsen/Peter Rackow (Hg.): Gerechte Strafe und legitimes Strafrecht. Festschrift für Manfred Maiwald zum 75. Geburtstag
Berlin 2010
S. 387–416

Kindhäuser, Urs
Erlaubtes Risiko und Sorgfaltspflichtwidrigkeit. Zur Struktur strafrechtlicher Fahrlässigkeitshaftung
in: GA 1994, S. 197–223

Kindhäuser, Urs
Kausalanalyse und Handlungszuschreibung
in: GA 1982, S. 477–498

Kindhäuser, Urs
Hilgendorf, Eric
Lehr- und Praxiskommentar Strafgesetzbuch
8. Auflage
Baden-Baden 2020
[zitiert: LPK-StGB/*Kindhäuser*/*Hilgendorf*, §, Rn.]

Kindhäuser, Urs
Zimmermann, Till
Strafrecht Allgemeiner Teil
9. Auflage
Baden-Baden 2020
[zitiert: *Kindhäuser*/*Zimmermann*, StrafR AT, §, Rn.]

Kindhäuser, Urs (Hg.)
Neumann, Ulfried (Hg.)
Paeffgen, Hans-Ullrich (Hg.)
NomosKommentar zum Strafgesetzbuch
Bd. 1, §§ 1–79b
5. Auflage
Baden-Baden 2017
[zitiert: NK/*Bearbeiter*, StGB, §, Rn.]

Kindhäuser, Urs (Hg.)
Neumann, Ulfried (Hg.)
Paeffgen, Hans-Ullrich (Hg.)
NomosKommentar zum Strafgesetzbuch
Bd. 2, §§ 80–231
5. Auflage
Baden-Baden 2017
[zitiert: NK/*Bearbeiter*, StGB, §, Rn.]

Kindhäuser, Urs (Hg.)
Neumann, Ulfried (Hg.)
Paeffgen, Hans-Ullrich (Hg.)
NomosKommentar zum Strafgesetzbuch
Bd. 3 232–258
5. Auflage
Baden-Baden 2017
[zitiert: NK/*Bearbeiter*, StGB, §, Rn.]

Kinzig, Jörg
Stalking – ein Fall für das Strafrecht?
in: ZRP 2006, S. 255–258

Knauer, Christoph — Die Kollegialentscheidung im Strafrecht. Zugleich ein Beitrag zum Verhältnis von Kausalität und Mittäterschaft
Diss.
München 2001

Knauer, Florian — Zur Wiederkehr der Sozialadäquanz im Strafrecht – Renaissance einer überholten Rechtsfigur oder dogmatische Kategorie der Zukunft?
in: ZStW 126 (2014), S. 844–865

Knauer, Florian — Der Schutz der Psyche im Strafrecht
Habil.
Tübingen 2013

Knauer, Christoph (Hg.)
Kudlich, Hans (Hg.)
Schneider, Hartmut (Hg.) — Münchener Kommentar zur Strafprozessordnung
Bd. 2, §§ 151–332
München 2016
[zitiert: MüKo/*Bearbeiter*, StPO, §, Rn.]

Köhler, Michael — Strafrecht Allgemeiner Teil
Berlin/Heidelberg 1997
[zitiert: *Köhler*, StrafR AT, S.]

Koriath, Heinz — Kausalität, Bedingungstheorie und psychische Kausalität
Diss.
Göttingen 1988

Koriath, Heinz — Grundlagen strafrechtlicher Zurechnung
Habil.
Berlin 1994

Korn, Frank — Körperverletzungsdelikte - §§ 223 ff., 340 StGB. Reformdiskussion und Gesetzgebung von 1870 bis 1933
Diss.
Berlin 2003

Kretschmer, Joachim — Das Fahrlässigkeitsdelikt
in: Jura 2000, S. 267–276

Krey, Volker
Esser, Robert

Deutsches Strafrecht Allgemeiner Teil
6. Auflage
Stuttgart 2016
[zitiert: *Krey/Esser*, StrafR AT, Rn.]

Krey, Volker
Hellmann, Uwe
Heinrich, Manfred

Strafrecht Besonderer Teil Bd. 1. Besonderer Teil ohne Vermögensdelikte
16. Auflage
Stuttgart 2015
[zitiert: *Krey/Hellmann/Heinrich*, StrafR BT 1, Rn.]

Kühl, Kristian

Strafrecht Allgemeiner Teil
8. Auflage
München 2017
[zitiert: *Kühl*, StrafR AT, §, Rn.]

Kühl, Kristian (Hg.)
Heger, Martin (Hg.)

Kommentar zum Strafgesetzbuch
29. Auflage
München 2018
[zitiert: Kühl/Heger/*Bearbeiter*, StGB, §, Rn.]

Kuhlen, Lothar

Grundfragen der strafrechtlichen Produkthaftung
in: JZ 1994, S. 1142–1147

Kuhlen, Lothar

Fragen einer strafrechtlichen Produkthaftung
Heidelberg 1989
[zitiert: *Kuhlen*, Fragen einer strafrechtlichen Produkthaftung, S.]

Kühne, Hans-Heiner

Strafrechtliche Produkthaftung in Deutschland
in: NJW 1997, 1951–1954

Küper, Wilfried

Überlegungen zum sog. Pflichtwidrigkeitszusammenhang beim Fahrlässigkeitsdelikt
in: Wilfried Küper/Ingeborg Puppe/Jörg Tenckhoff (Hg.): Festschrift für Karl Lackner zum 70. Geburtstag
1987 Berlin/New York
S. 247–288

Küper, Wilfried
Zopfs, Jan
Strafrecht Besonderer Teil. Definitionen mit Erläuterungen
10. Auflage
Heidelberg 2018
[zitiert: *Küper/Zopfs*, StrafR BT, Rn.]

Laufhütte, Heinrich (Hg.)
Rissing-van Saan, Ruth (Hg.)
Tiedemann, Klaus (Hg.)
Leipziger Kommentar zum Strafgesetzbuch
Bd. 6, §§ 146–210
12. Auflage
Berlin/Boston 2010
[zitiert: LK/*Bearbeiter*, StGB, §, Rn.]

Laufhütte, Heinrich (Hg.)
Rissing-van Saan, Ruth (Hg.)
Tiedemann, Klaus (Hg.)
Leipziger Kommentar zum Strafgesetzbuch
Bd. 7 Teilbd. 1, §§ 211–231
12. Auflage
Berlin/Boston 2019
[zitiert: LK/*Bearbeiter*, StGB, §, Rn.]

Laufhütte, Heinrich (Hg.)
Rissing-van Saan, Ruth (Hg.)
Tiedemann, Klaus (Hg.)
Leipziger Kommentar zum Strafgesetzbuch
Bd. 8, §§ 242–262
12. Auflage
Berlin/New York 2010
[zitiert: LK/*Bearbeiter*, StGB, §, Rn.]

Leipold, Klaus (Hg.)
Tsambikakis, Michael (Hg.)
Zöller, Mark (Hg.)
AnwaltKommentar StGB
3. Auflage
Heidelberg 2020
[zitiert: AK/*Bearbeiter*, StGB, §, Rn.]

Lorenz, Henning
Faigl, Felix
„Der lustige Bob (Horrorclown)"
in: JA 2019, S. 108–114

Maiwald, Manfred
Risikoerhöhung oder an Sicherheit grenzende Wahrscheinlichkeit? – Rechtsvergleichende Bemerkungen zur „Kausalität" des Unterlassens
in: Michael Hettinger/Jan Zopfs/Thomas Hillenkamp/Michael Köhler/Jürgen Rath/Franz Streng/Jürgen Wolter (Hg.): Festschrift für Wilfried Küper zum 70. Geburtstag
Heidelberg 2007
S. 329–345

Margraf, Jürgen (Hg.)
Schneider, Silvia (Hg.)

Lehrbuch der Verhaltenstherapie
Bd. 1: Grundlagen, Diagnostik, Verfahren und Rahmenbedingungen psychologischer Therapie
4. Auflage
Berlin 2018
[zitiert: Margraf/Schneider/*Bearbeiter,* Lehrbuch der Verhaltenstherapie 1, S.]

Margraf, Jürgen (Hg.)
Maier, Wolfgang (Hg.)

Pschyrembel Psychiatrie, Klinische Psychologie, Psychotherapie
2. Auflage
Berlin/Boston 2012
[zitiert: *Margraf/Maier*, Pschyrembel Psychiatrie, klinische Psychologie, Psychotherapie, S., unter]

Matt, Holger (Hg.)
Renzikowski, Joachim (Hg.)

Kommentar zum Strafgesetzbuch
2. Auflage
München 2020
[zitiert: Matt/Renzikowski/*Bearbeiter*, StGB, §, Rn.]

Maurach, Reinhart
Schroeder, Friedrich-Christian
Maiwald, Manfred
Hoyer, Andreas
Momsen, Carsten

Strafrecht Besonderer Teil. Teilbd. 1. Persönlichkeits- und Vermögenswerte
11. Auflage
Heidelberg 2019
[zitiert: Maurach/Schroeder/Maiwald/Hoyer/Momsen /*Bearbeiter*, StrafR BT 1, §, Rn.]

Merkel, Reinhard

Neuartige Eingriffe ins Gehirn. Verbesserung der mentalen condicio humana und strafrechtliche Grenzen
in: ZStW 121 (2009), S. 919–953

Meyer, Frank

Strafbarkeit und Strafwürdigung von „Stalking“ im deutschen Recht
in: ZStW 115 (2003), S. 249–293

Mitsch, Wolfgang

Das erlaubte Risiko im Strafrecht
in: JuS 2018, S. 1161–1168

Mitsch, Wolfgang — Der neue Stalking-Tatbestand im Strafgesetzbuch
in: NJW 2007, S. 1237–1242

Mosbacher, Andreas — Neuregelung der Stalking-Strafbarkeit
in: NJW 2017, S. 983–986

Mühe, Christiane — Mobbing am Arbeitsplatz – Strafbarkeitsrisiko oder Strafbarkeitslücke. Eine Betrachtung aus gegenwärtiger und zukunftsorientierter Perspektive
Diss.
Berlin 2006

Mummenhoff, Winfried — Erfahrungssätze im Bereich der Kausalität
Köln/Berlin u.a. 1997
[zitiert: *Mummenhoff*, Erfahrungssätze im Beweis der Kausalität, S.]

Myers, David — Psychologie
3. Auflage
Berlin/Heidelberg 2014
[zitiert: Myers/*Bearbeiter*, Psychologie, S.]

Neuheuser, Stephan — Die Strafbarkeit von Eltern minderjähriger Mehrfachstraftäter wegen Verletzung der Fürsorge- und Erziehungspflicht (§ 171 StGB)
in: NStZ 2000, S. 174–179

Nisco, Attilio — Psychische Integrität als strafrechtlich zu schützendes Rechtsgut. Systematische und rechtsvergleichende Anmerkungen
in: ZIS 2021, S. 1–10

Otto, Harro — Grundkurs Strafrecht. Allgemeine Strafrechtslehre
7. Auflage
Berlin 2004
[zitiert: *Otto*, Grundkurs StrafR, §, Rn.]

Otto, Harro — Die objektive Zurechnung eines Erfolges im Strafrecht
in: Jura 1992, S. 90–99

Palandt, Otto (Begr.)
Bürgerliches Gesetzbuch
80. Auflage
München 2021
[zitiert: Palandt/*Bearbeiter*, BGB, §, Rn.]

Pèrez-Barberá, Gabriel
Kausalität und Determiniertheit. Das Problem der ontologischen Voraussetzung bei Erfolgsdelikten in nicht kausal determinierten Bereichen
in: ZStW 114 (2002), S. 601–635

Petermann, Franz (Hg.)
Reinecker, Hans (Hg.)
Handbuch der Klinischen Psychologie und Psychotherapie
Göttingen/Bern u.a. 2005
[zitiert: Petermann/Reinecker/*Bearbeiter*, Handbuch der Klinischen Psychologie und Psychotherapie, S.]

Petermann, Franz
Maerker, Andreas
Lutz, Wolfgang
Stangier, Ulrich
Klinische Psychologie – Grundlagen
2. Auflage
Göttingen 2018
[zitiert: Petermann/Maercker/Lutz/Stangier/*Bearbeiter*, Klinische Psychologie, S.]

Puppe, Ingeborg
Strafrecht Allgemeiner Teil. Im Spiegel der Rechtsprechung
4. Auflage
Baden-Baden 2019
[zitiert: *Puppe*, StrafR AT, §, Rn.]

Puppe, Ingeborg
Die Erfolgszurechnung im Strafrecht. Dargestellt an Beispielsfällen aus der höchstrichterlich Rechtsprechung
Baden-Baden 2001
[zitiert: *Puppe*, Die Erfolgszurechnung im StrafR, S.]

Puppe, Ingeborg
Über einige Probleme des Kausalitätsbegriffs im Strafrecht und Merkels Lehren dazu
in: Jan Bublitz/Jochen Bung/Anette Grünewald/Dorothea Magnus/Holm Putzke/Jörg Scheinfeld: Recht – Philosophie – Literatur. Festschrift für Reinhard Merkel zum 70. Geburtstag
S. 702–693

Puppe, Ingeborg
Lob der Conditio-sine-qua-non-Formel
in: GA 2010, S. 551–570

Puppe, Ingeborg
„Naturgesetze vor Gericht". Die sogenannte generelle Kausalität und ihr Beweis, dargestellt an Fällen strafrechtlicher Produkthaftung
in: JZ 1994, S. 1147–1151

Puppe, Ingeborg
Anmerkung zu BGH, Urt. v. 6.7.1990 – 2 StR 549/89 (BGHSt 37, 107)
in: JR 1992, S. 30–34

Puppe, Ingeborg
Der objektive Tatbestand der Anstiftung
in: GA 1984, S. 101–123

Puppe, Ingeborg
Zurechnung und Wahrscheinlichkeit. Zur Analyse des Risikoerhöhungsprinzips
in: ZStW 95 (1983), S. 287–315

Ranft, Otfried
Das garantiepflichtwidrige Unterlassen der Taterschwerung. Zugleich ein Beitrag zur Lehre von der Zurechnung im Strafrecht
in: ZStW 97 (1985), S. 268–302

Rengier, Rudolf
Strafrecht Allgemeiner Teil
12. Auflage
München 2020
[zitiert: *Rengier*, StrafR AT, §, Rn.]

Rengier, Rudolf
Strafrecht Besonderer Teil 2
Delikte gegen die Person und die Allgemeinheit
22. Auflage
München 2021
[zitiert: *Rengier*, StrafR BT 2, §, Rn.]

Renneberg, Babette
Heidenreich, Thomas
Noyon, Alexander

Einführung Klinische Psychologie
München 2009
[zitiert: *Renneberg/Heidenreich/Noyon*, Einführung Klinische Psychologie, S.]

Renzikowski, Joachim

Ist psychische Kausalität dem Begriff nach möglich?
in: Hans-Ullrich Paeffgen/Martin Böse/Urs Kindhäuser/Stephan Stübinger/Torsten Verrel/Rainer Zaczyk (Hg.): Strafrechtswissenschaft als Analyse und Konstruktion. Festschrift für Ingeborg Puppe zum 70. Geburtstag
Berlin 2011
S. 201–216

Rolfs, Christian (Hg.)
Giesen, Richard (Hg.)
Kreikebohm, Ralf (Hg.)
Meßling, Miriam (Hg.)
Udsching, Peter (Hg.)

BeckOK Sozialrecht
60. Edition
München 2021
[zitiert: BeckOK/*Bearbeiter*, SozialR, SGB VII, §, Rn.]

Rolinski, Klaus

„Statistische Kausalität" im Strafrecht?
in: Hans-Heiner Kühne (Hg.): Festschrift für Koichi Miyazawa. Dem Wegbereiter des japanisch-deutschen Strafrechtsdiskurses
Baden-Baden 1995
S. 483–500

Roxin, Claus
Greco, Luìs

Strafrecht Allgemeiner Teil. Bd. 1. Grundlagen. Der Aufbau der Verbrechenslehre
5. Auflage
München 2020
[zitiert: *Roxin/Greco*, StrafR AT 1, §, Rn.]

Rubo, Ernst

Kommentar über das Strafgesetzbuch für das Deutsche Reich
Berlin 1879 (Reprint Frankfurt a.M. 1992)
[zitiert: *Rubo*, Kommentar über das Strafgesetzbuch, S.]

Rüping, Hinrich

Der Schutz der Pietät
in: GA 1977, S. 299–305

Ruppert, Felix
Die Sozialadäquanz im Strafrecht.
Rechtsfigur oder Mythos?
Diss.
Berlin 2020

Säcker, Franz (Hg.)
Rixecker, Roland (Hg.)
Oetker, Hartmut (Hg.)
Limpberg, Bettina (Hg.)
Münchener Kommentar zum Bürgerlichen Gesetzbuch
Bd. 7, §§ 705–853
8. Auflage
München 2020
[zitiert: MüKo/*Bearbeiter*, BGB, §, Rn.]

Samson, Erich
Hypothetische Kausalverläufe im Strafrecht
Habil.
Frankfurt a.M. 1972

Samson, Erich
Probleme strafrechtlicher Produkthaftung
in: StV 1991, S. 182–186

Satzger, Helmut (Hg.)
Schluckebier, Wilhelm (Hg.)
Widmaier, Gunter (Hg.)
Kommentar Strafgesetzbuch
5. Auflage
Hürth 2021
[zitiert: Satzger/Schluckebier/Widmaier/*Bearbeiter*, StGB, §, Rn.]

Schaal, Alexander
Strafrechtliche Verantwortlichkeit bei Gremienentscheidungen in Unternehmen
Diss.
Berlin 2001

Schäfer, Gerhard
Sander, Günther
Van Gemmeren, Gerhard
Praxis der Strafzumessung
6. Auflage
München 2017
[zitiert: *Schäfer/Sander/van Gemmeren*, Praxis der Strafzumessung, Rn.]

Scheffler, Uwe
Der Verfolger-Fall (BGHSt 11, 268) und die Strafbarkeit der „versuchten fahrlässigen Selbsttötung"
in: JuS 1992, S. 920–923

Schlüchter, Ellen
Grenzen strafbarer Fahrlässigkeit. Aspekte zu einem Strafrecht in Europa
Nürnberg/Thüngersheim 1996
[zitiert: *Schlüchter*, Grenzen strafbarer Fahrlässigkeit, S.]

Schmidt-Atzert, Lothar
Amelang, Manfred
Psychologische Diagnostik
5. Auflage
Berlin/Heidelberg 2012
[zitiert: Schmidt-Atzert/Amelang/*Bearbeiter*, Psychologische Diagnostik, S.]

Schöch, Heinz
Zielkonflikte beim Stalking-Tatbestand
in: NStZ 2013, S. 221–224

Schönke, Adolf
Schröder, Horst
Kommentar zum Strafgesetzbuch
30. Auflage
München 2019
[zitiert: Schönke/Schröder/*Bearbeiter*, StGB, §, Rn.]

Schumann, Kay
Von der sogenannten „objektiven Zurechnung“ im Strafrecht
in: Jura 2008, S. 408–415

Schürer-Mohr, Wiebke
Erlaubte Risiken. Grundfragen des „erlaubten Risikos“ im Bereich der Fahrlässigkeitsdogmatik
Diss.
Frankfurt a. M. 1998

Schwarze, Friedrich
Commentar zum Strafgesetzbuch für das Deutsche Reich
3. Auflage
Leipzig 1873
[zitiert: *Schwarze*, Commentar zum Strafgesetzbuch für das Deutsche Reich, S.]

Seher, Gerhard
Anmerkung zu BGH, Beschl. v. 19.11.2009 – 3 StR 244/09
in: JZ 2010, S. 582–584

Seher, Gerhard
Die objektive Zurechnung und ihre Darstellung im strafrechtlichen Gutachten
in: Jura 2001, S. 814–819

Sowada, Christoph — Die Zurechenbarkeit von Schockschäden im Strafrecht
in: Christian Fahl/Eckhart Müller/Helmut Satzger/Sabine Swoboda (Hg.): Menschengerechtes Strafrecht als Lebensaufgabe. Festschrift für Werner Beulke zum 70. Geburtstag
Heidelberg 2015
S. 283–297

Sowada, Christoph — Die „Gubener Hetzjagd“: Versuchte Körperverletzung mit Todesfolge
in: Jura 2003, S. 549–559

Staffler, Lukas — Presseinterview als fahrlässige Tötung: Der italienische Strafprozess gegen die Expertenkommission zum Erdbeben von L'Aquila (2009). Die Feststellung der psychischen Kausalität im Erdbebenfall
in: ZIS 2017, S. 125–138

Steinberg, Georg — Die Erfolgsqualifikation im juristischen Gutachten
in: JuS 2017, S. 970–974, 1061–1067

Steinberg, Georg — Die missratene Änderung des § 238 StGB
in: JZ 2017, S. 676–680

Steinberg, Georg — Strafe für das Versetzen in Todesangst. Psychische Gesundheit als strafrechtliches Rechtsgut
Baden-Baden 2014
[zitiert: *Steinberg*, Strafe für das Versetzen in Todesangst, S.]

Strasser, Fedor — Die Zurechnung von Retter-, Flucht- und Verfolgerverhalten im Strafrecht
Diss.
Berlin 2008

Stratenwerth, Günther
Kuhlen, Lothar — Strafrecht Allgemeiner Teil
6. Auflage
München 2011
[zitiert: *Stratenwerth/Kuhlen*, StrafR AT, §, Rn.]

Stuckenberg, Carl-Friedrich — Zur Erfolgszurechnung in den „Verfolgerfällen“
in: Hans-Ullrich Paeffgen/Martin Böse/Urs Kindhäuser/Stephan Stübinger/Torsten Verrel/Rainer Zaczyk (Hg.): Strafrechtswissenschaft als Analyse und Konstruktion. Festschrift für Ingeborg Puppe zum 70. Geburtstag
Berlin 2011
S. 1039–1058

Tag, Brigitte — Der Körperverletzungstatbestand im Spannungsfeld zwischen Patientenautonomie und Lex artis. Eine arztstrafrechtliche Untersuchung
Habil.
Berlin/Heidelberg 2000

Tettinger, Peter — Die Ehre – ein ungeschütztes Verfassungsgut?
Köln 1995
[zitiert: *Tettinger*, Die Ehre – ein ungeschütztes Verfassungsgut?, S.]

Toepel, Friedrich — Kausalität und Pflichtwidrigkeitszusammenhang beim fahrlässigen Erfolgsdelikt
Diss.
Berlin 1992

Unger, Ulrike — Kausalität und Kausalitätsbeweis produktverursachter Gesundheitsschädigungen
Diss.
Regensburg 2001

Utsch, Mirjam — Strafrechtliche Probleme des Stalking
Diss.
Berlin 2007

Valverde, Patricia „Probabilistischer Kausalbegriff und richterliche Wertungsentscheidung“
in: Mark Zöller/Hans Hilger/Wilfried Küper/Claus Roxin: Gesamte Strafrechtswissenschaft in internationaler Dimension. Festschrift für Jürgen Wolter zum 70. Geburtstag
Teilbd. 1
2. Auflage
Berlin 2019
S. 333–348

Volk, Klaus Kausalität im Strafrecht. Zur Holzschutzmittel-Entscheidung des BGH vom 2.8.1995 – NStZ 1995, 590
in: NStZ 1996, S. 105 – 110

Welzel, Hans Das deutsche Strafrecht
11. Auflage
Berlin 1969
[zitiert: *Welzel*, StrafR, S.]

Welzel, Hans Studie zum System des Strafrechts
in: ZStW 58 (1939), S. 491–566

Wessels, Johannes
Beulke, Werner
Satzger, Helmut Strafrecht Allgemeiner Teil. Die Straftat und ihr Aufbau
50. Auflage
Heidelberg 2020
[zitiert: *Wessels/Beulke/Satzger*, StrafR AT, §, Rn.]

Wessels, Johannes
Hettinger, Michael
Engländer, Armin Strafrecht Besonderer Teil 1. Straftaten gegen Persönlichkeits- und Gemeinschaftswerte
44. Auflage
Heidelberg 2020
[zitiert: *Wessels/Hettinger/Engländer*, StrafR BT 1, Rn.]

Weßlau, Edda Der Exzess des Angestifteten
in: ZStW 104 (1992), S. 105–131

Wohlers, Wolfgang
Generelle Kausalität als Problem richterlicher Überzeugungsbildung
in: Jura 1995, S. 1019–1024

Wolfslast, Gabriele
Psychotherapie in den Grenzen des Rechts
Diss.
Stuttgart 1985

Wolter, Jürgen (Hg.)
Systematischer Kommentar zum Strafgesetzbuch
Band 1 §§ 1–37 StGB
9. Auflage
Köln 2017
[zitiert: SK/*Bearbeiter*, StGB, §, Rn.]

Wolter, Jürgen (Hg.)
Systematischer Kommentar zum Strafgesetzbuch
Band 3 §§ 80–173 StGB
9. Auflage
Köln 2019
[zitiert: SK/*Bearbeiter*, StGB, §, Rn.]

Wolter, Jürgen (Hg.)
Systematischer Kommentar zum Strafgesetzbuch
Band 4 §§ 174–241a StGB
9. Auflage
Köln 2017
[zitiert: SK/*Bearbeiter*, StGB, §, Rn.]

Ziethen, Jörg
Grundlagen probabilistischer Zurechnung im Strafrecht
Diss.
Frankfurt a. M. 2004

Internetquellen

APA, Informationen der Website zum DSM
URL: https://www.psychiatry.org/psychiatrists/practice/dsm (Abrufdatum: 27.04.2021)

Brockhaus, unter „Gesundheit"
URL: https://brockhaus.de/ecs/enzy/article/gesundheit (Abrufdatum: 27.04.2021)

DAK-Gesundheit, Gesundheitsreport 2020
URL: https://www.dak.de/dak/download/dak-gesundheitsreport-2020-pdf-2366094.pdf (Abrufdatum: 27.04.2021)

DGPPN, Basisdaten Psychische Erkrankungen, Stand: Oktober 2020
URL: https://www.dgppn.de/_Resources/Persistent/a2e357dac62be19b5050a1d89ffd8603cfdb8ef9/20201008_Factsheet.pdf (Abrufdatum: 27.04.2021)

Digitales Wörterbuch der deutschen Sprache, unter „Gesundheit"
URL: https://www.dwds.de/wb/Gesundheit (Abrufdatum: 27.04.2021)

DIMDI, Basiswissen Kodieren (Stand: 2010)
URL: https://www.dimdi.de/static/.downloads/deutsch/basiswissen-kodieren-2010.pdf (Abrufdatum: 27.04.2021)

DIMDI, veröffentlichte Informationen zur ICD-11 auf der Website
URL: https://www.dimdi.de/dynamic/de/klassifikationen/icd/icd-11/ (Abrufdatum 27.04.2021)

DIMDI, veröffentliche Informationen zur ICD-10-GM
URL: https://www.dimdi.de/dynamic/de/klassifikationen/icd/icd-10-gm/ (Abrufdatum 27.04.2021)

DIMDI, Vorschlagverfahren für die ICD-10-GM
URL: https://www.dimdi.de/dynamic/de/klassifikationen/icd/icd-10-gm/vorschlagsverfahren/ (Abrufdatum: 27.04.2021)

Dorsch Lexikon der Psychologie, unter „Gesundheitsbegriff, Geschichte"
URL: https://dorsch.hogrefe.com/stichwort/gesundheitsbegriff-geschichte#search=9d67cf6aaee5e3dd39695ee2e6c5f6c5&offset=0 (Abrufdatum: 27.04.2021).

Duden-Online, unter „Gesundheit"
URL: https://www.duden.de/rechtschreibung/Gesundheit (Abrufdatum: 27.04.2021)

Duden-Online, unter „Verfall"
URL: https://www.duden.de/rechtschreibung/Verfall (Abrufdatum: 27.04.2021)

ICD-10 online
Englische Fassung: URL: https://icd.who.int/browse10/2019/en#/F30-F39 (Abrufdatum: 27.04.2021)
Deutsche Fassung: URL: https://www.dimdi.de/static/de/klassifikationen/icd/icd-10-who/kode-suche/htmlamtl2019/#V (Abrufdatum: 27.04.2021)

WHO, Informationen der Website zur ICD
URL: https://www.who.int/classifications/icd/en/ (Abrufdatum: 27.04.2021)

WHO, Präambel der Satzung
URL: https://apps.who.int/gb/bd/PDF/bd47/EN/constitution-en.pdf (Abrufdatum: 27.04.2021)

Wissenschaftlicher Beirat Psychotherapie, Glossar zu wiederkehrenden Begriffen im Zusammenhang (Stand: 20.05.2008)
URL: https://www.wbpsychotherapie.de/stellungnahmen/sonstige-stellungnahmen-und-veroeffentlichungen/glossar/ (Abrufdatum: 27.04.2021)

Neue Juristische Beiträge

herausgegeben von
Prof. Dr. Klaus-Dieter Drüen (Ludwig-Maximilians-Universität München)
Prof. Dr. Georg Steinberg (Universität Potsdam)
Prof. Dr. Fabian Wittreck (Westfälische Wilhelms-Universität Münster)

Band 138: Franziska Meese: **Psychische Schädigungen des Tatopfers als Körperverletzung gemäß §§ 223, 229 StGB**
2021 · 178 Seiten · ISBN 978-3-8316-4945-7

Band 137: Christian Soll: **Die Strafbarkeit von Wettbewerbsmanipulationen im E-Sport**

unter besonderer Berücksichtigung des Sportwettbetrugs nach § 265c StGB
2021 · 199 Seiten · ISBN 978-3-8316-4929-7

Band 136: Beatrix Freiin zu Knyphausen: **Das Hochschulzulassungsrecht auf dem verfassungsrechtlichen Prüfstand**
2021 · 220 Seiten · ISBN 978-3-8316-4913-6

Band 135: Carl Prior: **Die Förderung des Breitbandausbaus im EU-beihilfenrechtlichen Fokus**
2021 · 222 Seiten · ISBN 978-3-8316-4907-5

Band 134: Kai-Klemens Wehlage: **Die Anforderungen an den Sorgfaltsmaßstab von Vorstandsmitgliedern und Aufsichtsratsmitgliedern bei der Einholung externer Beratung**
2021 · 222 Seiten · ISBN 978-3-8316-4899-3

Band 133: Alpercan Öz: **Das Spannungsverhältnis zwischen dem Selbstbestimmungsrecht des Opfers und dem strafrechtlichen Lebensschutz** · Eine Bewertung der höchstrichterlichen Rechtsprechung
2021 · 294 Seiten · ISBN 978-3-8316-4895-5

Band 132: Dominic Reitner: **Die Kenntnis vom Steueranspruch und ihr Nachweis in der Rechtsprechung zu § 370 AO**
2020 · 162 Seiten · ISBN 978-3-8316-4887-0

Band 131: Ramona Seufer: **Fiskalentstrickung als Strukturproblem im Binnenmarkt**
2019 · 254 Seiten · ISBN 978-3-8316-4832-0

Band 130: Anja Lausberg: **Voraussetzungen und Rechtsfolgen der unzulässigen Begünstigung von Betriebsratsmitgliedern**
2019 · 508 Seiten · ISBN 978-3-8316-4805-4

Band 129: Juliane Gröper: **The Mutual Agreement Procedure in International Taxation** · The Need for Procedural and Administrative Rules
2019 · 246 Seiten · ISBN 978-3-8316-4809-2

Band 128: Katharina Schmitt: **Das österreichische ÄsthOpG als Vorbild für Deutschland?** · Eine vergleichende Untersuchung zu rechtlichen Anforderungen an die Durchführung von Schönheitsoperationen und ästhetischen Behandlungen
2019 · 406 Seiten · ISBN 978-3-8316-4802-3

Band 127: Jonathan Möller: **Die Einführung von Volksgesetzgebung in das Grundgesetz mit Blick auf Quoren und Finanzierung**
2019 · 336 Seiten · ISBN 978-3-8316-4793-4

Band 126: Florian Jacobi: **Steuerhinterziehung durch aktives Tun und durch Unterlassen**
2019 · 174 Seiten · ISBN 978-3-8316-4791-0

Band 125: Erne Jessica Meise: **Steuerpublizität bei natürlichen Personen**
2019 · 300 Seiten · ISBN 978-3-8316-4789-7

Band 124: Silvio Schulze: **Daten als Kreditsicherungsmittel mit Bestand in der Insolvenz**
2019 · 274 Seiten · ISBN 978-3-8316-4786-6

Band 123: Britta Janina Lewendel-Harde: **Geschlossene Stromverteilernetze im EnWG 2011 – Neue Optionen für Betreiber bisheriger Objektnetze**
2019 · 234 Seiten · ISBN 978-3-8316-4741-5

Band 122: Oliver Hieke: **Vorvertragliche Aufklärungspflichten des Verkäufers beim Unternehmenskauf**
2018 · 324 Seiten · ISBN 978-3-8316-4704-0

Band 121: Andreas Zürn: **Das Mediationsgesetz im Lichte der europäischen Mediationsrichtlinie**
2018 · 242 Seiten · ISBN 978-3-8316-4657-9

Band 120: Michael Gläsner: **Grenzen der Beschränkung von Patent- und Markenrechten zum Schutz der öffentlichen Gesundheit nach WTO-Recht** · Unter besonderer Betrachtung des Zwangslizenzregimes nach dem TRIPS und der Vereinbarkeit von Plain-packaging-Vorschriften für Tabakwaren mit dem WTO-Recht
2018 · 312 Seiten · ISBN 978-3-8316-4670-8

Band 119: Sarah Krampitz: **Das allgemeine Persönlichkeitsrecht von Sportvereinen**
2017 · 342 Seiten · ISBN 978-3-8316-4666-1

Band 118: Nana K. A. Baidoo: **Die dienstliche Beurteilung und ihre Kontrolle durch Gerichte** · Anmerkungen zur Verbesserung der Personalauswahl im öffentlichen Dienst
2018 · 234 Seiten · ISBN 978-3-8316-4661-6

Band 117: Hannah Rehage: **Der Einsatz deutscher Streitkräfte** · Unter besonderer Berücksichtigung der verfassungsmäßigen Prüfung innerstaatlicher Verwendungen bei terroristischen Angriffen
2018 · 162 Seiten · ISBN 978-3-8316-4653-1

Band 116: David Chrobok: **Zur Strafbarkeit nach dem Anti-Doping-Gesetz**
2017 · 264 Seiten · ISBN 978-3-8316-4648-7

Band 115: Florian Keller: **Das Finanzamt als Partner des Steuerpflichtigen** · Dargestellt am Beispiel der Korrekturvorschrift des § 173 Abs. 1 Nr. 1 AO
2017 · 280 Seiten · ISBN 978-3-8316-4627-2

Band 114: Johanna Küpper: **Personenbezug von Gruppendaten?** · Eine Untersuchung am Beispiel von Scoring- und Geo-Gruppendaten
2016 · 222 Seiten · ISBN 978-3-8316-4597-8

Band 113: Christine Lanwehr: **Faktische Selbstveranlagung und Fehlerkorrektur im Besteuerungsverfahren von Arbeitnehmern**
2016 · 320 Seiten · ISBN 978-3-8316-4545-9

Band 112: Sonja Dudek: **Auskunfts- und Urkundenvorlageersuchen von Finanzbehörden an Kreditinstitute**
2016 · 214 Seiten · ISBN 978-3-8316-4527-5

Band 111: Janina Fellmeth: **Das lohnsteuerrechtliche Abgrenzungsmerkmal des ganz überwiegend eigenbetrieblichen Arbeitgeberinteresses** · Bestandsaufnahme und Neuorientierung
2015 · 232 Seiten · ISBN 978-3-8316-4526-8

Band 110: Barbara Thiemann: **Kooperation und Verfassungsvorbehalte im Ausgleich** · Anleihen aus dem europäischen Verfassungsgerichtsverbund für eine Kooperation des EuGH mit den WTO-Rechtsprechungsorganen
2016 · 488 Seiten · ISBN 978-3-8316-4560-2

Band 109: Franziska Dautert: **Beweisverwertungsverbote und ihre Drittwirkung**
2015 · 302 Seiten · ISBN 978-3-8316-4479-7

Band 108: Florian Eder: **Beweisverbote und Beweislast im Strafprozess**
2015 · 396 Seiten · ISBN 978-3-8316-4469-8

Band 107: Martina Achzet: **Sanierung von Krisenunternehmen** · Ablauf und Personalentwicklung in Unternehmenssanierungen unter Konkursordnung, Vergleichsordnung und Insolvenzordnung
2015 · 304 Seiten · ISBN 978-3-8316-4467-4

Band 106: Anna Haßfurter: **Form und Treue** · Die Verhältnismäßigkeit von Formnichtigkeit und Formzweck
2015 · 538 Seiten · ISBN 978-3-8316-4459-9

Band 105: Johannes Leutloff: **Public Viewing im Urheber- und Lauterkeitsrecht** · Eine Untersuchung anhand der Public-Viewing-Reglements der Fußballverbände FIFA und UEFA
2015 · 274 Seiten · ISBN 978-3-8316-4429-2

Band 104: Simone Goltz: **Weltanschauungsgemeinschaften** · Begriff und verfassungsrechtliche Stellung
2015 · 336 Seiten · ISBN 978-3-8316-4427-8

Erhältlich im Buchhandel oder direkt beim Verlag:
utzverlag GmbH, München
089-277791-00 · info@utzverlag.de

Gesamtverzeichnis mit mehr als 3000 lieferbaren Titeln: www.utzverlag.de